U0572857

缅甸国情报告
（2019）

Annual Report On Myanmar's National Situation
（2019）

主　编／祝湘辉

副主编／孔　鹏　杨祥章

社会科学文献出版社
SOCIAL SCIENCES ACADEMIC PRESS (CHINA)

云南省高校国际政治经济学与区域合作科技创新团队

云南大学周边外交研究中心

云南大学缅甸研究院

缅甸蓝皮书编委会

主要编撰者简介

祝湘辉 文学博士，云南大学周边外交研究中心、缅甸研究院副研究员，硕士生导师，主要研究方向为当代缅甸政治和历史。

孔　鹏 云南大学周边外交研究中心、缅甸研究院副研究员，主要研究方向为缅甸政治、军事和中缅关系。

杨祥章 云南大学周边外交研究中心、缅甸研究院助理研究员，主要研究方向为中国周边外交、缅甸当代政治与经济。

摘　要

《缅甸国情报告（2019）》是缅甸年度系列报告之六，报告共分四部分。

第一部分是总报告。2017～2018 年民盟政府着重调整政府高层，继续加强反腐廉政建设，出台优惠的投资政策，并与中国就中缅经济走廊建设取得一系列共识。政府和军方还积极同民地武组织开展政治对话，争取同更多的民地武组织签署全国停火协议，先后召开第二届和第三届 21 世纪彬龙会议，进一步推动和平对话，取得了一定的进展。但是，若开邦罗兴亚危机加深，并卷入了极端宗教恐怖势力。民盟政府与西方国家矛盾加深，民盟的治理能力遭到了质疑。与此同时，中缅高层互访频繁，昂山素季来华参加"一带一路"高峰论坛，两国同意共建中缅经济走廊，推动了中缅关系进一步深化。

第二部分是分报告。分报告收录了邹春萌和孙建华的《缅甸经济发展形势》以及孟姿君的《若开邦局势与缅甸内政外交》，涉及缅甸政治、经济、外交等方面内容。《缅甸经济发展形势》从经济层面阐述了缅甸整体经济情况，对缅甸经济发展前景做出了判断。《若开邦局势与缅甸内政外交》梳理了 2018 年以来若开邦形势变化，认为缅甸各阶层在这一问题上与国际社会对立，缅甸的政治生态仍然脆弱，对于缅甸若开邦问题必须标本兼治，通过发展来促进和平。

第三部分是专题报告，收录了六篇文章。张添的《缅甸罗兴亚人问题的视角分歧与危机》厘清了对罗兴亚族群的产生、概念和境遇的分歧而导致的不同见解，这些见解使得罗兴亚人问题在"缅甸之春"与"若开之冬"的语境下激化成 2012～2013 年和 2016～2017 年的两轮冲突。歧异视角导致缅甸国内"穆斯林恐惧症"的情绪高涨，与罗兴亚人及其国际支持者进行压力对抗，罗兴亚人孜孜以求的"生存空间"却没有得到相应改善。在歧异状态下，罗兴亚人问题虽然得到了一定程度的缓解，但其前景仍令人担忧。孔鹏的《缅甸全国停火协议及相关民族和解机制分析》从历史和法律的角度审视了全国停火协议及相关和解机制，评价该协议是缅甸独立以来首个全国性的、具有国家法律效力的规范性文件和制度。虽然各方褒贬不一，但客观上，这对经历了 60 多年内战的缅甸各民族而言，是一次新的和解机遇和尝试。宋清润的《民盟执政后的缅甸与美国关系：先热后冷》认为民盟执政后，缅甸与美国关系总体经历了先热后冷的过程。奥巴马政府后期，缅美彼此政治认同度高、领导人私交甚好、缅甸形象明显改善。特朗普执政后，美国不太重视缅甸、缅美领导人不熟悉、罗兴亚人问题引发缅美摩擦，双边关系逐渐陷入低迷。安德鲁·赛尔斯的《一切按计划进行？缅甸的军队和政府》认为缅甸从独裁统治向相对民主的政府过渡，是缅甸军队主动选择的结果。在过去十年中，缅甸军队领导层经过深思熟虑，制订了计划，进行了一系列受控的变革，并且让缅甸军队在改革中逐渐放弃了绝对权力，从而使缅甸过渡到了"有纪律的民主"时代。刘明明、贺舒和廖亚辉的《缅甸油气产业现状透析及前景展望》分析了政治转型以来缅甸油气领域的变革，认为缅甸通过一系列开放和优惠政策吸引外资，推进与周边国家的合作，并在内陆和近海油气区块多次成功举行国际招标，取得了诸多进步。同时，缅甸油气产业仍存在原油无法自给、产业基础设施不完善和市场体系不健全等问题，并受到国内族群冲突和域外大国博弈的影响。李堂英的《政治转型以来缅甸的法制建设》认为自政治转型以来，缅甸议会制定和修改了一系列法律法规，为实现民主转型、改善民生、促进经济发展提供了法律保障。同时，缅甸的法制建设也存在诸多不足，如议员缺乏民主实践经验，议会内部缺少研究、分析立法事项的专家，律师未能充分发挥其在社会改革进程中的影响和作用，等等。

第四部分是附录，收录了缅甸计划与财政部于 2018 年制订的《缅甸可持续发展计划（2018—2030）》，这是缅甸今后十余年发展的总体框架，主要涉及和平与稳定、繁荣与伙伴关系、人类与地球三大支柱，5 个目标，28 个战略和 251 个行动计划。通过该计划，我们可以了解缅甸今后的经济发展走向和重点。

目 录

Ⅳ　附录

总 报 告

General Report

B. 1　2017~2018年度缅甸形势综述[*]

祝湘辉　彭丽颖　唐威迪[**]

摘　要　2017~2018年民盟政府着重调整政府高层，提高治理水平，继续加强反腐廉政建设，完善国内法律法规。经济上，政府进一步开放国内市场，加大基础设施建设力度，改善营商环境，出台优惠的投资政策，并与中国就中缅经济走廊建设取得一系列共识。政府和军方还积极同民地武组织开展政治对话，争取同更多的民地武组织签署全国停火协议，先后召开第二届和第三届21世纪彬龙会议，进一步推动和平对话，取得了一定的进展。但是，若开邦罗兴亚危机加深，民盟政府与西方国家矛盾加深，民盟的治理能力遭到了质疑。与此同时，中缅高层互访频繁，昂山素季来

[*]　本文系2018年云南省省院省校教育合作研究项目"缅甸民盟执政下的中缅'一带一路'建设与云南参与研究"（项目编号：SYSX201802）、2018年云南省社科联创新团队科研项目"缅甸民盟执政以来的军政关系及对中缅关系的影响研究"（项目编号：CXTD2018023）的阶段性成果。

[**]　祝湘辉，文学博士，云南大学周边外交研究中心、缅甸研究院副研究员，硕士生导师，主要研究方向为当代缅甸政治和历史；彭丽颖，云南大学国际关系研究院2017级硕士研究生，主要研究方向为缅甸政治文化；唐威迪，云南大学国际关系研究院2016级硕士研究生，主要研究方向为缅甸当代政治。

华参加"一带一路"高峰论坛，两国同意共建中缅经济走廊，推动了中缅关系进一步深化。

关键词 *缅甸 政治 经济 外交*

2017～2018 年，缅甸全国民主联盟（以下简称"民盟"）政府继续以提高治理绩效为中心，打击贪腐，提高公职人员的业务能力和国家福利水平。民盟政府还积极推进国内和平进程，召开第二届 21 世纪彬龙会议，与民族地方武装（以下简称"民地武"）组织展开会谈。经济上，民盟政府继续放宽经济政策，吸引外资，鼓励私企和外企的发展。但是，缅北地区战火频发，严重威胁到国家的安全与稳定。民盟的治理能力遭到了质疑。2017 年 8 月底爆发的罗兴亚危机，也成为民盟执政的重大挑战之一。2018 年后，民盟政府高层领导发生变动，吴廷觉总统因病辞职，吴温敏总统接替他上台之后，缅甸政府继续推行反腐廉政建设，建立政府和执政党内部的反腐机构，重视公职人员的能力培养，提高政府的执政能力。此外，政府努力推进全国和解，积极与民地武组织开展政治对话，成功举办了第三届 21 世纪彬龙会议，并正式启动了罗兴亚人遣返工作。经济上，民盟政府制定新的经济发展方案，继续开放国内市场，吸引外资，促进国内经济增长；外交上，重视与周边大国及东盟国家的关系，同时尽力缓和与西方大国的矛盾。但是，罗兴亚人遣返工作所面临的阻碍以及国内武装冲突将继续影响缅甸的未来发展。

一 2017～2018 年缅甸政局

（一）政府施政方案

1. 政府高层人事变动

2017 年 1 月 10 日，吴当吞被任命为国家安全事务顾问，负责为国家安全提供政策建议。6 月 5 日，吴觉林被任命为建设部副部长。6 月 12 日，计划与财政部部长吴觉温被任命为缅甸投资委员会（MIC）主席。7 月 31 日，缅甸中央银行原副行长吴色昂被任命为计划与财政部副部长。9 月 27 日，吴梭昂被任命为社会福利与救济安置部副部长。11 月 23 日，缅甸政府设立联邦政府办公室部和国际合作部，联邦政府部门增至 24 个。① 联邦政府办公室部负责协调联邦部长和省邦政府之间的工作，国际合作部则主要负责国际事务。11 月 24 日，吴当吞和吴觉丁分别被任命为联邦政府办公室部部长和国际合作部部长。

2018 年 1 月 16 日至 19 日，时任总统吴廷觉相继发布通令任命原建设部部长兼电力与能源部部长吴温凯为电力与能源部部长，吴汉佐为建设部部长，吴拉莫昂为伊洛瓦底省首席部长，吴昂拉吞为宣传部副部长，吴达乌为交通与通信部副部长。② 1 月 29 日，缅甸政府宣布重组缅甸投资委员会，联邦政府办公室部部长吴当吞、仰光省政府杜尼拉觉部长和经济专家昂吞德博士成为投资委员会新成员。③

3 月 21 日，吴廷觉宣布辞去总统职位。④ 3 月 28 日，联邦议会举行总统选举，联邦议会人民院原议长吴温敏高票当选缅甸新总统，吴敏瑞当选第一副总统，亨利班提育当选第二副总统。3 月 30 日，新总统和两位副总统正式宣誓就职。⑤ 5 月 31 日，吴温敏总统任命吴梭温为计划与财政部部长。⑥ 6 月 16 日，联邦政府宣布重组缅甸投资委员会，联邦政府办公室部部长吴当吞被任命为缅甸投资委员会主席，计划与财政部副部长吴色昂成为新成员。11 月 19 日，吴温敏总统宣布成立投资与对外经济关系部，并任命吴当吞为投资与对外经济关系部部长。⑦ 该部门将致力于提高国家投资形

① 《政府任命两位新部长》，〔缅甸〕《金凤凰报》2017 年 11 月 29 日，http://www. mmgpmedia. com/local/25237 - 2017 - 11 - 29 - 08 - 10 - 27。

② 《缅甸任命新联邦部长和副部长　电力能源和新闻媒体领域或有新动向》，〔缅甸〕《金凤凰报》2018 年 1 月 26 日，http://www. mmgpmedia. com/local/26007 - 2018 - 01 - 26 - 07 - 50 - 56。

③ 《缅甸投资委员会第六次重组》，〔缅甸〕《金凤凰报》2018 年 2 月 14 日，https://www. mmgpmedia. com/buz/26262 - 2018 - 02 - 14 - 03 - 58 - 39。

④ 《缅甸总统吴廷觉辞职》，新华网，2018 年 3 月 21 日，http://www. xinhuanet. com/world/2018 - 03/21/c_1122570152. htm。

⑤ 《温敏当选缅甸总统》，新华网，2018 年 3 月 28 日，http://www. xinhuanet. com/world/2018 - 03/28/c_1122605203. htm。

⑥ 《政府任命新计划与财政部长》，〔缅甸〕《金凤凰报》2018 年 6 月 22 日，http://www. mmgpmedia. com/local/27286 - 2018 - 06 - 22 - 05 - 10 - 52。

⑦ Hmwe Kyu Zin, "Investment and Foreign Economic Relations Ministry Approved", *Global New Light of Myanmar*, November 20, 2018, http://www. globalnewlightofmyanmar. com/investment-and-foreign-economic-relations-ministry-approved/.

象，促进国外投资。至此，缅甸政府部门增至 25 个。11 月 29 日，缅甸总统府发布通令，任命吴敏都为联邦政府办公室部部长。

2. 加大打击反腐渎职行为的力度

2017 年，缅甸政府着力打击公务员贪污受贿行为。据缅甸反腐委员会消息，2017 年 1 月至 5 月，反腐委员会共收到 3200 封举报信，举报内容主要涉及政府部门的工作、官员滥用职权、土地问题和司法机关工作人员失职等，反腐委员会已对其中 41 封证据较充分的举报信展开调查。① 7 月，民盟中央执行委员会委员吴温腾称，工作绩效较差的公务员须在一年内进行调整，否则未取得进步的公务员将受到相应的惩罚。② 吴温腾还宣布将在民盟党内开展反腐工作，严惩工作失职和存在贪污腐败行为的党员。10 月，缅甸自然资源与环境保护部发布消息称，在过去一年半内约有 2000 名林业局工作人员因贪污或滥用职权被严惩。11 月 23 日，新反腐委员会成立。12 月，反腐委员会主席吴昂基指出，2016 年缅甸国际腐败印象指数（Corruption Perceptions Index）排第 136 位，比 2015 年上升了 6 位，政府部门的腐败程度有所减轻，因此今后要继续积极开展反贪工作。③

2018 年 3 月 30 日，吴温敏总统发表就职演讲时着重提出要"打击腐败贪污受贿行为"。④ 自其任职以来，便陆续到相关省邦进行视察。从 7 月开始，吴温敏总统先后前往掸邦、勃固省、仰光省、实皆省等省邦地区同立法、司法、行政等各部门官员举行会面，实地视察相关部门的工作情况，了解当地民众的生活。10 月 6 日，吴温敏总统在视察马圭省时表示，政府将在各省邦陆续建立反腐委员会，旨在建立一个无贪污无受贿的社会。⑤

---

① 《反腐委员会今年已收到 3200 封举报信》，〔缅甸〕《金凤凰报》2017 年 6 月 20 日，http：//www. mmgpmedia. com/buz/22887 - 3200。
② 《政府将调整业绩较差公务员》，〔缅甸〕《金凤凰报》2017 年 7 月 17 日，http：//www. mmgpmedia. com/buz/23302 - 2017 - 07 - 17 - 07 - 20 - 52。
③ 《缅甸反腐工作取得进展国际排名提高》，〔缅甸〕《金凤凰报》2017 年 12 月 27 日，http：//www. mmgpmedia. com/local/25624 - 2017 - 12 - 27 - 09 - 15 - 09。
④ 《新总统吴温敏宣誓就职民盟　执政迈入"新阶段"》，〔缅甸〕《金凤凰报》2018 年 4 月 25 日，http：//www. mmgpmedia. com/local/26745 - 2018 - 04 - 25 - 05 - 42 - 34。
⑤ 《总统强调为实现民主制联邦国家要将改革继续推向前进》，〔缅甸〕《金凤凰报》2018 年 10 月 17 日，http：//www. mmgpmedia. com/local/28668 - 2018 - 10 - 17 - 09 - 48 - 00。

2018 年 6 月，新《反腐法》生效，反腐委员会有权在缅甸其他省邦开设分支机构。① 12 月 6 日，缅甸在仰光举行国际反腐败论坛，吴温敏总统签署通令，同意在联邦政府设立反腐败小组（Corruption Prevention Units）。该小组的主要职能是监督政府各部门的行为，以杜绝政府内部的贪污腐败。缅甸反腐委员会主席吴昂基指出，该机构的建立将有利于政府部门和公共机构加强责任心，减少贪腐。据反腐委员会网站公布的数据，2017 年 11 月 24 日至 2018 年 11 月 30 日，反腐委员会共收到 8984 份举报信。②

3. 完善法律法规

2017 年 3 月 8 日，缅甸总统吴廷觉签署《缅甸联邦共和国公民人身自由与人身安全保护法》，规定全体公民充分享有人身自由和人身安全权，禁止任何人在未获总统或联邦政府批准的情况下搜查、没收公民住宅或逮捕公民。③ 违反该法者，可处六个月至五年的有期徒刑，并处罚金 30 万至 250 万缅元。④ 5 月 27 日，缅甸召开政府、雇主、劳工三方会议，讨论并通过了新的《劳工雇用合同规范》。⑤ 该合同规范明确了雇主与劳工双方的职责与利益，旨在避免双方发生冲突，保护劳工基本利益。7 月 5 日，联邦议会通过《水费法和堤坝费法》，对由水坝水库供水的农田用水收费做了详细规定。8 月 2 日，联邦议会审议通过了《电信法修正案》。

2018 年 1 月 31 日，缅甸颁布《毒品法修正案》，并根据新法案严厉打击毒品犯罪。3 月 7 日，缅甸国务资政昂山素季在内比都举行的法治协调会议上发表重要讲话，她指出法治与正义领域改革工作是国家的优先改革计划之一，出台公平公正的法律，对保护国家和民众的根本利益至关重要，

---

① San Yamin Aung，"Anti-Corruption Commission to Open Branches in Yangon, Mandalay Next Year"，*The Irrawaddy*，December 12, 2018，https://www.irrawaddy.com/news/anti-corruption-commission-open-branches-yangon-mandalay-next-year.html.

② 《举报信处理情况》，缅甸反腐委员会网站，http://www.accm.gov.mm/acc/index.php? route = pavblog/blog&id = 70。该网页的数据处于不断更新的状态。

③ 缅甸联邦议会：《缅甸联邦共和国公民人身自由与人身安全保护法》，翁艳、曹磊、张伟玉译，《南洋资料译丛》2018 年第 1 期（总第 209 期）。

④ 缅甸联邦议会：《缅甸联邦共和国公民人身自由与人身安全保护法》，翁艳、曹磊、张伟玉译，《南洋资料译丛》2018 年第 1 期（总第 209 期）。

⑤ 《劳工雇用合同规范重修获通过》，〔缅甸〕《金凤凰报》2017 年 6 月 8 日，http://www.mmgpmedia.com/buz/22725 - 2017 - 06 - 08 - 05 - 38 - 32。

并呼吁相关政府部门公正依法行事。① 9 月 17 日，联邦议会通过《缅甸旅游业法》，撤销 1993 年颁布的《缅甸酒店与旅游法》。② 依据《缅甸旅游业法》，开展旅游业务、酒店业务、旅馆业务、导游业务、旅游服务业务等须向地方旅游业委员会提出申请；地方旅游业委员会审核申请书后，让合格的申请者缴付执照费并为其颁发执照，执照有效期为 3 年，有效期满后须向地方旅游业委员会重新申请。

2018 年 3 月 20 日，"我的正义"（My Justice）项目网站发布名为《寻找法律的公正：了解缅甸诉诸司法的机会》的 2017 年民调报告。报告显示，绝大多数的受访者对法律所包含的具体内容知之甚少，发生社会纠纷时，通常由街道区长处理而非依赖法庭和警察局。2019 年 3 月 1 日，"世界正义工程"（World Justice Project）发布 2018～2019 全球法治指数报告，缅甸的法治指数排第 110 位（共 126 个国家）③，与上一年相比排名没有变化④。

4. 改善民生

自 2017 年 4 月起，缅甸政府开始为 90 岁以上的老人提供每月 1 万缅元（约合人民币 45 元）的退休金，供其安享晚年。截至 2018 年 3 月，缅甸共有 4 万多名老人收到了退休金。⑤ 同时，缅甸政府还将种植蔬果的农民贷款金额提高到每英亩 5 万缅元（约合人民币 237 元）。8 月 16 日，缅甸政府宣布在建设部下设立农村发展部，负责农村道路建设和农村电气化。

截至 2018 年 5 月，缅甸政府已在全国开设了 83 个就业咨询处，并在边远地区举办就业展览会。而且，政府已逐步增设技术与职业学院，旨在培养高素质和符合东盟标准的转业劳工。缅甸劳工部下属的缅甸劳工专业标

---

① 《国务资政强调法治的重要性》，〔缅甸〕《金凤凰报》2018 年 3 月 23 日，http://www. mmg-pmedia. com/local/26564 - 2018 - 03 - 23 - 04 - 37 - 27。

② 《〈缅甸旅游业法〉颁布》，〔缅甸〕《金凤凰报》2018 年 10 月 8 日，http://www. mmgpme-dia. com/law/28499 - 2018 - 10 - 08 - 09 - 28 - 40。

③ World Justice Project, "World Justice Project Rule of Law Index 2019", 2019, p. 6. IBSN（online version）: 978 - 0 - 9964094 - 1 - 4.

④ 在 2017～2018 年全球法治指数报告中，缅甸在 113 个国家中排第 100 位。在 2018～2019 年全球法治指数报告中，新增了 13 个国家，但是在原来的 113 个国家中，缅甸的排名依旧是第 100 位。

⑤ 《上财年向超过 90 岁老人发放抚恤金超 40 亿缅币》，〔缅甸〕《金凤凰报》2018 年 3 月 23 日，http://www. mmgpmedia. com/update-news/26948 - 90 - 40。

准规定组（NSSA）也已开始运营。① 截至 6 月 26 日，国家已设立了 73 处戒毒中心②，帮助吸毒民众戒毒和使他们重回正常生活。12 月 4 日，昂山素季在基础教育发展实施会议上发表重要讲话，称国家需要加大教育经费投入，争取实现每年的教育经费达到国家总财政支出的 20%，以成功实施《国家教育战略计划（2016～2021）》。

此外，为提高民众的人权意识、传播人权知识，2018 年缅甸人权委员会分别前往各省邦的 23 个镇区开展关于人权知识的讲座，并赴仰光省和伊洛瓦底省的 12 个村寨进行知识传播工作。缅甸人权委员会发布的数据显示，2018 年 1 月至 11 月共收到人权举报案件 2818 起，其中 966 起已调查完毕，其余未审理调查的案件皆与人权无关。③

（二）议会补选

2017 年 4 月 1 日，缅甸联邦议会就人民院的 9 个议席、民族院的 3 个议席以及省邦议会的 7 个议席举行补选，94 名补选候选人竞争这 19 个议席，其中民盟和联邦巩固与发展党（以下简称"巩发党"）各派出 18 名和 19 名候选人。④ 4 月 2 日，缅甸联邦选举委员会公布补选结果，民盟赢得 9 席，巩发党赢得 2 席，掸族民主联盟赢得 6 席，若开民族党和克耶多种族民主党各赢得 1 席。5 月 9 日，巩发党联合缅甸 12 个政党向联邦选举委员会举报国务资政昂山素季、民盟名誉主席吴丁乌和民盟中央执行委员会成员吴温腾等人在补选期间存在违法为民盟拉票宣传的行为。缅甸联邦选举委员会调查后，认定民盟领导人没有违法行为，不会对其追究相应责任。这次补选结果相比于 2015 年，民盟所获席位比例下降了近 25%，表明民众对民盟执政的支持率有所下降。此外，本次议会补选的民众投票率和参选率也低

---

① 《总统向全国劳动者发节日贺信》，〔缅甸〕《金凤凰报》2018 年 5 月 31 日，http://www.mmgpmedia.com/local/27075 - 2018 - 05 - 31 - 04 - 00 - 52。

② 《全缅隆重举办禁毒仪式》，〔缅甸〕《金凤凰报》2018 年 7 月 11 日，http://www.mmgpmedia.com/buz/27576 - 2018 - 07 - 11 - 09 - 01 - 29。

③ 《全缅人权案件举报 2818 起》，〔缅甸〕《金凤凰报》2018 年 12 月 21 日，http://www.mmgpmedia.com/update-news/29306 - 2818。

④ 《缅甸举行议会补选投票》，新华网，2017 年 4 月 1 日，http://www.xinhuanet.com//world/2017 - 04/01/c_1120739313.htm。

于 2015 年大选，这反映出民众参与政治活动的积极性减弱。

由于部分议员过世、部分议员担任政府内阁职务，议会席位出现空缺。2018 年 11 月 3 日，缅甸联邦议会就空缺的 13 个席位进行补选，其中人民院 4 席、民族院 1 席、省邦议会 8 席，共 69 名候选人参选。① 11 月 4 日晚，缅甸联邦选举委员会公布议会补选结果。民盟在全部参选的情况下，赢得 7 个席位，其中人民院 3 席、勃固省议会 1 席、马圭省议会 1 席、曼德勒省议会 2 席；巩发党在参选 10 个议席的情况下赢得 3 个席位，其中民族院 1 席、实皆省议会 1 席、仰光省议会 1 席；少数民族政党和独立候选人赢得 3 席，其中掸族民主联盟赢得人民院 1 席，钦族民主联盟赢得钦邦议会 1 席，独立候选人赢得若开邦议会 1 席。② 这次补选的 13 个空缺议席中有 11 个原先属于民盟，即经过本次补选后，民盟失去了 4 个议席，其中 3 个败给了巩发党。此次补选结果显示，缅甸民众对民盟执政的满意度有所下降。

（三）民族和解

1. 积极构建和平对话机制

2017 年 2 月 6 日，国务资政昂山素季出席在内比都举行的缅甸联邦和平对话联合委员会会议（UPDJC）并发表重要讲话，指出应以和平的方式解决缅甸国内政治、民族和宗教等各个领域的问题。③ 2 月 16 日，联邦和平对话联合委员会宣布成立 5 个政治对话工作委员会，负责将在国家级政治对话中提出的建议交给联邦和平对话联合委员会。3 月 3 日，缅甸和平委员会与民族联合联邦委员会（UNFC）的代表举行第 4 次会议，就民族联合联邦委员会提出的 9 点要求进行讨论，双方最终在原则上达成共识。民族联合联邦委员会中的 9 支民地武组织离签署全国停火协议（NCA）又近了一步。

---

① 《缅甸公布议会补选结果》，新华网，2018 年 11 月 5 日，http://www.xinhuanet.com/world/2018-11/05/c_1123661328.htm。
② 《缅甸 2018 议会补选结果出炉》，〔缅甸〕《金凤凰报》2018 年 11 月 16 日，https://www.mmgpmedia.com/update-news/28923-2018-8。
③ 《杜昂山素季：所有问题都要以和平方式解决》，〔缅甸〕《金凤凰报》2017 年 2 月 17 日，http://www.mmgpmedia.com/local/20792-2017-02-17-04-54-15。

2. 举行21世纪彬龙会议

2017 年 5 月 24 日，第二届 21 世纪彬龙会议在内比都开幕，来自各方的近 1400 名代表与会，昂山素季在会议开幕式上致辞。① 会议共有 15 支民地武组织参加，其中未签署全国停火协议的 7 支缅北民地武组织的参与，成为本届 21 世纪彬龙会议的一大亮点。大会就政治、经济、社会、安全、土地与自然环境 5 个主题下的 45 条协议进行了讨论。最终，与会各方就除安全以外的 4 个议题中的 37 条协议达成一致。5 月 29 日，第二届 21 世纪彬龙会议闭幕，政府、政党、军方和民地武组织的代表签署了包括 37 条协议在内的联邦协议文件。②

2018 年 2 月 13 日，缅甸政府、军方领导人与缅甸民地武组织新孟邦党和拉祜民主联盟代表在内比都签署全国停火协议。③ 来自联合国、中国、欧盟、日本、印度等国家和组织的代表作为国际见证人在协议上签字。这是缅甸民盟执政以来首次与民地武组织签署全国停火协议。至此，缅甸签署全国停火协议的民地武组织增至 10 支。

原定于 2018 年 1 月下旬举行的缅甸第三届 21 世纪彬龙会议暨联邦和平大会经多次延期后，于 7 月 11 日至 16 日在内比都召开。来自政府、军队、民地武组织、议会、各政党、社会组织、观察员等的各方代表约 1100 人参会。本届会议共达成 14 项共识，其中政治领域 4 项、经济领域 1 项、社会领域 7 项、土地领域 2 项，在安全领域未达成任何协议。④

10 月 15 日至 16 日，政府、国防军与已签署 NCA 的 10 支民地武组织在内比都召开特别会议。15 日，国务资政昂山素季、国防军总司令敏昂莱、国防军副总司令吴梭温以及已签署 NCA 的 10 支民地武组织领导人均出席会议。昂山素季在发言中指出，国家停火和顺利举行政治对话等一系列事件

---

① 《缅甸第二届 21 世纪彬龙会议开幕》，新华网，2017 年 5 月 24 日，http://www. xinhua-net. com/world/2017 – 05/24/c_1121028369. htm。

② 《缅甸第二届 21 世纪彬龙会议代表签署联邦协议》，新华网，2017 年 5 月 29 日，http://www. xinhuanet. com/world/2017 – 05/29/c_1121055601. htm。

③ 《缅甸两支民族地方武装组织签署全国停火协议》，新华网，2018 年 2 月 13 日，http://www. xinhuanet. com/world/2018 – 02/13/c_1122416139. htm。

④ 《缅甸第三届 21 世纪彬龙会议达成 14 项联邦协议条款》，新华网，2018 年 7 月 16 日，ht-tp://www. xinhuanet. com/2018 – 07/16/c_1123129297. htm。

对推动国内和平进程至关重要，并强调各方须通过政治对话来寻求解决问题的办法。① 会上，与会者同意将"不分裂及自决权"话语改为大家都能接受的政治说法，并就此事规划了相关原则。此外，与会者接受建设统一的国防军，并就如何组建统一的和各民族参与的国防军展开讨论。此次会议是自 2011 年缅甸重启和平进程以来，政府首脑、军方最高领导和已签署 NCA 的民地武组织代表进行的首次全体直接会谈。这在一定层面上显示了政府与军方在全国和平问题上的合作趋势。

11 月 16 日至 18 日，缅甸和平委员会与几支民地武组织在泰国清迈举行非正式会议，就和平进程中存在的问题进行协商。参加会议的民地武组织有已签署 NCA 的掸邦复兴委员会（RCSS）、克伦民族联盟（KNU），以及未签署 NCA 的克伦尼民族进步党（KNPP）、克钦独立军（KIO）。12 月 12 日，位于缅甸北部的 3 支民地武组织——果敢同盟军、德昂民族解放军（TNLA）及若开军发表联合声明，表示支持缅甸政府为实现民族和解以及全国和平所做的努力。② 12 月 21 日，缅甸国防军总司令部发表有关声明称，已注意到上述声明并宣布军方将在一定范围和时间内停止所有军事行动。③

（四）国内政治冲突频发

虽然缅甸在不断推进国内和解进程，但是在民地武控制区，武力冲突经常发生，实现国家永久和平依然任重道远。2017 年 3 月 6 日，果敢同盟军突袭果敢首府老街，并与缅甸政府军发生激烈的军事冲突，造成约 30 人死亡，多家店铺被洗劫。④ 直到 3 月底，缅甸政府军才基本控制了老街地区，该地区的政府部门于 4 月 1 日重新开放。根据缅甸和平观察组织官网统

---

① 《政府、国防军、民地武三方领导人特别会议闭幕》，〔缅甸〕《金凤凰报》2018 年 10 月 26 日，https://www.mmgpmedia.com/local/28741 - 2018 - 10 - 26 - 08 - 15 - 47。

② 《缅和平委员会欢迎缅北武装组织推动和平进程的表态》，新华网，2018 年 12 月 14 日，ht-tp://www.xinhuanet.com/mil/2018 - 12/14/c_1210015330.htm。

③ 《缅甸军方宣布暂停对民地武的军事行动》，新华网，2018 年 12 月 21 日，http://www.xin-huanet.com/2018 - 12/21/c_1123888226.htm。

④ 《缅北果敢地区军事冲突再起，大量边民涌入中国云南》，网易新闻，2017 年 3 月 8 日，ht-tp://news.163.com/17/0308/03/CEV01N40000187V9.html。

计，2017年1月至11月，缅甸境内发生了约233次武装冲突①，同比增加了6次，而且冲突主要发生于掸邦和克钦邦地区。

2018年1月16日，若开邦地方当局阻拦妙乌举办纪念若开王蒙难日233周年文学讲座会，从而引发大规模警民流血冲突，导致7人死亡，12人受伤。5月12日在掸邦北部，政府军与德昂民族解放军在中缅边境地区爆发武装冲突，导致19人死亡。9月，北掸邦南渡镇区发生民族组织/武装冲突，造成1700多名当地人被迫逃往外地避难。据缅甸和平与安全研究所（MIPS）发布的数据，2018年1月至8月，缅甸共发生451次武装冲突（包括106次自制爆炸装置袭击），冲突的发生地主要集中在若开邦与钦邦西南部交界区域、实皆省与克钦邦交界区域、掸邦中部和北部、克伦邦北部地区，其中克钦邦与掸邦发生武装冲突的次数最多。② 12月18日，在若开邦北部地区，政府军与若开军交火，截至20日已有700多名村民为躲避战火而逃离家乡。2019年1月4日，若开邦北部布迪当镇区的4个警察哨所同时遭到大约350名若开军武装分子袭击，造成13名警察死亡，9人受伤。

（五）罗兴亚人问题

2017年8月25日，"罗兴亚救世军"袭击了若开邦北部貌多镇区等地的30多个安全哨所和1处军事基地③，缅军予以大规模反击，引发持续冲突。缅甸政府发布消息称，截至9月6日，缅甸军方共击毙371名武装分子，另外有30名平民和13名安全官员在冲突中丧生。④ 但是，联合国难民署称，截至9月9日，此次冲突已造成约29.4万名罗兴亚人逃往孟加拉国，

---

① Conflicts Archive, "Myanmar Peace Monitor", http://mmpeacemonitor.org/conflict/conflict-over-view/conflicts-archive.

② 根据缅甸和平与安全研究所官网发布的数据计算分析所得，参见http://mips-mm.org/catego-ry/projects/monitor/。

③ "Rohingya Insurgents Open to Peace but Myanmar Ceasefire Ending", Reuters, October 7, 2017, https://www.reuters.com/article/us-myanmar-rohingya/rohingya-insurgents-open-to-peace-but-my-anmar-ceasefire-ending-idUSKBN1CC05C.

④ 《缅甸武装组织宣布单方面停火一个月未获政府回应》，中国新闻网，http://www.chi-nanews.com/gj/2017/09 - 11/8327479.shtml。

并造成至少 1000 人死亡①，引发大规模难民危机。9 月 10 日，罗兴亚救世军单方面宣布停火一个月并停止对缅军的攻击，但缅甸政府拒绝了其停火提议。西方媒体称，这一冲突是缅甸军方针对罗兴亚人的"种族屠杀"和"人权迫害"②，并呼吁缅甸军方停战，使人道主义救援物资顺利进入若开邦地区③。面临巨大的国际舆论压力，缅甸政府开始采取措施缓解罗兴亚难民问题。④ 9 月 12 日，总统府宣布成立若开邦问题建议执行委员会，负责实施重要措施维护若开邦稳定，保护当地民众的安全，解决当地的社会经济问题。⑤ 9 月 19 日，昂山素季首次就罗兴亚危机发表电视演说，称政府将努力寻求切实可行的办法解决这场危机，并对侵犯人权者实施法律制裁。⑥ 10 月 17 日，吴廷觉总统宣布成立"若开邦人道主义援助、安置与发展计划委员会"，由昂山素季担任主席。11 月 2 日，昂山素季自民盟执政以来首次到访若开邦，对若开邦北部的貌多镇区进行视察。11 月 23 日，孟加拉国与缅甸两国外长签署了一份谅解备忘录，同意在两个月内启动罗兴亚难民遣返程序。⑦ 当时，逃往孟加拉国的罗兴亚难民人数已逾 60 万。12 月 8 日，缅甸政府成立若开邦问题建议执行委员会顾问团，由来自国内外的 10 名专家组成，主要负责监督政府在若开邦落实相关政策建议。

联合国人道主义事务协调厅（OCHA）发布消息称，自 2017 年 8 月缅甸若开邦爆发罗兴亚事件以来，已有超过 72 万名罗兴亚难民逃往孟加

---

① 《缅甸武装组织单方面停火昂山素季被指责袖手旁观》，《中国日报》中文网，2017 年 9 月 11 日，http://cnews.chinadaily.com.cn/2017-09/11/content_31839167.htm。

② 《人权组织：更多证据指缅军奸淫烧杀罗兴亚人》，《联合早报》2017 年 11 月 18 日，https://www.zaobao.com.sg/znews/sea/story20171118-811880.

③ "Burma: Ensure Aid Reaches Rohingya", *Human Rights Watch*, September 11, 2017, https://www.hrw.org/news/2017/09/11/burma-ensure-aid-reaches-rohingya.

④ 《各国领袖吁翁山确保罗兴亚难民安全回归》，《联合早报》2017 年 11 月 15 日，https://www.zaobao.com.sg/news/sea/story20171115-811044。

⑤ 《缅甸政府成立专门机构落实若开邦问题建议》，新华网，2017 年 9 月 12 日，http://www.xinhuanet.com/world/2017-09/13/c_1121652184.htm。

⑥ 《对罗兴亚危机首次表态翁山：缅甸将为自愿返乡难民做身份认证》，《联合早报》2017 年 9 月 22 日，https://www.zaobao.com.sg/znews/sea/story20170920-796608。

⑦ Myanmar, "Bangladesh Sign Rohingya Return Deal: Myanmar Official", Reuters, November 23, 2017, https://www.reuters.com/article/us-myanmar-rohingya-deal/myanmar-bangladesh-sign-rohingya-return-deal-myanmar-official-idUSKBN1DN0RN.

拉国。① 2017 年 11 月，孟缅双方为解决难民事件签订协议、制定遣返难民的初步计划。2018 年 1 月 15 日，孟加拉国政府发布消息称，孟缅双方计划在两年内完成罗兴亚难民遣返工作。② 1 月 23 日，缅甸正式开通位于当彪勒瓦（TaunPyoLetWae）边境、额古雅（NgarKuYa）和拉普岗（LaPhooKaung）三处的罗兴亚难民接收通道。但是，直至 4 月 16 日，缅甸才接回第一个罗兴亚穆斯林家庭（共 5 人）。③

为尽快将罗兴亚难民接回，以摆脱国际舆论的谴责、减轻西方国家的制裁，缅甸与联合国于 6 月签署了一项备忘录，明确规定将罗兴亚难民遣返的前提是保证难民的人身安全和公民权。8 月 10 日，缅甸国务资政府部发布报告称，孟缅双方就加快遣返孟加拉国境内的缅甸若开邦难民达成 8 项共识，其中包括双方同意提前遣返逃至孟加拉国南部科克斯巴扎尔（CoxBazar）难民营的难民。此外，双方确认缅方已根据此前协议建成 2 个接收营地，孟方应建的 5 个过渡营地中 1 个已建成、1 个在建，另有 3 个待建。④ 9 月 28 日，劳工、移民与人口部部长吴登穗表示，缅甸政府将重新接受在孟加拉国滞留的罗兴亚难民，并依照 1982 年《缅甸公民法》甄别公民身份，有关方面将在孟都设立内陆和水路两个接收中心，接收罗兴亚难民入境。根据孟缅两国政府达成的协议，滞孟罗兴亚难民的返乡日期初步定在 11 月 15 日。截至 10 月 30 日，约 5000 名难民被确认身份，将获遣返。11 月，若开邦首席部长吴尼布（Nyi Pu）表示，缅甸当局计划为罗兴亚难民建造的 1500 个居住单位中，已完成约 500 个，正在建设的有 773 个，另有 225 个正在等待经济援助。11 月 15 日，罗兴亚难民遣返行动正式启动。首批被点名返缅的共 150 人，但当日没有人到指定地点报到，遣返行动被迫取消。对于孟缅计划大批遣返罗兴亚难民这一事件，西方媒体多持消极态度，认为两

---

① 《联合国人权高专敦促孟加拉国停止遣返罗兴亚难民的计划》，联合国网站，2018 年 11 月 13 日，https://news. un. org/zh/story/2018/11/1022811。

② 《孟缅计划在遣返开始后 2 年内完成罗兴亚难民遣返工作》，新华网，2018 年 1 月 17 日，http://world. people. com. cn/n1/2018/0117/c1002 – 29770520. html。

③ 《首个罗兴亚家庭遣返缅甸》，《联合早报》2018 年 4 月 16 日，https://www. zaobao. com. sg/znews/sea/story20180416 – 851091。

④ 《缅孟就加快遣返若开邦流离失所人员达成 8 项共识》，新华网，2018 年 8 月 11 日，http://www. xinhuanet. com/world/2018 – 08/11/c_1123254176. htm。

国在制定遣返人员名单时，并未征询难民本人的返回意向，并且对于难民返回缅甸后的生活安置和公民身份等重要事宜尚未做妥善安排。

二　2017～2018 年缅甸经济

在 2017～2018 年，民盟政府制定国家计划法，修改及完善《投资法》和《公司法》，调整金融政策，改善投资环境，促进贸易发展，力图推进市场经济，保持进出口平衡，改善民生。但外国投资者仍在观望，国外投资比上一财年有所下降，政府收支不平衡、通货膨胀等因素导致物价上涨，国民生活水平实际在下降，影响了 2017～2018 年缅甸经济表现。

（一）促进经济发展的政策

1. 制订经济计划

为促进缅甸国内经济发展，改善国内投资环境，提升国民生活水平，时任总统吴廷觉签署了缅甸《2017—2018 财年国家计划法》，该法案于 2017 年 3 月底在联邦议会通过，4 月 1 日该法案在国内正式实行。

《2017—2018 财年国家计划法》以 2010～2011 财年的物价为基准，为缅甸 2017～2018 财年的国内生产总值及各领域设立了增长目标。设定 GDP 总增长目标为 7%，其中农业领域增长目标为 4.2%，肉类领域增长目标为 3.4%，林业领域增长目标为 3.4%，能源领域增长目标为 3.9%，矿业与珠宝领域增长目标为 6.3%，工业领域增长目标为 11%，电力领域增长目标为 4.8%，建筑领域增长目标为 6.2%，交通领域增长目标为 7%，通信领域增长目标为 4.6%，金融领域增长目标为 11.5%，社会与管理领域增长目标为 4.5%，租赁与其他服务领域增长目标为 12%，贸易领域增长目标为 7%。①

《2017—2018 财年国家计划法》以 2017～2018 财年物价和服务价为基础，对第一、二、三产业在 GDP 中的比例进行了调整，提升了第二、三产

---

① 《政府颁布〈2017—2018 财年国家计划法〉》，〔缅甸〕《金凤凰报》2017 年 4 月 25 日，https://www.mmgpmedia.com/law/21919 - 2017 - 2018。

业的比重，降低了第一产业的比重。将农业领域在 GDP 中所占比重由原先的 25.3% 降低至 23.8%，将工业领域所占比重由原先的 34.9% 提升至 35.9%，将服务业领域所占比重由原先的 39.8% 提升至 40.3%。同时，设定全年消费总额为 653041 亿缅元，设定出口预期指标为 165900 亿缅元，设定进口预期指标为 177750 亿缅元，设定人均 GDP 为 1533205 至 1710582 缅元。在总投资额中，国有投资、合作社投资、私营投资分别占 21.71%、0.01%、78.28%。①

2018 年 1 月 9 日，计划委员会会议在内比都总统府召开。吴温敏总统在会上表示，因为交通领域、旅游酒店业和金融服务业都呈增长趋势，2017～2018 财年过渡期的国家计划法拟定 2018 年 4 月至 9 月的 GDP 增速目标为 7.2%。② 昂山素季也在会上表示，该计划法应当重视即将在 2018～2019 财年实施的重大项目，强调联邦政府与省邦政府的协同合作将有利于成功完成这些项目。③ 8 月，计划与财政部发布了《缅甸可持续发展计划（2018—2030）》（MSDP）。该计划成为指导缅甸 2018 至 2030 年经济发展的主要框架性文件，包含 5 个目标、28 个战略和 251 个行动计划，其中包括保持经济稳定、创造就业机会、以私企为主导拉动经济增长和发展完善国内基础设施建设。④ 9 月 21 日，缅甸出台《2018—2019 财年国家计划法》，为缅甸 2018—2019 财年（2018 年 10 月 1 日至 2019 年 9 月 30 日）的经济发展提供指南。该计划法以 2015～2016 财年物价及服务价为基础，将 2018～2019 财年 GDP 增速目标定为 7.6%；拟定农业增长 2.4%，工业增长 11.2%，服务业增长 12.0%；拟定 GDP 中农业占比降至 21.9%，工业与服务业占比分别提升至 37.3% 和 40.8%。以 2018～2019 财年物价及服务价为基础，将消费总额定为 717579 亿缅元，使总投资额中国有投资占 24.99%，私营投资占

① 《政府颁布〈2017—2018 财年国家计划法〉》，〔缅甸〕《金凤凰报》2017 年 4 月 25 日，https://www.mmgpmedia.com/law/21919 - 2017 - 2018。

② "Plan for Bridging Fiscal Year Gap", *The Global New Light of Myanmar*, January 10, 2018, Vol. IV, No. 268, p. 1, http://www.burmalibrary.org/docs24/GNLM2018 - 01 - 10 - red. pdf.

③ 参见缅甸政府网站，http://www.president-office.gov.mm/en/? q = briefing-room/news/2018/01/10/id - 8293。

④ Ministry of Planning and Finance of Myanmar, "Myanmar Sustainable Development Plan (2018 - 2030)", August 8, 2018, p. 4.

75%，合作社投资占 0.01%[①]，将出口预期指标定为 208080 亿缅元，进口预期指标定为 214880 亿缅元，使人均 GDP 提升至 1978486 缅元。《2018—2019 财年国家计划法》于 10 月 1 日生效。10 月 8 日，缅甸投资委员会发布《缅甸促进外国投资计划书》（MIPP），该计划书制订了缅甸 2018～2036 年吸引外国投资的计划，希望通过吸引投资来拉动国家经济快速增长。此外，缅甸于 2019 年 1 月举办缅甸投资峰会，讨论缅甸经济、投资以及公共投资项目银行的设立，以吸引外资。

2. 完善经济法规

为了适应新的经济形势和应对外资企业在缅甸投资出现的问题，2017 年缅甸政府新修改了缅甸《投资法》和《公司法》两部法律，以吸引更多外资企业入驻缅甸。

2017 年 3 月，缅甸投资委员会主席吴觉温签署了新修改的《投资法》。修改之后的《投资法》规定，从 2017 年 3 月起，不再经缅甸投资委员会审批，只需各省邦投资委员会审批就可实施的项目包括 500 万美元（或 60 亿缅元）投资额以下的投资项目，只有超过 500 万美元的投资项目，才由 MIC 审批。通过放宽各省邦投资委员会的权限，加快了项目的审批速度，也在各省邦之间形成了良性竞争。此外，为吸引外资企业来缅投资，推动资金在缅甸不同区域合理分配，缅甸投资委员会依据缅甸不同地区发展程度，将全国划分为发达地区、相对发达地区和不发达地区三个区域。投资者在不同区域投资将享受不同的优惠政策，其中在发达地区投资可免除 3 年所得税；在相对发达地区投资可免除 5 年所得税；在不发达地区投资可免除 7 年所得税。[②] 新《投资法》还放宽了外国企业在缅甸与国内企业进行合作经营的条件。外资企业须与本地企业合资经营的行业共有 22 个，主要包括渔业码头及渔业市场建设、塑料产品制造及国内销售、使用自然原料的化学品制造及国内销售、谷物加工产品制造及国内销售、糕点生产及国内销售、本地旅游服务、海外医疗中介服务等项目。必须经相关部门批准的行业包

---

① 《政府发布〈2018—2019 财年国家计划法〉》，〔缅甸〕《金凤凰报》2018 年 10 月 10 日，https://www.mmgpmedia.com/law/28508‐2018‐2019。

② 《缅甸 500 万美元以下投资项目将无需 MIC 审批》，中国商务部网站，2017 年 3 月 24 日，http://www.mofcom.gov.cn/article/i/jyjl/j/201703/20170302540042.shtml。

括：使用麻醉品和精神药物成分生产及销售药品行业须经内政部批准，使用外语出版刊物、广播节目等6个行业须经信息部批准，海洋捕捞等18个行业须经农业、畜牧和灌溉部批准，机动车检验等55个行业须经交通与通信部批准，共有10个部委负责126个行业的批准工作。①

由于早期制定的《公司法》已不适应目前缅甸的经济发展形势，2017年12月时任总统吴廷觉签署了新《公司法》，并宣布新修订的《公司法》于2018年8月1日正式生效。新《公司法》共有8章476项条款，引入了网上注册系统，要求所有在缅注册公司在6个月内重新进行注册。新《公司法》规定外国股份占35%的公司将被定性为本地私营公司，外国股份超过35%的公司将被定性为外资公司，改变了旧《公司法》认为只要有1%的外国股份就被定性为外资公司的规定。同时，外国人也可入股缅甸国内公司，以解决国内公司缺资金、缺技术的问题。②

2018年3月20日，联邦议会正式通过2018年《联邦税收法》，4月1日生效。该税法明确规定："任何公民若购买基础设施、兴建基础设施或创办新业务、扩展业务，若能证明收入来源，将不用缴纳收入税；若不能证明收入来源，须按照以下规定缴纳收入税：年收入3000万缅元以下者，须缴纳15%的收入税；年收入3000万缅元至1亿缅元者，须缴纳20%的收入税；年收入1亿缅元以上者，须缴纳30%的收入税。"2017年颁布的新《公司法》于2018年8月1日正式生效，新法调整了对外资入股的规定，并要求在投资与公司管理局依法注册的外资公司和分公司重新注册。同日，缅甸公司在线注册系统（Myanmar Companies Online）正式开通，此后公司注册将使用在线系统完成。

3. 调整金融政策

截至2017年2月，缅甸国内共有28家银行，包括24家私营银行和4

① 《缅甸公布限制投资行业》，中国商务部网站，2017年4月24日，http://www.mofcom.gov.cn/article/i/jyjl/j/201704/20170402563356.shtml。

② 《缅甸新公司法正式生效》，中国驻缅甸大使馆经济商务参赞处网站，2018年8月1日，http://mm.mofcom.gov.cn/article/jmxw/201808/20180802771711.shtml；《新〈公司法〉颁布取消审计中小公司制度》，〔缅甸〕《金凤凰报》2017年12月13日，http://www.mmgpmedia.com/travel/25400-2017-12-13-08-38-41。

家国有银行，其中已有 13 家外资银行在缅甸设立分行。与其他国家相比，缅甸现阶段的金融业还处于一个初步发展阶段，在使用具体的金融工具方面还不够成熟。2017 年，缅甸中央银行（以下简称"缅央行"）宣布允许本土私营银行从事贸易融资业务。在本土私营银行满足不了国内融资需求的情况下，缅央行将允许在缅甸设有分行的外资银行从事贸易融资业务，但外资银行在从事融资业务时只能通过贸易专用账户进行。目前，缅甸本土银行中有 9 家银行涉及该业务，主要提供货物装运前融资和装运后融资服务。[1] 在外资银行在缅甸设置分行方面，缅央行于 2017 年 5 月提出了新要求。考虑到维持缅甸金融市场的稳定性、促进国家经济发展以及简化程序的需求，缅央行暂不允许外资银行在缅甸设立更多的分行。但是缅央行还是允许外资银行为外国企业人员提供之前允许的银行服务。[2] 2017 年 9 月，缅甸计划与财政部部长吴觉温表示，由于国内银行贷款规模有限，外国投资缺乏动力，两者对促进缅甸经济发展的作用有限，缅甸计划成立国家开发银行，为缅甸国内实施的大型项目提供更便利、更持续的贷款服务。国家开发银行由缅甸政府与缅甸经济银行共建，借鉴亚洲开发银行的运作方式，由国家开发银行向国际金融机构借款，再由国家开发银行贷款给国内资金短缺的项目，以便促进国家经济更快地发展，改善国家的基础设施建设。[3]

为了缓解国内企业资金匮乏、银行贷款利率高的问题，缅央行进一步放宽对外资银行的限制。2018 年 11 月 8 日，缅央行发布公告称，准许在缅甸经营的外资银行分行向国内企业提供贷款及其他银行服务。此前，外资银行只获准向外资企业提供贷款。12 月，计划与财政部部长吴梭温表示，当局将设立公共投资项目银行，统合私营、外资等多种途径的资金，为国家基础设施项目建设提供贷款，并且将优先考虑有益于民众的国家级基础

---

① 《缅央行将放开外资银行贸易融资业务》，中国商务部网站，2017 年 2 月 23 日，http://www.mofcom.gov.cn/article/i/jyjl/j/201702/20170202521602.shtml。

② 《缅甸暂停外资银行设立分行》，胞波网，2017 年 5 月 6 日，http://www.webaobo.com/index.php?f=view&id=2948&m=article。

③ 《缅甸将成立国家开发银行向大型项目提供贷款》，中国驻曼德勒总领事馆经济商务室，2017 年 9 月 12 日，http://mandalay.mofcom.gov.cn/article/jmxw/201709/20170902642406.shtml。

设施项目。① 当月，缅甸先锋银行（MAB）针对中小型企业推出无须抵押物品的贷款计划，借贷方只需出示业务的收支款项，即可向银行贷款，利息为8.5%。当月，缅甸当局批准成立缅甸首家信用咨询公司——缅甸信用统计局（Myanmar Credit Bureau），该公司预计于2019年年底开始营业，为企业提供信用咨询和征信服务。② 信用咨询公司的成立将有助于企业在无抵押的情况下成功贷款。

此外，缅甸金融体系便利化程度也在逐渐提高。3月7日，甘波扎（KBZ）银行在仰光开设了一站式中小企业银行业务服务中心，向中小企业提供多种金融和商务服务。5月9日，缅甸合作社银行（Co-Operative Bank）与缅甸弗里伍德集团（River Wood Group Company）、中国浪潮集团就智慧银行合作签订协议，成为缅甸国内首批智慧银行之一。这一合约的签订，将开启缅甸智能银行服务的新时代，为金融服务业提供极大的便利。

4. 改善企业发展空间

目前，缅甸私营经济的份额约占全国经济总量的90%，私营企业在贸易和投资领域起着关键作用，在确保国内经济增长、优化产业结构、缓解就业压力方面发挥着不可替代的作用。在改善私营企业的发展空间方面，2017年2月私营企业发展委员会主席、副总统吴敏瑞表示，为促进私营企业的发展、发挥私营企业的作用，今后除在重要部门保持国有企业的比重外，将在其他行业逐步减少国有企业的份额。③ 此外，缅甸政府部门将在亚洲开发银行的指导下拟订有关私营企业发展框架与规划，以提供更加规范的金融政策和管理方法。

在为外资企业提供发展空间方面，缅甸投资委员会还在一系列领域确定了优先发展项目。例如，2017年4月MIC公布了政府优先改造升级的20

---

① ThihaKoKo, "Project Bank to Facilitate Infrastructure Development Established", *The Myanmar Times*, December 5, 2018, https://www.mmtimes.com/news/project-bank-facilitate-infrastructure-development-established.html.

② ThihaKoKo, "Myanmar Central Bank Issues License to Myanmar Credit Bureau", *The Myanmar Times*, May 22, 2018, https://www.mmtimes.com/news/central-bank-issues-license-myanmar-credit-bureau.html.

③ 《缅甸将进一步促进私营企业的发展》，中国—东盟博览会网站，2017年3月1日，http://www.caexpo.org/index.php? a = show&c = index&catid = 120&id = 216791&m = content。

个投资领域，在这些领域进行投资的国内外企业可获得免税或减税待遇，主要包括建设新城市、城市发展、开发港口、管理与维修机场、物流运输、电力生产与供应、开发可再生能源等项目。[①] 2017 年 6 月，MIC 再次提出 10 个优先投资领域，主要包括农业及相关服务、畜产品养殖和渔业产品生产、电力、物流、教育服务、卫生保健、建立工业园区等。[②] 2017 年 6 月，缅甸商务部宣布从 6 月 12 日起，允许持有营业执照的外资公司在缅甸境内从事化肥、种子、农药、医疗设备和建材贸易，但外资公司要得到在缅甸市场进行零售批发的许可，同时必须按照缅甸相关法律和规定以及有关部门规定的商品标准来进行贸易。[③] 除国家层面出台促进企业发展的政策之外，地方政府也制定了一系列相关政策以促进私营企业和外资企业的发展。为吸引企业到仰光进行投资，2017 年 4 月，一方面，仰光当地政府提出低价土地计划，为来仰光发展的国内企业及外资企业提供低价土地，以促进中小企业发展，解决土地价格高昂问题；另一方面，仰光当地政府将对当地的工业园区进行升级改造，引入垃圾和污水处理等项目，并设立工业园区监管委员会，以改善当地投资环境。[④]

2018 年 1 月 23 日，缅甸成立电子政务项目委员会[⑤]，旨在使包括公司注册、投资申请、纳税等在内的相关行政业务通过电子设备及互联网平台办理，提高政务部门运转效率。缅甸投资委员会主席吴当吞表示，有关部门正在努力改善当前项目投资所面临的办理手续环节繁多的状况。另外，民盟政府放开外资企业进军批发和零售行业限制，以吸引外资。2018 年，

---

① 《缅甸投资委员会（MIC）公布政府优先改造升级的 20 个投资领域》，云南省对外投资合作网，2017 年 4 月 27 日，http://www.ynoiec.gov.cn/htmlswt/nobody/2017/0427/news_5_309184.html。

② 《缅甸投资委员会宣布 10 个优先投资领域》，中国国际贸易促进委员会网站，2017 年 6 月 29 日，http://www.ccpit.org/Contents/Channel_4126/2017/0629/832344/content_832344.htm。

③ 《缅甸向外资公司开放 5 种商品经营权》，中国商务部驻昆明特派员办事处网站，2017 年 8 月 7 日，http://kmtb.mofcom.gov.cn/article/jingmaofagui/201708/20170802621972.shtml。

④ 《仰光省将向中小企业提供低价土地》，中国驻曼德勒总领事馆经济商务室，2017 年 4 月 24 日，http://mandalay.mofcom.gov.cn/article/jmxw/201704/20170402563288.shtm。

⑤ "Myanmar Takes Steps Towards E-Government", *The Global New Light of Myanmar*, February 2, 2019, http://www.globalnewlightofmyanmar.com/myanmar-takes-steps-towards-e-government/。

缅甸政府对于外资企业进入批发、零售市场的批准率达100%。① 2018年，当局批准81种商品可通过在线注册系统（Fully Online Licensing）办理进出口执照，其中包括32种出口商品和49种进口商品。7月31日，该批商品的在线注册通道正式开通。8月14日，商务部发布公告称，自9月3日起正式批准进出口黄金和金饰品。政府还设立服务中心为黄金进出口商提供一站式服务，同时成立黄金市场监督委员会，以打击非法黄金交易，稳定金融市场。

5. 促进对外贸易

为促进缅甸边境贸易发展，政府采取了以下两方面措施。一方面，计划增加新的边境贸易口岸，促进缅甸和孟加拉国之间的边境贸易往来，增加两国对外贸易企业的合作。② 另一方面，进一步推动"完全在线申报进出口许可证"系统的实施。2017年6月，缅甸为300多种商品发放了完全在线申报进出口许可证。完全在线申报进出口许可证改变了以往企业必须前往商务部现场办理的方式，目前企业只需在网上办理申请、付款、发放手续就可以取得证书。这一系统简化了商品的申报流程，极大地节省了进出口商的时间和精力。③

同时，缅甸政府继续实行个人贸易卡政策，促进边境贸易。2017～2018财年，缅甸商务部颁发了140张个人贸易卡。2017年4月1日至2018年1月12日，中缅边境个人贸易卡交易总额约为17亿缅元。在利用个人贸易卡进行边境交易的各口岸中，甘拜地口岸为16亿缅元，在所有口岸中交易额最高，雷基口岸为7000万缅元，木姐口岸为3800万缅元，清水河口岸为400万缅元。④

4月4日，缅甸商务部副部长吴昂图率团队与中国代表在新疆霍尔果斯

---

① 《本届政府批准外国公司投资率达100%》，〔缅甸〕《金凤凰报》2018年12月4日，http://www.mmgpmedia.com/buz/29153－100－3。

② 《缅甸新边境贸易区今年内落实建设，打开缅甸贸易新格局》，〔缅甸〕《金凤凰报》2017年5月8日，http://www.mmgpmedia.com/local/22259－2017－05－08－05－13－23。

③ 《缅甸增加三百多种商品进入"完全在线申报进出口许可证"系统》，中国驻缅甸大使馆经济商务参赞处网站，2017年5月31日，http://mm.mofcom.gov.cn/article/jmxw/201705/20170502584267.shtml。

④ 《本财年中缅边境个人贸易卡交易额达17亿缅元》，中国商务部网站，2018年1月29日，http://www.mofcom.gov.cn/article/i/jyjl/j/201801/20180102705594.shtml。

举行了首次会面，讨论增建中缅边境经济合作区事宜。商务部表示，双方将继续在中缅经贸往来地区开展实地调研以增建边境经济合作区。10月，缅甸商务部发布消息称，当局计划将克钦邦甘拜地口岸升级为边境经济合作区，拉动该地区经济发展。截至10月底，针对该地区的地面维修工作已完成70%。此外，掸邦木姐、果敢清水河地区也被纳入中缅边境经济合作区建设。11月，缅甸商务部表示，不久将邀请私营企业参与边境经济合作区建设。中缅边境经济合作区的建设，将有助于提高当地就业率，发展缅甸国内外投资项目，促进中缅双边贸易发展。此外，位于缅泰边境的妙瓦底贸易区于6月5日投入使用缅甸自动货物清关系统。自动货物清关系统的投入使用将极大地便利日常贸易事务，降低贸易壁垒。此后，自动货物清关系统也将在其他边境贸易口岸投入使用。

（二）宏观经济形势

2017～2018年，缅甸制定短期和长期经济增长方案，进一步放宽对外资、外企的限制，出台政策激励中小型企业的发展，改善国内贸易投资环境。2018年9月9日，中缅签署共建中缅经济走廊谅解备忘录[1]，将进一步促进中国在缅投资，促进中缅两国全方位合作。受罗兴亚事件的影响，西方国家对缅甸的投资减少，同时，成品油价格上涨、生产成本增加、缅币贬值等多方面因素导致缅甸经济增速放缓。

据缅甸中央统计局统计，缅甸2017～2018财年（2017年4月1日至2018年3月31日）国内生产总值预计增长率为6.8%，以2017～2018财年的物价为基准，2017～2018财年名义GDP为912825.9亿缅元，以2010～2011财年的物价为基准计算不变价格，2017～2018财年名义GDP为638953.1亿缅元。[2] 12月13日，世界银行发布报告预测，缅甸2018～2019

---

[1] 《中缅签署政府间共建中缅经济走廊的谅解备忘录》，中国一带一路网，2018年9月11日，https://www.yidaiyilu.gov.cn/xwzx/roll/65805.htm。

[2] 《缅甸2017—2018财年国内生产总值预计增长率为6.8%》，中国驻缅甸大使馆经济商务参赞处网站，2018年4月2日，http://mm.mofcom.gov.cn/article/jmxw/201804/20180402727354.shtml。

财年的经济增速仅能达到 6.2%①；国际货币基金组织预测缅甸经济增速为
6.4%，相比上一财年 6.8% 的增速有所下降。预计 2017～2018 财年缅甸工
业和服务业领域的增速分别为 8.2% 和 7.6%，相比上一财年，分别下降
1.2% 和 0.7%。

缅甸作为一个欠发达的农业国家，基础设施的建设以及各产业的发展
单单依靠缅甸本土企业的投资是远远不够的，缅甸的经济发展还必须依靠
外资企业到缅甸进行投资。2017 年 4 月，根据缅甸政府之前制订的 2016～
2020 五年吸引外资计划，缅甸投资委员会公布了 2017～2018 财年吸引外资
的目标，计划在 2017～2018 财年吸引外资 60 亿美元。② 2017～2018 财年截
至 1 月中旬，缅甸吸收了国外投资额 42.77 亿美元，一共批准了 185 个外资
项目，后期缅甸又获得追加投资额 6.78 亿美元，同时迪洛瓦经济特区也获
得了 2.8 亿美元的投资额，缅甸 2017～2018 财年吸收的国外投资合计为
52.35 亿美元。缅甸投资与公司管理局近期又收到 5.9 亿美元的项目建议
书，到 2018 年 3 月底，缅甸有望完成 2017～2018 财年 60 亿美元的外资计
划。③ 虽然缅甸能够完成 60 亿美元的目标，但是对比 2014～2015 财年吸引
外资 80 亿美元、2015～2016 财年吸引外资 94 亿美元、2016～2017 财年吸
引外资 66 亿美元，2017～2018 财年是近四年来吸引外资最少的一年。④ 从
外资在缅甸投资的各类产业方面分析，制造业吸引了 17.6 亿美元的外资，
占外资总额的 33%，是吸引外资最多的部门，排名第二的房地产业吸引
了 12.6 亿美元的外资，排名第三的产业交通与通信业吸引外资 9.02 亿美
元。此外，外资还积极进入能源、饭店旅游业和农业等领域。从缅甸的外
资来源看，2017～2018 财年在缅甸投资最多的国家为新加坡，投资了
26.31 亿美元，排在第二位的中国投资了 13.95 亿美元，荷兰、韩国分别

---

① World Bank Group, *Myanmar Economic Monitor* (*December 2018*), December 2018, p. 14.
② 《缅甸公布新财年吸引外资目标》，中国商务部网站，2017 年 4 月 12 日，http://www.mof-com.gov.cn/article/i/jyjl/j/201704/20170402556308.shtml。
③ 《缅甸本财年有望提前完成吸引外资计划》，中国驻曼德勒总领事馆经济商务室，2018 年 1 月 23 日，http://mandalay.mofcom.gov.cn/article/jmxw/201801/20180102702964.shtml。
④ 《2017—2018 财年是 4 年来缅甸吸引外资最少的一年》，中国商务部驻昆明特派员办事处网站，2018 年 5 月 7 日，http://kmtb.mofcom.gov.cn/article/jingmaofagui/201805/20180502740 215.shtml。

排第三、四位。① 中国长期以来是缅甸的外资主要来源国之一，截至 2017 年底中国企业对缅甸的直接投资存量高达 55.2 亿美元。②

缅甸投资委员会数据显示，2018 年 4 月至 8 月中旬，缅甸投资委员会共审批了 77 个外资项目，外国投资额约 16.50 亿美元。这一数据与缅甸投资委员会秘书长吴昂乃乌 4 月预测的过渡期实现 30 亿美元外国投资额的指标相去甚远。2018 年 9 月至 10 月，缅甸民营投资额约 9235 万美元，其中，9 月的民营投资额约 6464 万美元，10 月的投资额约 2770 万美元。③ 此外，昂山素季以仰光迪洛瓦经济特区的发展为标杆进行招商引资。截至 2018 年 12 月中旬，中国、美国、日本、德国、法国、瑞典等国家的企业在迪洛瓦经济特区的投资总额已经 14.91 亿美元。④

营商便利度是衡量一个国家和地区是否便于开办和运营企业的重要指标，在缅甸营商环境方面，根据世界银行发布的 2018 年世界营商环境排名，缅甸营商便利度在全球 190 个国家和地区中排第 171 位，与 2017 年相比下降一名，其营商便利度在东盟国家排名倒数第二，在东亚和太平洋地区的排名也处于末位。⑤ 2017 年 6 月，缅甸副总统吴敏瑞表示，为改善缅甸营商便利度，吸引更多的外商来缅投资，缅甸政府计划用 3 年时间将缅甸的排名提升到全球的前 100 名，但根据缅甸目前的各项条件来看，想要达到这一目标仍然存在许多现实问题。根据世界银行发布的 2019 年世界营商环境报告，缅甸 2018 年的营商便利度排第 171 位，与 2017 年的排名相同。但是，缅甸的前沿距离分数（DTF）达 44.72，比 2017 年提升了 0.51。⑥ 报告显示，缅

---

① 《2017—2018 财年缅甸制造业吸引外资最多》，中国商务部驻昆明特派员办事处网站，2018 年 4 月 26 日，http://kmtb. mofcom. gov. cn/article/f/201804/20180402737040. shtml。
② 《中国—缅甸经贸合作简况》，中国商务部亚洲司网站，2018 年 11 月 21 日，http://yzs. mofcom. gov. cn/article/t/201811/20181102808844. shtml。
③ 《本财年前两月民营投资额约达 1400 亿缅元》，〔缅甸〕《金凤凰报》2018 年 12 月 4 日，http://www. mmgpmedia. com/buz/29154 - 1400。
④ 《国务资政招商引资取得突出成果》，〔缅甸〕《金凤凰报》2018 年 12 月 21 日，http://www. mmgpmedia. com/buz/29325 - 2018 - 12 - 21 - 08 - 43 - 35。
⑤ 《世行发布 2017 年营商环境排名，缅甸下降至第 171 位》，中国商务部网站，2017 年 11 月 10 日，http://www. mofcom. gov. cn/article/i/jyjl/j/201711/20171102668904. shtml。
⑥ 世界银行：《2019 年营商环境报告》（中文版），2018，第 4 页。

甸营商环境有所改善，主要体现在公司注册费用下降和国家电力供应能力提升。[①]

在对外贸易方面，缅甸 2017～2018 财年制定的对外贸易目标为 290 亿美元。缅甸中央统计局统计报告的信息显示，2017～2018 财年缅甸进出口贸易总额达 335.1 亿美元。其中，出口额为 148.36 亿美元，进口额为 186.74 亿美元。出口额包括 93.46 亿美元一般贸易出口和 54.9 亿美元边境贸易出口；进口额包括 156.73 亿美元一般贸易进口和 30.01 亿美元边境贸易进口。2017～2018 财年，缅甸的贸易逆差高达 38.38 亿美元。[②] 在与各国的贸易中，2017 年 4 月 1 日至 10 月 27 日，东盟是缅甸最大的贸易伙伴，双方贸易总额约为 57 亿美元，其中缅甸出口额为 22.9 亿美元，进口额为 34.2 亿美元；中国是缅甸第二大贸易伙伴，缅甸与中国的贸易额达 55 亿美元，其中缅甸出口额为 24.6 亿美元，进口额为 30 亿美元。

缅甸商务部数据显示，2018 年财年过渡期（4 月到 9 月底）缅甸进出口总额为 186.8 亿美元，其中出口额为 88.2 亿美元，进口额为 98.6 亿美元。[③] 缅甸商务部表示，财年过渡期间，在缅甸与美国、英国、日本等国家的双边贸易中，缅甸自 2010 年以来首次实现贸易顺差。其间，缅甸与美国双边贸易额达 4.5 亿美元，缅甸与日本双边贸易额达 10 亿美元，缅甸贸易顺差额分别约为 1.3 亿美元、4.2 亿美元。[④] 缅甸对这些国家实现贸易顺差，主要是因为成衣产品出口增加。此外，也同政府对进口产品进行税收调整有关。2018 年 10 月，缅甸进出口总额达 26.7 亿美元，其中出口额为 11.7 亿美元，进口额为 15.0 亿美元。

在缅甸税收征收方面，根据缅甸 2017～2018 财年税收清单，2017～

---

① 世界银行：《2019 年营商环境报告》（中文版），2018，第 15 页。

② 《缅甸正式公布 2017—2018 财年外贸进出口统计数据》，中国驻曼德勒总领事馆经济商务室，2018 年 6 月 25 日，http://mandalay.mofcom.gov.cn/article/jmxw/201806/20180602758977.shtml。

③ 《缅甸 2012—2013 财年至 2018—2019 财年（截至 12 月）贸易状况》，缅甸商务部网站，https://www.commerce.gov.mm/en/content/ပို့နှင့်-နာ့ယ့ာယ့-၈/ကုန်-သာ့ကုန်။

④ 《财年过渡期缅美贸易实现顺差》，〔缅〕《金凤凰报》2018 年 12 月 4 日，http://www.mmgpmedia.com/buz/29162-2018-12-04-09-19-47。

2018 财年缅甸的税收高达 74230 亿缅元。缅甸主要从四个领域进行税收征收：国内生产税和民众消费税、收入税、关税、使用国有财产税。这四个领域在 2017～2018 财年分别征收 36200 亿缅元、22630 亿缅元、5240 亿缅元、10160 亿缅元。与东盟其他国家相比，缅甸的税收与 GDP 的比例是最小的，在 2017～2018 财年的比重只有 8.21%。[①]

（三）产业经济形势

农业 与往年相比，2017 年缅甸吸引了更多外资企业进入农业领域。截至 2017 年 11 月，缅甸农业领域获得了约 1.3 亿美元的外资。截至 2018 年 1 月，缅甸农产品出口额为 24 亿美元，比上一财年同期增加了 1.7 亿美元。[②] 但是缅甸 85% 以上的出口农产品是以初级产品的形式进行出口，为获得更多的利润，缅甸应引进先进的农产品加工技术，以提升农产品的附加值。缅甸商务部数据显示，2018 年财年过渡期农产品出口额达 12.79 亿美元；2018 年 10 月，农产品出口额约为 1.96 亿美元。[③] 该财年过渡期 6 个月内，大米和碎米出口指标为 200 万吨，但 2018 年 4 月至 10 月向国外出口的大米和碎米仅 120 多万吨，创汇 4.3 亿多美元，未能达标。缅甸大米协会预测，由于边境大量非法走私稻谷，2018～2019 财年大米出口会减少许多，预计在 200 万～300 万吨。

林业 在 2017～2018 财年，缅甸林产品出口 2.11 亿美元，其中私营企业出口 1.97 亿美元，国有企业仅出口 0.14 亿美元。2016～2017 财年缅甸林产品出口额为 2.47 亿美元，2017～2018 财年较上一财年下降了 0.35 亿美元，跌幅达 14%。[④] 由于缅甸政府实施了环境保护政策，对砍伐木材行为加以控制，

---

① 《税收增加但 GDP 占比持续下滑》，〔缅甸〕《金凤凰报》2018 年 12 月 4 日，http://www. mmgpmedia. com/buz/29161 – gdp – 3。

② 《缅甸农业领域吸引外资有望创十年来新高》，中国商务部驻昆明特派员办事处网站，2018 年 1 月 18 日，http://kmtb. mofcom. gov. cn/article/f/201801/20180102700527. shtml。

③ 《缅甸 2012—2013 财年至 2018—2019 财年（截至 12 月）贸易状况》，缅甸商务部网站，https://www. commerce. gov. mm/en/content/ပုံမှန်-နှစ်စဉ်-၆လစာ-ကုန်သွယ်-သတင်းများ。

④ 《2017—2018 财年缅甸林产品出口额下跌 15%》，中国商务部驻昆明特派员办事处网站，2018 年 5 月 2 日，http://kmtb. mofcom. gov. cn/article/f/201805/20180502738592. shtml。原文数据为 15%，经过计算应为 14%。

缅甸木材加工厂缺乏加工林产品的原料，因此可供出口的林产品减少。

水产业 2017～2018财年缅甸出口了55万吨水产品，水产品出口额达到了7.11亿美元，2017～2018财年缅甸水产品出口创汇超过了往年。2017～2018财年，缅甸鱼类出口总量最多，创汇3.8亿美元，出口量达394135吨；虾创汇6077万美元，出口量达15905吨；其他水产创汇2.65亿美元，出口量达158186吨。[①] 缅甸的大部分水产品出口至中国和泰国等周边国家。缅甸商务部网站发布的数据显示，2018年4月至9月底，缅甸水产品出口约79万吨，出口额达4亿美元。2018～2019财年截至11月中旬，缅甸出口约16万吨水产品，出口额达7300万美元。[②] 上一财年（2017～2018），出口水产品约131万吨，出口额达8.9亿美元。缅甸水产品出口额远低于邻国和其他东盟国家，缅甸渔业局建议政府大力发展水产养殖业以促进出口。

通信业 缅甸2014年以来的电信改革成效显著，互联网的使用不断普及，手机等通信工具的价格不断下降，手机用户数量迅猛增长。截至2017年7月，缅甸的手机用户已有5552万人，手机覆盖率达107%，使用网络数据的用户已达到4649万，覆盖率为90%。2017年12月，缅甸的IDI指数[③]在全球176个国家中排名第135，与2016年相比，缅甸的IDI指数增长了15%，排名上升了5位。自2017年电信运营商MNTC获批营业执照以来，缅甸国内其他3家电信运营商先后降费以吸引更多消费者。为防止恶性竞争，缅甸通信局制定了最高或最低通信收费标准，并于2017年8月1日对国内3家电信运营商的电话及网络使用等通信收费标准进行了调整。[④] 交通与通信部2018年4月2日发布消息称，缅甸手机使用率已达到110.49%。[⑤]

---

① 《缅甸水产业出口破纪录》，〔缅甸〕《金凤凰报》2018年5月23日，http://www.mmgpmedia.com/buz/26959-2018-05-23-10-22-53。

② 《本财年水产出口已达7300万美元》，〔缅甸〕《金凤凰报》2018年12月14日，http://www.mmgpmedia.com/travel/29214-7300。

③ IDI指数是衡量各国家和地区信息通信技术发展水平的综合评价指标，从ICT接入、ICT使用以及ICT技能三个维度，选取11个分项指标加权计算得出。

④ 《规定通信收费限定避免电信市场恶性竞争》，〔缅甸〕《金凤凰报》2017年9月5日，http://www.mmgpmedia.com/buz/24113-2017-09-05-04-57-06。

⑤ 《缅甸手机普及率超110%》，中国驻缅甸大使馆经济商务参赞处网站，2018年5月31日，http://mm.mofcom.gov.cn/article/jmxw/201805/20180502750626.shtml。

8月，通信局发布的缅甸通信网络建设报告显示，缅甸铺设的光纤为 43000 千米，通信基站为 23000 个。[1] 目前，Mytel 电信经营商已正式上市，缅甸电信经营商增加至 4 家，民众使用的手机卡也越来越多样。缅甸邮局还同国内银行和移动支付行业合作经营金融服务业务，提供在线购物、预订机票和长途车票、快递等服务。此外，当局为了进一步发展国家卫星系统和通信系统，将投资 1.55 亿美元用于开发缅甸本国的卫星系统——Myanmar Sat - 2 系统。

能源　由于拥有丰富的天然气资源，缅甸主要向国外出口天然气，2017～2018 财年缅甸的天然气出口额为 33.7 亿美元，耶达昆（Yetakhun）区块日均出口约 708 万立方米天然气，佐迪卡（Zawdika）区块日均出口约 708 万立方米天然气。[2] 由于之前缅甸成品油销售市场不允许外国企业进入，即使国际原油市场价格下跌，缅甸的成品油价格仍然上涨。2017 年 6 月，缅甸投资委员会批准新加坡 PUMA 能源公司进入石油零售市场，该公司是首家进入缅甸的外资成品油零售商。缅甸政府通过在成品油零售市场引入外资，达到为消费者提供质优价廉的成品油的目的。[3] 缅甸商务部消息称，2017 年 4 月 1 日至 3 月 2 日，缅甸天然气出口位居出口榜榜首，出口额达 30 亿美元。[4] 2018 年 4 月至 7 月，受国际原油价格上涨影响，缅甸天然气出口较上年同期，多获外汇 1.2 亿多美元。据电力与能源部消息，缅甸共有 104 个油气开采区块，包括 53 个内陆开采区块、51 个近海开采区块。目前，17 家外国能源公司同缅甸石油天然气公司在 26 个内陆区块合作开采天然气；19 家外国能源公司同缅甸石油天然气公司在 37 个近海区块合作开采天然气。[5]

---

[1]《通信局发布缅甸网络基建情况》，〔缅甸〕《金凤凰报》2018 年 8 月 29 日，http://www.mmgpmedia.com/buz/28070 - 2018 - 08 - 29 - 08 - 38 - 24。

[2]《上财年天然气创汇 33.7 亿美元》，〔缅甸〕《金凤凰报》2018 年 5 月 30 日，http://www.mmgpmedia.com/buz/27049 - 33 - 7。

[3]《首家外资成品油零售商获批》，〔缅甸〕《金凤凰报》2017 年 6 月 8 日，http://www.mmg-pmedia.com/local/22760 - 2017 - 06 - 08 - 08 - 55 - 57。

[4]《缅甸天然气出口位居榜首》，中国驻曼德勒总领事馆经济商务室网站，2018 年 3 月 23 日，http://mandalay.mofcom.gov.cn/article/jmxw/201803/20180302723194.shtml。

[5]《曼德勒敏建天然气电站投产》，〔缅甸〕《金凤凰报》2018 年 10 月 26 日，http://www.mmgpmedia.com/buz/28721 - 2018 - 10 - 26 - 07 - 16 - 49。

矿业   2017～2018 财年，缅甸矿产品出口额达 17 亿美元，2016～2017 财年出口额为 9.5 亿美元，2017～2018 财年较上财年增加 7.5 亿美元。其中，国有企业的矿产品出口额为 7.62 亿美元，较上财年增加 3.08 亿美元；私营企业矿产品出口额为 9.38 亿美元，较上财年增加 4.42 亿美元。[①]

电力   2017～2018 财年缅甸共有 52 家发电厂，总装机容量约 5704.9 兆瓦。在民盟执政两年期间，缅甸新建 5 家天然气发电厂和 1 家水力发电厂，6 家发电厂共增加发电量 750 兆瓦；新建 127 个电力供应所和 31 条电线（长度约 2572 千米）。[②] 缅甸主要以火力和水力发电，但是也在不断开发天然气、风力、太阳能等新型能源发电。计划与财政部称，2017～2018 财年，缅甸电力领域吸引了外国投资额 4.05 亿美元，私营投资额 1720 亿缅元，同时外资企业积极与缅甸的电力企业合作。外资企业投资的项目有：新加坡公司与 Myanmar Lighting（IPP）公司在孟邦毛淡棉合作投资的项目、日本公司与 Myaung Mya FM Biomass Power 公司在伊洛瓦底省的渺弥亚项目。[③] 由于缅甸每一度电的生产成本高达 100 缅元，而出售给民众为 35～50 缅元，这导致国家每年在电力供应方面损失巨大。2017～2018 财年缅甸在电力供应方面共亏损 500 亿缅元。[④] 电力与能源部发布消息称，曼德勒敏建天然气发电站，功率 225 兆瓦，第一阶段项目从 2018 年 5 月 7 日起发电 144 兆瓦，第二阶段项目从 10 月 2 日起发电 81 兆瓦。据统计，该天然气发电厂的年均电力产量为 16.75 亿千瓦时。发电厂原料将由中缅天然气管道供应，能为 530 万名居民供电。此外，孟邦直通镇天然气发电厂与仰光打基达镇天然气发电站也于 2018 年开始供电，功率分别为 120 兆瓦和 106 兆瓦。[⑤] 此外，缅甸政府还

---

① 《本财年缅甸矿产出口额增长近八成》，中国商务部驻昆明特派员办事处网站，2018 年 4 月 23 日，http://kmtb. mofcom. gov. cn/article/jingmaofagui/201804/20180402735612. shtml。

② 《当局全力满足全国电力需求》，〔缅甸〕《金凤凰报》2018 年 5 月 29 日，http://www. mmgpmedia. com/buz/27004 – 2018 – 05 – 29 – 04 – 32 – 59。

③ 《上财年电力领域外资达 4 亿美元》，〔缅甸〕《金凤凰报》2018 年 9 月 20 日，http://www. mmgpmedia. com/buz/28363 – 4 – 12。

④ 《国内电力上财年亏损 500 亿》，〔缅甸〕《金凤凰报》2018 年 8 月 14 日，http://www. mmg-pmedia. com/local/27858 – 500 – 9。

⑤ 《曼德勒敏建天然气发电站下月正式供电》，〔缅甸〕《金凤凰报》2018 年 1 月 9 日，http://www. mmgpmedia. com/buz/25698 – 2018 – 01 – 09 – 07 – 38 – 14。

计划在德林达依省土瓦（Dawei）地区、甘勃（Kanpout）地区及伊洛瓦底省密老塞（Melaungkhyai）地区建立功率达 1230～1290 兆瓦的液化天然气发电厂，以满足这些地区的供电需求。截至 2018 年 10 月，缅甸获得供电的家庭增至 400 万户，占 43%，比 2015～2016 财年增加了 9%。电力与能源部副常务秘书吴梭敏表示，2020～2021 财年有望能满足缅甸 50% 的供电需求。目前，克耶邦、仰光省、曼德勒省的供电率位列前三，分别是 87.4%、85.1% 和 56.3%。德林达依省、伊洛瓦底省、若开邦三个省邦的供电率最低，分别是 14.57%、17.77%、20%。仰光省是国家重点供电区域，目前该地区最高供电量仅 3000 兆瓦，预计 2020～2021 财年，仰光省电力需求将达 6000 兆瓦。[①]

旅游业　2017 年来缅甸旅游的外国游客约 344 万人次，旅游业收入达 26682 亿缅元，在国家 GDP 中的占比约为 3.5%。为促进旅游业的发展，缅甸政府制订了 2013～2020 年旅游计划。缅甸计划重新实行旅游落地签制度，并计划在仰光国际机场进行旅游落地签试点。缅甸酒店与旅游部已发放 2593 张旅游业营业执照、2534 张游客运载执照、4371 张导游执照。截至 2017 年底，外资在酒店领域的投资额高达 43 亿美元，外资的重要来源地为新加坡、泰国、越南、中国。共有 1590 家私营酒店旅馆、6 万余间客房获批依法经营。[②] 受若开邦局势影响，来缅甸旅游的西方游客大幅减少。2018 年法国、德国游客数量同比减少了 30%，英国、美国游客数量也明显下降。为了弥补损失，缅甸当局于 7 月发布通令，宣布从 10 月 1 日起对日本、韩国游客给予免签待遇，对中国游客给予落地签待遇。截至 2018 年 8 月底，韩国游客数量同比增长约 1.76%，中国游客数量同比增长约 36.63%。截至 2018 年 10 月底，日本游客入缅量仅 82327 人次，同比下降 0.28%。[③]

---

① 《当局建设天然气发电厂缓解需求》，〔缅甸〕《金凤凰报》2018 年 2 月 9 日，http://www.mmgpmedia.com/buz/26183 - 2018 - 02 - 09 - 05 - 01 - 08。

② 《缅甸旅游业占比 GDP 增长中》，〔缅甸〕《金凤凰报》2018 年 2 月 27 日，http://www.mmgpmedia.com/travel/26305 - gdp。

③ 《日本获免签后游客数量未有增长》，〔缅甸〕《金凤凰报》2018 年 12 月 14 日，http://www.mmgpmedia.com/travel/29212 - 2018 - 12 - 14 - 07 - 44 - 54。

交通业　2017年4月，缅甸交通与通信部计划发展五条重要的铁路项目，在初级阶段将对五个主要铁路段进行升级，包括长约612千米的仰光—曼德勒铁路，长547千米的曼德勒—密支那铁路，长约274千米的仰光—毛淡棉铁路，长257千米的仰光—卑谬铁路，以及仰光环城铁路。这五个铁路段覆盖了缅甸全国80%的铁路里程。[①] 2018年1月，缅日两国宣布将合作升级仰光—曼德勒铁路，将单程时间缩短至8小时，预计于2023年完成。10月22日，中缅两国签署木姐—曼德勒铁路项目可行性研究备忘录，路段全长431千米，拟设计时速为160千米/时。[②] 11月1日，缅泰双方就土瓦经济特区至缅泰边境的双车道公路建设项目签订合作协议。在缅甸公路中，完善的仅有40%，剩余的60%需要维修。与此同时，多数铁路也需要重新维修。目前，缅甸仍有2000万人面临交通困难，其中农村居民面临的交通困难尤其严重。

三　2017～2018年缅甸外交

2017～2018年，民盟政府在外交上仍延续之前的对外政策，并取得了一定的成绩。其中，最重要的仍然是继续巩固、加强与周边国家的外交关系和友好往来。特别是在国内武装冲突和罗兴亚危机问题上，缅甸承受了来自国际社会的巨大外交压力。着重处理好与周边大国（如中国和印度）的友好关系以及维持与东盟国家的外交关系，对于缅甸摆脱当前的外交困境尤为迫切和重要。

（一）与中国的关系

1. 中缅高层交流

2017～2018年，中缅两国高层领导人仍然保持着频繁密切的交流。2017年3月23日缅甸副总统吴敏瑞来华出席博鳌亚洲论坛年会，并在开幕

---

① 《缅交通与通信部提出优先铁路项目》，中国驻缅甸大使馆经济商务参赞处网站，2017年4月26日，http://mm.mofcom.gov.cn/article/jmxw/201704/20170402564956.shtml。

② 《中缅签署木姐—曼德勒铁路项目可行性研究备忘录》，新华网，2018年10月22日，http://www.xinhuanet.com/fortune/2018－10/22/c_1123597012.htm。

式上做发言。① 4 月 6 日至 11 日，应习近平主席邀请，缅甸联邦共和国总统吴廷觉对中国进行国事访问。双方就巩固中缅传统友谊、深化两国全面战略合作深入交换意见，达成广泛共识。② 双方签署了包括《中缅原油管道运输协议》在内的涵盖教育、卫生、文化等各领域的 9 个合作协议，取得了丰硕成果。4 月 19 日，中国外交部部长王毅会见来华访问的缅甸国家安全顾问吴当吞。双方就中缅关系、缅甸国内和平进程等议题交换了意见。5 月 16 日，国务院总理李克强在人民大会堂会见来华出席"一带一路"国际合作高峰论坛的缅甸国务资政昂山素季。双方就进一步推动经贸合作、人文交流进行了交谈，同时见证了双方在发展战略对接、经济技术、卫生等领域双边合作文件的签署。③ 11 月 19 日，中国外交部部长王毅在内比都分别与吴廷觉与昂山素季举行会谈，并出席在缅甸举行的第十三届亚欧外长会议。在会谈中王毅提出了三阶段解决缅甸若开邦问题的设想，并就中缅友好关系、中缅经济走廊建设进行了讨论。④ 11 月 24 日，国家主席习近平会见了来华访问的缅甸国防军总司令敏昂莱。双方就缅甸国内和平进程，维护两国边境稳定，中缅两军合作等内容进行了交流。⑤ 12 月 1 日，国家主席习近平会见了前来出席中国共产党与世界政党高层对话会的缅甸国务资政昂山素季。双方就深化治党治国经验、中缅合作关系进行了密切交流，同时双方表示将继续支持彼此在重大核心利益问题上的理解和支持，为建设中缅全面战略合作伙伴关系做出新贡献。⑥

2018 年 1 月 12 日，中国国防部部长常万全会见缅甸海军司令丁昂山，

---

① 《副总统吴敏瑞与亚洲论坛》，缅华网，2017 年 3 月 29 日，http://www.mhwmm.com/Ch/NewsView.asp? ID =22163。
② 《习近平同缅甸总统吴廷觉举行会谈》，新华网，2017 年 4 月 10 日，http://www.xinhuanet.com/politics/2017 - 04/10/c_1120783868.htm。
③ 《李克强会见缅甸国务资政昂山素季》，新华网，2017 年 5 月 16 日，http://www.xinhuanet.com/politics/2017 - 05/16/c_1120983481.htm。
④ 《中方提出三阶段解决缅甸若开邦问题设想》，新华网，2017 年 11 月 20 日，http://www.xinhuanet.com/world/2017 - 11/20/c_1121479088.htm。
⑤ 《习近平会见缅甸国防军总司令》，人民网，2017 年 11 月 25 日，http://cpc.people.com.cn/n1/2017/1125/c64094 - 29667421.html。
⑥ 《习近平会见缅甸国务资政昂山素季》，新华网，2017 年 12 月 1 日，http://www.xinhuanet.com/politics/2017 - 12/01/c_1122045014.htm。

双方表示愿意共同加强务实合作。① 3 月 31 日，中国外交部部长王毅在越南河内会见了缅甸副总统亨利班提育。② 王毅表示，中国愿意和缅甸一起努力，推动两国的合作，使两国的友谊持续下去。5 月 9 日，缅甸总统吴温敏、国务资政昂山素季在内比都分别会见中国公安部部长赵克志，双方表示应加强执法安全务实合作、推动中缅关系向好发展。③ 6 月 29 日，中共中央对外联络部部长宋涛会见了缅甸国务资政府部部长吴觉丁瑞，双方就共同关心的问题深入交换意见。④ 9 月 11 日，中国国务院副总理韩正在第十五届中国—东盟博览会和中国—东盟商务与投资峰会上会见缅甸副总统吴敏瑞，双方就中缅高层交往和中缅合作等议题进行讨论。⑤ 9 月 19 日，应缅甸联邦议会人民院邀请，全国人大常委会副委员长丁仲礼率团于 9 月 16 日至18 日访问缅甸，分别会见缅甸副总统吴敏瑞、联邦议会议长兼人民院议长吴帝昆秒、民族院议长曼温凯丹，并同人民院副议长吴吞吞亨举行会谈。⑥11 月 15 日，国务院总理李克强在新加坡会展中心会见缅甸国务资政昂山素季，双方就加强中缅经贸、人力资源、教育等领域的合作达成共识。⑦12 月 16 日，中国外交部部长王毅在澜沧江—湄公河合作第四次外长会上会见了缅甸国际合作部部长吴觉丁，双方就中缅经济走廊合作、缅北局势和若开邦问题等进行了深入交流。⑧ 12 月 18 日，中缅外交国防 2 + 2 高级

---

① 《常万全会见缅甸海军司令》，新华网，2018 年 1 月 12 日，http://www. xinhuanet. com/world/2018 - 01/12/c_1122251832. htm。

② 《王毅会见缅甸副总统亨利班提育》，新华网，2018 年 4 月 1 日，http://www. xinhuanet. com/politics/2018 - 04/01/c_1122621067. htm。

③ 《缅甸国务资政昂山素季会见赵克志》，新华网，2018 年 5 月 10 日，http://www. xinhuanet. com/2018 - 05/10/c_1122808972. htm。

④ 《宋涛会见缅甸国务资政府部部长吴觉丁瑞》，新华网，2018 年 6 月 29 日，http://www. xinhuanet. com/world/2018 - 06/29/c_1123057435. htm。

⑤ 《韩正会见出席第十五届中国—东盟博览会的各国领导人》，新华网，2018 年 9 月 11 日，http://www. xinhuanet. com/silkroad/2018 - 09/11/c_1123415034. htm。

⑥ 《丁仲礼率全国人大代表团访问缅甸》，新华网，2018 年 9 月 19 日，http://www. xinhuanet. com/world/2018 - 09/19/c_1123456005. htm。

⑦ 《李克强会见缅甸国务资政昂山素季》，新华网，2018 年 11 月 15 日，http://www. xinhuanet. com/politics/leaders/2018 - 11/15/c_1123720029. htm。

⑧ 《王毅会见缅甸国际合作部部长觉丁》，中国外交部网站，2018 年 12 月 16 日，https://www. fmprc. gov. cn/web/wjbzhd/t1622359. shtml。

别磋商第四次会议在昆明举行。① 中国外交部副部长孔铉佑、军委联合参谋部副参谋长邵元明与缅甸国际合作部部长吴觉丁、国防军第一特战局局长吴吞吞南共同主持会议。双方就缅北问题交换了意见，一致认为，缅北各方应当从大局出发，尽快停火，避免影响中缅边境地区的安全和稳定。②

2. 中缅政府交流

2017 年 1 月 22 日，缅甸自然资源和环境保护部部长吴翁温到访北京，会见了国家林业局局长张建龙，双方就林业合作、投资和保护等议题进行了商谈。③ 2 月，中缅外交国防 2 + 2 小范围磋商在昆明举行。3 月 1 日，中国外交部亚洲事务特使孙国祥在内比都分别与昂山素季和敏昂莱大将进行了会面，就缅甸和平进程展开了会谈。④ 8 月 3 日至 5 日，中共中央对外联络部部长宋涛率中共代表团访问缅甸，会见了缅甸执政党、政府和巩发党的众多领导。⑤ 9 月 4 日，缅甸联邦议会人民院议长吴温敏访问云南，云南省委书记等接待了缅方一行，双方就"一带一路"背景下加强中缅边境经贸等各领域合作进行了友好交流。⑥ 9 月 8 日，吴温敏一行到北京与全国政协主席俞正声举行了会谈。9 月 16 日，全国政协副主席、全国工商联主席王钦敏赴缅甸出席第十四届世界华商大会开幕式，并发表讲话。9 月 26 日，中国驻缅甸大使馆举行 2017 年国庆招待会，缅甸政府、议会、军方等众多高层领导参会。11 月 10 日，缅甸北部 230 千伏主干网联通输电项目正式启动，该项目由中国国家电网所属公司承建，项目建成后对服务中缅经济走

---

① 《中缅举行外交国防 2 + 2 高级别磋商第四次会议》，新华网，2018 年 12 月 18 日，http://www.xinhuanet.com/world/2018 - 12/18/c_1123872310.htm。

② 《中缅举行外交国防 2 + 2 高级别磋商第四次会议》，新华网，2018 年 12 月 18 日，http://www.xinhuanet.com/world/2018 - 12/18/c_1123872310.htm。

③ 《中国国家林业局局长会见缅甸自然资源和环境保护部部长吴翁温》，缅华网，2017 年 1 月 23 日，http://www.mhwmm.com/Ch/NewsView.asp? ID = 20920。

④ 《中国特使孙国祥先生分别与国务资政及三军总司令进行深度会谈》，缅华网，2017 年 3 月 3 日，http://www.mhwmm.com/Ch/NewsView.asp? ID = 21622。

⑤ 《中共中央对外联络部部长宋涛访问缅甸》，中国驻缅甸大使馆网站，2017 年 8 月 8 日，http://mm.china-embassy.org/chn/zmgx/zzgx/t1483285.htm。

⑥ 《陈豪会见缅甸人民院议长吴温敏》，人民网，2017 年 9 月 5 日，http://cpc.people.com.cn/n1/2017/0905/c117005 - 29516828.html。

廊建设、加快缅甸多领域经济发展、扩大中缅产能合作等有重大促进作用。①

2018年中缅进一步加深全面战略合作伙伴关系，在落实"一带一路"倡议和中缅经济走廊建设过程中，夯实两国友好合作的基础。2018年2月1日，中国援助缅甸减贫示范合作项目在内比都举行启动仪式，中国驻缅甸大使洪亮与缅甸农业、畜牧和灌溉部部长吴昂都共同为项目揭牌。② 吴昂都在致辞中表示，通过缅中两国合作实施减贫示范项目，缅甸能从中学到如何实施减贫工作的宝贵经验和做法，并能将其运用到缅甸今后的减贫工作中，让更多的缅甸人民从中受益。4月18日至5月7日，应缅甸建设部邀请，中国公路建设行业协会专家团队协助缅方完成11座危旧悬索桥梁现场检测。③ 5月11日，缅甸建设部副部长吴觉林听取了中方专家关于检测情况的汇报，并向中国政府和中国公路建设行业协会专家团队致以衷心感谢。6月28日，中国援助缅甸国家疾控中心和医护人员培训中心项目换文签字仪式在内比都举行，中国驻缅甸大使洪亮与缅甸卫生和体育部部长吴敏推分别代表两国政府签署了立项换文。④

3. 中缅民间交流

除了官方合作，中缅民间也有广泛友好的交流。2017年3月17日，云南民促会援助木姐医疗设备，促进中缅民间交往。4月30日，中国沧源、缅甸佤邦两地民间文化交流晚会在沧源上演，来自中缅两国的民间文艺队联袂为现场观众献上了两个小时的精彩节目。⑤ 7月18日，由中国和平发展基金会和缅甸和平与发展联合会共同举办的第三届中国—缅甸民间交流圆

① 《中缅两国一战略合作项目取得重大进展》，中国发展网，2017年11月11日，https://military. china. com/important/11132797/20171111/31653701_1. html。

② 《中国援助缅甸减贫示范合作项目揭牌》，新华网，2018年2月1日，http://www. xinhuanet. com/world/2018－02/01/c_1122356214. htm。

③ 《中方专家协助缅方对危旧悬索桥梁进行现场检测》，中国驻缅甸大使馆网站，2018年5月14日，http://mm. china-embassy. org/chn/gdxw/t1559098. htm。

④ 《洪亮大使出席中国援缅甸国家疾控中心和医护人员培训中心项目立项换文签字仪式》，中国驻缅甸大使馆网站，2018年7月2日，http://mm. china-embassy. org/chn/sgjj/t1573185. htm。

⑤ 《中国沧源·缅甸佤邦两地民间文化交流晚会精彩上演》，缅华网，2017年5月2日，http://www. mhwmm. com/Ch/NewsView. asp？ ID＝22853。

桌会在仰光举行，与会的中缅两国民间组织就加强民间交流与实现合作共赢展开讨论。8月24日，中国紧急援助缅甸的抗甲型H1N1流感医疗物资运抵缅甸仰光并向缅方交付。[①] 8月6日，首届中缅投资发展论坛在仰光举行，众多中资企业和组织代表出席会议，并就新形势下缅甸投资前景进行了深入交流。10月1日，中国驻缅甸大使馆在内比都举行"中国电影周"启动仪式，洪亮大使和缅甸宣传部部长吴培敏出席并致辞。缅甸各界友人400余人出席启动仪式并共同观看配音影片《大唐玄奘》。[②] 12月20日，中国藏文化交流团到缅甸进行友好访问，双方就宗教文化交流、文化遗产保护、少数民族文化等方面进行了亲切友好的交流。[③] 12月23日，首家中缅友好医院暨杜庆芝医院移交启用仪式在仰光举行，该项目由中国驻缅甸大使馆和中国和平发展基金会赞助。[④]

2018年6月13日，"美丽云南·云南画家作品展"在仰光中国文化中心所在地拉开帷幕。[⑤] 7月7日，仰光中国文化中心揭幕启用仪式在仰光隆重举行，该文化中心的成立将增进中缅两国民间的文化交流。[⑥] 2018年11月2日，《中国风格·绿水青山——中国国家画院水墨艺术国际巡展》在仰光中国文化中心开幕。[⑦]

（二）与西方国家关系

与美国关系 2017年6月2日，100多家来自美国的企业参加了在缅甸

---

① 《中国援助缅甸抗甲型H1N1流感医疗物资交付》，人民网，2017年8月25日，http://world. people. com. cn/n1/2017/0825/c1002 - 29494406. html。

② 《"中国电影周"在缅甸首都内比都举行》，人民网，2017年10月3日，http://world. people. com. cn/n1/2017/1003/c1002 - 29572031. html。

③ 《中国藏文化交流团与缅甸政府交流》，中国新闻网，2017年12月20日，http://www. chinanews. com/gj/2017/12 - 20/8404850. shtml。

④ 《首家中缅友好医院移交启用》，中国一带一路网，2017年12月25日，https://www. yidaiyilu. gov. cn/xwzx/roll/41013. htm。

⑤ 《中国驻缅甸大使洪亮夫妇出席云南画家作品展开幕式》，中国驻缅甸大使馆网站，2018年6月18日，http://mm. china-embassy. org/chn/xwdt/t1569611. htm。

⑥ 《缅甸仰光中国文化中心正式启用》，新华网，2018年7月7日，http://www. xinhuanet. com/world/2018 - 07/07/c_1123093171. htm。

⑦ 《中国水墨艺术展在缅甸举行》，新华网，2018年10月29日，http://www. xinhuanet. com/shuhua/2018 - 10/29/c_1123626020. htm。

举行的缅美贸易展览会。5月2日，缅甸官员称国务资政昂山素季拒绝了
与东南亚其他国家最高外交官一道与美国国务卿蒂勒森在华盛顿举行会谈
的邀请，理由是已另有安排。6月22日，昂山素季与美国国务卿蒂勒森
通电话，这是自1月特朗普上台以来，缅美高层的首次通话。7月17日，
缅军总司令敏昂莱在内比都会见了美国东亚及太平洋事务局对朝政策特别
代表尹汝尚。双方就朝鲜半岛局势、促进亚太地区繁荣、保持缅甸国内和
平稳定、加强缅美两国军事合作等事宜交换了意见。8月22日，美国驻
缅甸仰光大使马歇尔与缅甸代理警察总长昂温吴签署了美国在法治、扫毒
方面帮助缅甸的协议。① 9月19日，美国副助理国务卿帕特里克·墨菲到
访缅甸，会见昂山素季，双方就加强缅美关系、推动缅甸和平进程等议题
交换了意见。10月24日，帕特里克·墨菲表示，特朗普政府正考虑实施多
项措施，制裁"进行种族清洗"的缅甸官员和组织。美国国会也在推动特
朗普政府回应罗兴亚人问题，重新评估美国对缅甸政策。11月15日，美国
国务卿蒂勒森在陪同特朗普访问完亚太地区之后，只身前往缅甸。蒂勒森
是2017年8月缅甸罗兴亚人问题发生以来，首个到访缅甸的美国高级别官
员。访问期间蒂勒森就罗兴亚难民问题与昂山素季举行会谈，之后蒂勒森
公开表示美国不会对缅甸实施经济制裁。12月7日，美国众议院以423票
支持、3票反对通过涉缅议案，认定缅甸政府犯下针对该国若开邦罗兴亚人
的"种族屠杀"并呼吁缅甸停止对罗兴亚人的"暴行"。2018年2月22日，
美国国际开发署（USAID）发布消息称，将为缅甸南部5年发展计划援助
4800万美元，用于发展民生。② 8月17日，美国财政部网站发表声明，宣
布对4名缅甸军部及边防司令和2个步兵师进行制裁，并控诉他们对罗兴亚
穆斯林发动"种族清洗"行动，严重侵害人权。③ 9月24日，美国国务院

---

① 《美国与缅甸签署有关在法治、扫毒领域援助的协议》，缅华网，2017年8月23日，http://
www. mhwmm. com/Ch/NewsView. asp? ID = 25465。

② Lun Min Mang，"USAID Funds ＄48m Project in Southeastern Myanmar"，*The Myanmar Times*，
February 23，2018，https://www. mmtimes. com/news/usaid-funds-48m-project-southeastern-myan-
mar. html.

③ Edward Wong，"U. S. Imposes Sanctions on Myanmar Military Over Rohingya Atrocities"，*The New
York Times*，August 17，2018，https://www. nytimes. com/2018/08/17/us/politics/myanmar-sanc-
tions-rohingya. html.

情报与研究局公布了一份罗兴亚危机报告，该报告称缅甸军方"精心策划和协调"针对罗兴亚人的"暴力"行为。① 11 月 14 日，到访新加坡的昂山素季会见了美国副总统彭斯。交谈间，彭斯就罗兴亚危机事件向昂山素季施压，并称美国政府期待听到缅甸当局就罗兴亚危机追究责任方面取得的进展。昂山素季回应称，人们对罗兴亚事件有不同的看法，由于此前若开邦遭到袭击，缅甸政府军展开的反击是"合理的"。②

与日本关系 2017 年 3 月 9 日，日本政府决定将再次向缅甸提供 420 万美元的贷款，用于帮助缅甸国内民族和解与和平稳定事业。7 月 6 日，为了帮助缅甸促进农业发展，日方与缅甸农业发展银行贷款部门签署合作协议，实施缅日合作项目两级贷款。缅甸与日本合作为国内农民提供约 19000 亿缅元的贷款。此次贷款由日方提供 18624 亿缅元，缅甸政府提供 111.16 亿缅元。8 月 4 日，日本首相安倍晋三会见了到访的缅甸三军总司令敏昂莱大将。双方就通过缅日军事合作促进周边稳定、通过扩大更多领域合作深化缅日友好关系交换了意见。2017 年 11 月，日本首相安倍晋三在东盟首脑会议上与昂山素季举行会谈。2017 年 12 月，日本首相安倍晋三邀请缅甸总统吴廷觉访问日本。双方就加强缅日经济合作、日本援助缅甸基础设施建设等议题进行了会谈。2018 年 1 月，日本外相河野太郎访问了缅甸西部若开邦。这是首次有外国政府官员进入若开邦。2018 年 2 月 24 日，仰光杜温那补米主题公园举办第四届缅甸与日本文化交流活动，本次活动以"共享梦"为主题，活动旨在加强两国人民的文化交流，实现民心相通。3 月 12 日，日本驻缅甸大使樋口建史表示，若开邦事件将不会改变日本政府与私人企业在缅甸的经济活动，日本政府还是会支持日本企业家来缅甸投资。③ 6 月 14 日，日本驻缅甸大使樋口建史与缅甸计划与财政部副部长吴塞昂就日本援助缅甸 55.49 亿日元（约合 50500 万美元）以实现缅甸金融市场领域

① U. S. Department of State, *Documentation of Atrocities in Northern Rakhine State*, September 24, 2018, https://www. state. gov/j/drl/rls/286063. htm.

② John Geddie, "Pence Issues Sharp Rebuke to Myanmar's Suu Kyi Over 'Persecution' of Rohingya", Reuters, November 14, 2018, https://www. reuters. com/article/us-asean-summit-myanmar-usa-idUSKCN1NJ0HL.

③ 《日本大使：若开事件不影响在缅投资》，〔缅甸〕《金凤凰报》2013 年 3 月 21 日，https://www. mmgpmedia. com/buz/26544 - 2018 - 03 - 21 - 05 - 35 - 36。

的基础建设发展项目在内比都签署了谅解备忘录。① 8 月 6 日，缅甸总统吴温敏和国务资政昂山素季在内比都分别会见来访的日本外相河野太郎。② 吴温敏总统和河野太郎会面时，双方表示愿就加强缅日两国友好关系、帮助缅甸对抗水灾、支持缅甸和平进程等方面进行合作，并就日本为缅甸接收罗兴亚人返乡工作提供帮助等议题坦率地交流了意见。10 月 9 日，第十届日本与湄公河流域国家峰会暨日本—湄公河经济论坛在东京召开③，昂山素季出席会议并发表重要讲话。

与西方其他国家关系 5 月 1 日，昂山素季访问比利时，会见了比利时王储菲利普和首相夏尔·米歇尔。5 月 2 日，昂山素季到访位于比利时首都布鲁塞尔的欧盟总部，与欧洲理事会主席图斯克举行了会谈。之后她还会见了欧盟外交和安全政策高级代表莫盖里尼，双方就罗兴亚难民问题及缅甸国内民主改革等议题深入交换了意见。5 月 4 日，昂山素季访问英国，会见了英国外交大臣鲍里斯·约翰逊和英国下议院议长约翰·伯考。5 月 5 日，昂山素季访问意大利并随后访问了梵蒂冈，在与教皇举行完会谈后，梵蒂冈宣布与缅甸建交。6 月 5 日至 9 日，昂山素季应加拿大总理贾斯汀·特鲁多的邀请展开对加拿大为期 5 天的友好访问。访问期间昂山素季与加拿大总理就缅甸联邦民主改革、区域安全与和平、地方管理、促进人权等事宜进行了讨论。此外，加拿大还表示将继续给予缅甸在民主改革、法律和国家发展与和平进程等方面的支持。昂山素季还被授予加拿大多伦多市荣誉市民称号。6 月 11 日，昂山素季抵达瑞典斯德哥尔摩，开始对瑞典进行友好访问。6 月 17 日，应俄罗斯国防部部长谢尔盖·绍伊古邀请，缅军总司令敏昂莱大将从缅甸出发，前往俄罗斯进行访问。双方就提高两国军事合作深入交换了意见。7 月 6 日，挪威外交大臣博格·布伦德到访缅甸，会见了缅甸国防军副总司令吴梭温，双方就军事合作及若开邦问题进行了交谈。11 月 20 日，第十三届亚欧外长会议

---

① 《日本向缅甸提供巨额援助促进其金融市场发展》，新华网（英文版），2018 年 6 月 5 日，http://www.xinhuanet.com/english/2018 – 06/15/c_137255637.htm。

② Ministry of Foreign Affairs of Japan, "Foreign Minister Kono Visits Myanmar", January 12, 2018, https://www.mofa.go.jp/s_sa/sea1/mm/page3e_000810.html.

③ Ministry of Foreign Affairs of Japan, "The 10th Mekong-Japan Summit Meeting", October 9, 2018, https://www.mofa.go.jp/s_sa/sea1/page4e_000937.html.

在缅甸首都内比都举行，缅甸国务资政兼外交部部长昂山素季主持会议。来自 51 个亚欧国家的外交部部长或高级别代表、欧盟外交和安全事务高级代表和东盟负责政治安全事务的副秘书长出席会议。2018 年 3 月 13 日，缅甸—瑞士经济对话在缅甸工商联合会（UMFCCI）举行，缅甸企业家与瑞士驻缅甸外交使节及相关负责人出席。① 双方就缅甸投资与贸易领域的发展、尽快颁布专利法、向外企提供投资保护等问题进行了讨论。4 月，瑞士数字身份平台 Procivis 正式与非政府组织"罗兴亚工程"（Rohingya Project）合作，为来自缅甸的 350 万名罗兴亚人提供数字身份证。② 该系统旨在帮助难民在被迫逃离家园后融入其他国家。9 月 28 日，加拿大众议院"一致同意"：鉴于当前的罗兴亚难民危机，取消昂山素季加拿大多伦多市荣誉市民称号。③ 11 月，欧盟计划对来自缅甸的大米停止 3 年普惠制（GSP）待遇。④

（三）与东盟及其成员国关系

2017 年 2 月 2 日，泰国副总理颂奇访问缅甸，会见了缅甸总统吴廷觉和国务资政昂山素季，双方就加强两国边境经济投资和基础设施建设等合作事宜进行了友好交流。2 月 3 日至 6 日，应柬埔寨国王西哈莫尼邀请，缅甸总统吴廷觉及夫人杜素素伦对柬埔寨进行为期 4 天的友好访问。双方就缅甸柬埔寨两国之间进一步增进宗教、文化领域的合作，加强两国之间的旅游合作等事宜进行了会谈。两国签署避免双重征税协定，以加强经贸合作。3 月 19 日，菲律宾总统杜特尔特访问缅甸，并分别与昂山素季和敏昂莱举行会晤。双方重点讨论加强双边合作和投资，并在食品和农业方面签署了

① Khine Kyaw, "Swiss Put Aside Myanmar Concerns", *The National*, March 16, 2018, http://www. nationmultimedia. com/detail/Corporate/30341063.

② Dave Pimentel, "Blockchain Startup Procivis to Provide Electronic Identity to Rohingya", Rohingya Project, April 5, 2018, http://rohingyaproject. com/post/blockchain-startup-procivis-to-provide-electronic-identity-to-rohingya.

③ Jennifer Jett, "Canada Revokes Honorary Citizenship of Aung San Suu Kyi", *The New York Times*, October 3, 2018, https://www. nytimes. com/2018/10/03/world/asia/aung-san-suu-kyi-canada-citizenship. html.

④ 《欧盟拟对缅大米停止三年普惠制》，〔缅甸〕《金凤凰报》2018 年 11 月 20 日，http://mmg-pmedia. com/buz/28993 - 2018 - 11 - 20 - 08 - 31 - 36。

谅解备忘录。7月11日，柬埔寨外交部部长布拉索昆访问缅甸，就推动缅柬两国旅游与贸易、文化、农业领域务实合作与吴廷觉和昂山素季举行了会晤。9月4日，印尼外交部部长蕾特诺·马尔苏迪访问缅甸，就缅甸若开邦局势问题与缅甸国防军总司令敏昂莱进行了交流。9月18日，泰国皇家军队总司令素拉蓬·素瓦纳阿德访问缅甸并会见了国防军总司令敏昂莱。10月昂山素季赴文莱出席苏丹哈桑纳尔登基50周年庆祝活动，在会晤中双方着重讨论了关于加强两国在能源、教育、卫生等领域合作的事宜。应缅甸总统吴廷觉邀请，老挝总理通伦·西苏里于2018年1月15日至16日访问缅甸。访问期间，缅老双方共签署电力能源合作、科技合作与反腐合作3份合作协议。① 2月6日，2018年东盟外长非正式会议在新加坡举行。会议结束后，东盟轮值主席国新加坡发表声明称，积极支持缅甸政府为若开邦长期健康发展、地方安宁做出的贡献。② 4月25日至28日，第三十二届东盟峰会及系列会议在新加坡举行。其间，吴温敏总统和新加坡总理李显龙举行会晤，双方就两国关系以及新缅经贸合作和缅甸职业教育等领域进行探讨。③ 6月14日至16日，正值缅泰建交70周年，吴温敏总统对泰国展开友好访问，并与泰国总理巴育举行会晤，其间还参加了在曼谷举行的第八届伊洛瓦底江—湄南河—湄公河经济战略合作会议（ACMECS），这是其上任以来首次出访外国。④ 8月14日，昂山素季会见到访的泰国外长敦，双方就进一步增强缅泰关系，加强经贸、社会、文化合作等议题进行了交谈。⑤

（四）与印度及其他南亚国家关系

2017年5月29日，印度陆军参谋长比平·拉瓦特访问缅甸，就维护印

① 《老挝与缅甸共同签署三份合作协议》，中国驻老挝大使馆经济商务参赞处网站，2018年1月16日，http://la. mofcom. gov. cn/article/jmxw/201801/20180102699681. shtml。
② 《东盟国家支持缅甸政府为若开邦所作的努力》，〔缅甸〕《金凤凰报》2018年2月14日，https://www. mmgpmedia. com/local/26279 - 2018 - 02 - 14 - 04 - 45 - 27。
③ 《总统吴温敏首次外访出席东盟峰会》，〔缅甸〕《金凤凰报》2018年5月31日，https://www. mmgpmedia. com/local/27074 - 2018 - 05 - 31 - 03 - 52 - 06。
④ "Thai PM Welcomes President U Win Myint", *The Global New Light of Myanmar*, June 15, 2018, http://www. globalnewlightofmyanmar. com/thai-pm-welcomes-president-u-win-myint/.
⑤ Myanmar State Counsellor Office, "State Counsellor Receives Thai Minister of Foreign Affairs", August 15, 2018, http://www. statecounsellor. gov. mm/en/node/2099.

缅两国边境安全、加强两国军事合作等事宜与缅甸国防军总司令敏昂莱和国务资政昂山素季进行了交流。7月7日，缅甸国防军总司令敏昂莱访问印度，受到印度当局的热烈欢迎并与印度一系列高级官员进行了会晤，包括印度总理莫迪、国防部部长贾伊特利、国家安全顾问多瓦尔。印度表示将加大与缅甸的防务合作，向缅甸提供军事援助。7月28日，第二届缅甸—孟加拉国海军高层会议在仰光举行，两国海军就加强海军安全与合作进行了会谈。9月6日，印度总理莫迪访问缅甸，并与缅甸国务资政昂山素季进行了会谈，双方就巩固印缅关系，经济、文化、医疗卫生等各领域合作，安全局势等议题进行了深入交流。11月23日，缅甸联邦内政部部长吴觉丁同孟加拉国外交部部长阿里共同签署遣返协议，双方一致同意开展逃难至孟加拉国境内的罗兴亚难民的审核遣返工作。12月21日，缅甸国防军总司令敏昂莱访问尼泊尔并会见了尼泊尔军队总参谋长拉简德拉·切特里，与尼泊尔达成加强军事合作的共识。这是缅甸军事首脑50年来第一次访问尼泊尔。2018年1月，昂山素季赴印度出席印度—东盟建立对话关系25周年纪念峰会。4月29日，孟加拉国总理哈西娜会见了到访的联合国安理会使团。哈西娜表示，希望安理会向缅甸施压，敦促其尽快接回滞孟的罗兴亚人。[1] 5月14日，在联合国安理会会议上，缅甸常驻联合国代表吴浩都双（U Hau Do Suan）表示，缅甸政府对孟加拉国阻碍接收难民工作的行为感到失望。[2] 10月30日，孟缅联合工作小组（JWG）在孟加拉国首都达卡召开第三次会议，会议就罗兴亚人遣返事宜进行了讨论。[3] 5月10日，吴温敏总统与到访的印度外长斯瓦拉吉举行会晤，双方就增强两国关系和各领域的合作等方面进行了深入交流。[4] 5

① Michelle Nichols, "Bangladesh PM Urges U. N. Security Council to Press Myanmar on Rohingya Repatriation", Reuters, April 30, 2018, https://www.reuters.com/article/uk-myanmar-rohingya-un-bangladesh/bangladesh-pm-urges-u-n-security-council-to-press-myanmar-on-rohingya-repatriation-idUKKBN1I10NK.

② 《孟加拉阻碍难民接收工作令人失望》，〔缅甸〕《金凤凰报》2018年6月12日，https://www.mmgpmedia.com/local/27172-2018-06-12-04-11-51。

③ Nyan Lynn Aung, "Third Meeting of Myanmar-Bangladesh Working Group May Set Repatriation Date", *The Myanmartimes*, October 29, 2018, https://www.mmtimes.com/news/third-meeting-myanmar-bangladesh-working-group-may-set-repatriation-date.html.

④ Myanmar President Office, "President U Win Myint Receives Indian Minister of External Affairs", May 11, 2018, http://www.president-office.gov.mm/en/?q=briefing-room/news/2018/05/11/id-8746.

月11日，国务资政昂山素季与斯瓦拉吉举行会晤。会晤结束后，斯瓦拉吉和缅甸相关部门部长签署了多项谅解备忘录。

（五）与国际组织关系

2017年3月29日，世界银行东亚和太平洋地区副行长维多利亚·克瓦访问缅甸并会见了昂山素季，双方就世界银行在缅甸投资与合作进行了磋商和交流。7月1日，联合国难民署高级专员菲利普·格兰迪开始了为期6天的访缅之旅，在此期间格兰迪不仅会见了昂山素季还亲自前往若开邦的罗兴亚难民营进行探访。8月8日，联合国开发计划署署长阿希姆·施泰纳访问缅甸并会见了昂山素季，表示联合国将继续在缅甸实现国内和平和民族和解的过程中承担协助者的角色。11月3日，由以沙特阿拉伯为首的57个伊斯兰国家草拟了一份决议案，要求联合国谴责缅甸对罗兴亚穆斯林的严重"侵权"行为，并要求缅甸当局立即结束对罗兴亚人的军事行动。11月11日，昂山素季出席在越南举行的亚太经合组织领导人非正式会议。11月14日，联合国秘书长古特雷斯出席在菲律宾马尼拉举行的第三十一届东盟峰会及东亚合作领导人系列会议并与参会的昂山素季举行会谈，呼吁缅甸尽快惩处造成罗兴亚难民危机的元凶。12月5日，在瑞士日内瓦举行的联合国人权理事会缅甸问题特别会议发布了最终决定，对此缅甸总统府发言人吴佐泰表示："缅甸不需要执行联合国的决定，国际应该更加重视有主权的国家。联合国的决定并不是非执行不可的，我们会重视联合国的决定，但是其中有一些事项是不可能去做的。"12月14日，联合国冲突中性暴力问题特别代表普拉米拉·帕滕访问缅甸并会见了昂山素季，双方就联合国协助缅甸保护妇女权利等相关领域的合作议题进行了会谈。2018年1月，缅甸副总统吴敏瑞赴柬埔寨出席澜沧江—湄公河合作第二次领导人会议。

2018年6月13日，昂山素季同到访的新任联合国缅甸问题特使伯格纳（Christine Schraner Burgener）举行会晤，双方就解决若开邦问题以及缅甸所面临的各种挑战进行了讨论。[1] 10月11日，伯格纳再次开始对缅甸进行为

---

[1] United Nations, "Myanmar: New UN Envoy Offers to Serve 'as a Bridge', Recognizes 'Positive Steps' Over Rakhine State", June 21, 2018, https://news.un.org/en/story/2018/06/1012792.

期 10 天的访问。① 在访问期间，伯格纳与缅甸国务资政昂山素季及其他政府和军队领导人举行了会晤，并访问了若开邦和克钦邦。访问结束后，伯格纳发表声明强调实现缅甸民族和解和永久和平的核心是建立问责制和开展包容性对话。12 月 10 日至 14 日，联合国助理秘书长兼联合国开发计划署亚洲及太平洋区域主任徐浩良和联合国难民署副区域主任伯纳德·多伊尔（Bernard Doyle）对缅甸进行了为期 5 天的访问。② 其间，徐浩良与伯纳德·多伊尔访问了若开邦，并与昂山素季和政府主要部门的部长举行了会议，就若开邦罗兴亚难民返缅及安置问题进行了讨论。

① "Special Envoy Sees Need for UN Role in Rakhine", *The MyanmarTimes*, October 23, 2018, https://www.mmtimes.com/news/special-envoy-sees-need-un-role-rakhine.html.
② UNDP, "Government Approves Community-Based Projects in Rakhine State", December 16, 2018, http://www.mm.undp.org/content/myanmar/en/home/presscenter/pressreleases/2018/government-approves-community-based-projects-in-rakhine-state.html.

分 报 告

Topical Reports

B.2 缅甸经济发展形势

邹春萌 孙建华 **

摘 要 2017～2018财年是缅甸民盟执政的第二个财年。该财年,民盟政府相继出台新的投资法案及其实施细则、新的公司法案及与知识产权保护相关的一系列法律法规,进一步改善国内营商环境,缅甸经济增长速度明显提高,通货膨胀得到有效遏制,对外贸易和国内投资呈现良好发展势头。与此同时,2017～2018财年,缅甸国内外局势发生重大变化,罗兴亚人问题、缅北民族和解问题等对外商投资造成较大影响,本财年缅甸吸引的外来投资进一步下滑,与民盟的预期目标相去甚远。

关键词 缅甸 经济政策 经济发展

2017～2018财年是缅甸民盟执政的第二个财年,民盟政府仍坚持不懈

---

* 本文得到云南省哲学社会科学基地项目"中国对缅投资可持续发展的对策研究"(项目编号:JD2015ZD17)的资金支持。

** 邹春萌,博士,云南大学周边外交研究中心、国际关系研究院研究员,主要研究方向为东南亚经济与区域合作;孙建华,云南大学国际关系研究院2016级硕士研究生,主要研究方向为东南亚国际关系。

地修改和完善法律法规体系，加快促进国内经济环境的改善。总体而言，本财年的经济情况优于上一财年。

一　营商环境进一步改善

2017～2018 财年，新的投资法案及其实施细则、新的公司法案及与知识产权保护相关的法律法规相继出台，缅甸国内的投资环境、营商环境进一步改善。

（一）签署新的投资法案

2016 年 10 月，缅甸议会通过了新的《投资法》（*Myanmar Investment Law*）。2017 年 3 月，缅甸总统签署该法案，该法案于 2017 年 4 月 1 日正式生效。该法案整合了 2012 年《外商投资法》和 2013 年《公民投资法》的内容，同时参照国际投资准则以及缅甸与部分国家签订的双边投资条约对原法律进行了补充修订，进一步规范和简化了国内外投资的操作流程，有助于增加外商投资缅甸的积极性。新的《投资法》增加了多项内容。[1]

第一，均衡区域发展，重视边远和贫困地区。为投资边远落后地区的企业给予更多的优惠和奖励措施，包括较长期的土地使用权限及企业所得税优惠。其中，将企业项目所在地从落后至先进分为三个层级，分别给予企业 7 年、5 年、3 年的免所得税优惠，以支持国家重点扶持项目以及边远落后地区的发展。

第二，重视项目的社会效益。在旧法环境评价和社会评价的基础上，对投资项目新增"健康评价"（health assessment）和"文化遗产影响评价"（culture heritage impact assessment）两项新的评价要求。

第三，强调高科技含量、高附加值产业的发展。在允许的投资形式中对包括技术诀窍、发明、工业设计和商标等在内的知识产权进行认定，并明确规定特许权使用费、版权许可费和技术协助费等均可汇出。

---

① 以下解析参考《缅甸新《投资法》要点解析》，搜狐网，2017 年 12 月 16，http://www.sohu.com/a/210868806_99924424。

第四，重视外向型企业发展。对于出口外销型的企业，其进口的供生产出口产品的原料及半成品可享受减免关税及其他境内税收的待遇。如果是非外销型企业，仅享有退税待遇。

第五，扩大适用范围。2012 年颁布的《外商投资法》仅适用于依法获得缅甸投资委员会（MIC）投资许可的企业及个人，其中包含的条款（如税务减免政策）并不适用于未依法获得 MIC 许可的企业。然而，大多数企业（包括建筑工程承包公司、咨询服务公司、物流服务公司、旅游服务公司等）仅仅依照《公司法》依法完成公司注册，并未申请获得 MIC 许可，因而无法享受《外商投资法》中包含的诸多优惠政策。新的《投资法》对适用范围做出了明确规定，即法律中包含的所有保护及权利条款适用于所有的"投资者"，包括在缅甸投资的外国人，缅甸公民，依照适用法律依法注册成立的企业实体、分支机构等，都可享受新《投资法》中的优惠政策。另外，在新《投资法》颁布前就依法注册成立的企业实体、分支机构也同样适用于该法案。

第六，减少申请投资许可的项目类别。在新的《投资法》框架下，项目的投资申请分为投资许可申请和投资认可申请。须依法向投资委员会申请投资许可的项目类别有所减少，仅涉及国家战略必要的投资项目、资本密集的大型投资项目、可能对环境和本地社群存在重大影响的投资项目、使用国有土地和建筑物的投资项目及政府指定要求向投资委员会提交投资申请的投资项目等五大类别。其中，国家战略必要的投资项目是指：对于涉及科技产业（如信息、通信、医疗、生物或类似技术产业），交通基础设施、能源基础设施、城市发展基础设施及新城市建设，采掘自然资源，传媒，根据政府部门授予的特许、协议或其他类似授权进行的投资，且投资额超过 2000 万美元的项目；外来投资者在边境地区或受冲突影响地区的投资、跨境投资，缅甸国民在边境地区或受冲突影响地区的投资、跨境投资，且预期投资额超过 100 万美元的项目；以农业为主要目的，占地或用地超过 1000 英亩的投资项目，以非农业为主要目的，占地或用地超过 100 英亩的投资项目。资本密集的大型投资项目是指投资额超过 1 亿美元的项目，无论项目归属哪个行业均须向投资委员会申请投资许可。可能对环境和本地社群存在重大影响的投资项目是指：位于现行法律（包括《环境保护法》）所指定的保护区、保留区或生物多样性保护区内，或位于已待定或明确用于支持和保护生态系统、文化和自然遗产、文化纪念和未受破坏的自然环境区域内的项目；根据联邦法律已经或可能通过征收、强制收购程序或以事前协议方式征收或强制收购的土地，并且将导致至少 100 名永久居民迁离该土地或涉及超过 100 英亩区域的项目；涉及超过 100 英亩区域，且可能导致对拥有合法土地使用权或自然资源使用权的人士使用土地和自然资源施加非自愿限制的项目；可能会对至少 100 名个人占有或继续占有土地的合法权利产生不利影响的项目。

第七，放宽外国雇员的雇用限制。新投资法案删除了限制外国雇员比例的条款，任何国籍的人都可以在投资中担任高级经理、技术和运营专家及顾问，投资者须在投资申请表中注明聘用的人数，并须获得缅甸投资委员会的许可，这一做法更加符合国际惯例。

作为缅甸政治经济改革的一项重要内容，新的投资法案无疑会发掘其经济发展潜力，鼓励外来投资，为今后的经济发展做好制度铺垫。

（二）出台新的公司法案

2017 年 11 月 23 日，缅甸联邦议会通过新《公司法》，并于 12 月 6 日由总统签署批准，取代了 100 多年前殖民时期制定的《公司法》。该法案在世界银行的支持下撰写，旧版缅甸《公司法》（1914 年颁布）基于 19 世纪的商业惯例撰写，已被证明是过时的且不适用于现代商业活动。新法取消了私人公司至少两名股东的要求，强制性年会和财务报告被废除，关于新公司须提交公司组织章程和细则的要求也被删除，并只要求新公司解释其整体结构。按照新《公司法》，可以在线申请注册公司，独立个人也可以申请注册公司，取消了以前必须有多个人才能成立公司的规定。新《公司法》规定，外国人可以入股国内公司，只有拥有超过 35% 的外国股份才被确定为外资公司；在旧《公司法》中，只要有 1% 的外国股份，公司就被确定为外资公司。

缅甸投资与公司管理局局长吴昂乃乌称，新《公司法》虽已通过，但到宣布开始生效和各部委做好准备还需时日，预计 2018 ~ 2019 财年开始执行。①

（三）颁布新的知识产权法律法规

知识产权，也称"知识所属权"，指"权利人对其智力劳动所创作的成果享有的财产权利"，一般只在有限时间内有效。各种智力创造，比如发明、外观设计、文学和艺术作品，以及在商业中使用的标志、名称、图像等，都可被认为是某一个人或组织所拥有的知识产权。知识产权作为一个被广泛使用的术语是在 1967 年世界知识产权组织成立后出现的。2017 年 4 月 26 日，缅甸教育部研究与创新管理局局长吴温凯莫在世界知识产权日庆祝仪式上表示，政府将相继颁布新的《商标知识产权法》《工业设计知识产权法》《文学与艺术知识产权法》《创造知识产权法》等多部知识产权保护法律法规。② 在此之前，缅甸没有专门的商标法律。在缅甸注册商标的办法就是根据 1909 年生效的注册法案，在政府相关部门进行商标所有权声明，并在报纸上广而告之。1912 年颁布的《文学与艺术知识产权法》距今已有 100 多年的历史，目前仍然有效。2001 年 5 月，缅甸成为世界知识产权组织的成员。如今缅甸国内的知识产权保护依然不尽如人意。此次出台多部知识产权相关法律是消除国际压力、打击国内盗版、改善营商环境、吸引外来投资的一项重要举措。其中，《商标法》《专利法》《外观设计法》《版权法》等法律已于 2018 年 2 月 15 日在缅甸议会民族院获通过。③

二 经济取得进一步增长

在民盟的带领下，经过上一财年的政策调整之后，2017～2018 财年缅甸经济逐渐步入正轨，经济增长开始提速，主要经济指标和产业发展符合预期。

---

① 《缅甸通过新〈公司法〉》，驻缅甸经商参处，2017 年 12 月 12 日，http://mm. mofcom. gov. cn/article/jmxw/201712/20171202683736. shtml。

② 《缅甸将出台一系列知识产权保护法律》，驻曼德勒总领馆经商室，2017 年 5 月 4 日，http://mandalay. mofcom. gov. cn/article/jmxw/201705/20170502569711. shtml。

③ 《缅甸〈商标法〉即将迎来改变》，中国保护知识产权网，2018 年 5 月 11 日，http://www. zhichanli. com/article/6324。

（一）主要经济指标

根据缅甸中央统计局的统计，2017～2018 财年缅甸 GDP 增长率为 6.8%，较 2016～2017 财年 5.9%的增长率有所提高。2017～2018 财年，缅甸服务业、贸易和工业等增长迅速，对整个经济的带动作用明显。

此外，2017～2018 财年缅甸政府还将工人的日最低工资增加到 4800 缅元（约 3.55 美元），较原先的 3600 缅元（约 2.66 美元）增长了 33%。此举有利于扩大市场需求，为经济可持续发展打下了坚实的基础。[1]

财政赤字多年来一直困扰着缅甸政府。民盟执政后采取了多种措施来应对，但效果并不明显。根据日本财务省的报告，2012～2013 财年，缅甸财政收入占 GDP 的比重为 23.71%，财政支出占比为 26.15%，财政赤字占比为 2.44%；2015～2016 财年，缅甸财政收入占 GDP 的比重为 24.56%，财政支出占 GDP 的比重为 29.58%，财政赤字占 GDP 的比重增至 5.03%；2016～2017 财年缅甸财政收入占 GDP 的比重为 20.18%，财政支出占 GDP 的比重为 24.09%，财政赤字占比降至 3.91%。[2] 2017～2018 财年缅甸政府的财政赤字增长到了 4 万亿缅元，占到了 GDP 的 4.52%，距离 5%的政府红线相差无几，其中支出 20.9 万亿缅元，收入 16.8 万亿缅元。[3] 为填补政府财政赤字，缅央行不得不多发行价值 3000 亿缅元的国债和国库券。

外债方面，近年来国际社会对其债务进行大规模减免或者重组。2012 年 4 月，日本宣布免除其所欠的 37 亿美元债务[4]；2013 年 1 月，国际多边机构及巴黎俱乐部成员又对其 110 亿美元的债务进行减免或者重组。[5] 在各债权国和国际组织的帮助下，缅甸债务问题得到缓解。从缅甸联邦议会公

---

[1] "Myanmar Approves 33% Wage Hike for Garment Workers", *Sourcing Journal*, https://sourcing-journalonline.com/myanmar-minimum-wage-increase.

[2] 《缅甸财政管理改革》，日本财务省，第 21 页，https://www.mof.go.jp/pri/international_ex-change/visiting_scholar_program/fy2016/sansan2.pdf。

[3] "Deficit Rises, Social Spending Deferred in 2017 – 18 Budget Proposal", *Frontier Myanmar*, ht-tps://frontiermyanmar.net/en/deficit-rises-social-spending-deferred-in – 2017 – 18 – budget-proposal.

[4] 《日本免除缅甸 37 亿美元债务》，《新京报》（电子报）2012 年 4 月 22 日，第 A10 版。

[5] 《缅甸获得大幅外债减免和金融支持 减免近 60 亿美元》，中国网，2013 年 1 月 29 日，ht-tp://www.china.com.cn/international/txt/2013 – 01/29/content_2782186.5.htm。

共账户管理委员会的报告中获悉，2018 年缅甸所欠外债剩余超过 91.488 亿美元。缅甸计划与财政部副部长吴茂茂温表示，10 年内能够还清所欠外债，2017～2018 财年至 2027～2028 财年，10 年内的外债偿还与出口收入之比最高约为 4.5%，偿债率与总收入的比率最高为 6.4%。因此，目前来看，外债对缅甸经济的影响不大，无须过分担心外债问题。[①]

通货膨胀方面，缅甸民盟政府上台后，经济发展的同时，通货膨胀也在增长。根据世界银行统计的数据，2015～2016 财年缅甸通货膨胀率升至 10%，2016～2017 财年民盟政府上台后采取了一系列措施，缅甸通货膨胀率降为 6.8%，2017～2018 财年缅甸通货膨胀率进一步缓解并降至约 5.2%。[②]

汇率方面，随着美元指数跌至 90 以下，创下近三年来新低，缅币持续升值。仅在 2018 年的前三周，美元兑换缅币的汇率减少 20 多缅元。美元贬值导致缅甸汽车进口量减少，市场观望情绪浓厚。同时，美元贬值也使部分投资者将资金转入黄金市场。[③]

（二）主要产业发展情况

1. 农业

随着经济的发展，农业在整个国民经济中的比重有所下降，但农业依然是缅甸国民经济的支柱产业，农产品出口仍是国家创汇和财政收入的重要来源。缅甸的主要农产品可分为五大类：谷物，包括水稻、小麦、玉米、高粱等；豆类作物；油料作物，包括芝麻、花生、向日葵、油棕等；工业原料作物，包括棉花、黄麻、甘蔗、橡胶、烟草、咖啡等；蔬菜水果类作物。水稻种植占缅甸农业生产的主导地位，其次分别为油料作物、蔬菜水果类作物、豆类作物和工业原料作物。缅甸出口收入中有 25%～

---

① 《缅甸政府欠外债 91 亿 称 10 年内能够还清》，果敢资讯网，2018 年 2 月 4 日，http://www.kokang123.com/thread-32669-1-1.html。

② "Myanmar Economic Monitor, October 2017", World Bank, http://www.worldbank.org/en/country/myanmar/publication/myanmar-economic-monitor-october-2017.

③ 《美元贬值致缅币持续走强》，驻缅甸经商参处，2018 年 1 月 26 日，http://mm.mofcom.gov.cn/article/jmxw/201801/20180102704685.shtml。

30%来自农业，但是缅甸只有20%的土地（约1260万公顷）用于农业耕种。[1] 2017年4月1日至2018年1月19日，缅甸农产品出口额达24亿美元，较上一财年同期增加了1.7亿美元。

大米是缅甸主要的出口农产品，缅甸政府为实现本财年200万吨大米的出口目标积极扩大海外出口市场。2017年4月1日至2018年1月19日，缅甸共出口大米282万吨，出口额达8.76亿美元，出口量和出口额与上一财年同期的113万吨和3.72亿美元相比，均实现了翻番。此前，缅甸大米主要通过边境贸易口岸出口至邻国，而本财年大米出口中60%通过海运，只有40%通过边境贸易口岸。同时，上一财年共有29个国家从缅甸进口大米，而本财年缅甸大米进口国数量增至45个。豆类是缅甸另一主要出口农产品，但受印度调整进口政策的影响，本财年豆类出口量虽较上一财年增加了2.5万吨，但出口额下降了4亿美元。[2]

缅甸中小块田地占全国土地的大多数，单位产量偏低，人均产值在东盟国家中居末位。在缅甸农村，农业机械使用率还很低，缅甸农业亟须改革升级。由于农村生活水平低，年轻人不愿终年受困于黄土地上，而是向往到大城市（甚至是国外）工作，导致许多农村地区青壮年劳动力缺失。目前，缅甸农业面临两个重要的转型关键点：一是农业机械化，二是农业生产规模化。农业机械化只有在大规模农业生产中才能更好地发挥作用。这方面中国的经验值得缅甸借鉴。

2. 电力行业

缅甸只有52%的人口能够使用电，2014年亚洲开发银行的一份调查显示，73%的家庭依然使用薪柴做饭，65%的家庭还在使用蜡烛和火把照明。[3]缅甸的电力资源主要来自水和天然气发电，其发电量占比分别为56.41%和41.97%，其余则来自火力发电。随着经济的发展，缅甸用电需

---

[1] "A Quick Introduction to the Past, Present and Future of Myanmar's Most Important Industry", *Frontier Myanmar*, https://frontiermyanmar.net/en/myanmar-agriculture-101.

[2] 《本财年缅甸大米出口额实现翻番》，驻缅甸经商参处，2018年2月13日，http://mm.mofcom.gov.cn/article/jmxw/201802/20180202712659.shtml。

[3] 资料来源：亚洲开发银行，https://www.adb.org/publications/myanmar-energy-consumption-survey。

求逐年增大。目前，工业用电仍有缺口，但随着越来越多的电站项目建成投产以及输电线路的完善，工业和居民用电将得到保障。

为了应对日益增长的用电需求，2018 年 1 月缅甸政府决定在 2021 年之前投资 51.6 亿美元新建天然气发电站，使国内发电装机容量较目前的 3000 兆瓦翻一番，到 2030 年缅甸政府还计划将发电装机容量翻四番。[①] 在电力领域，中国有世界先进的技术和资源，中缅在该领域的合作前景广泛。根据相关统计，中缅之间已建成 110 千伏、220 千伏和 500 千伏 3 条高等级电力通道，2017 年双边电力贸易量达 17.2 亿千瓦时。[②] 2018 年 2 月，在缅甸内比都召开了中国、缅甸和孟加拉国 3 国能源部长会，就 3 国电力合作进行会谈并签署了会议纪要。[③] 中缅合资的仰光达吉达天然气联合循环电厂（以下简称"达吉达电厂"）项目一期工程于 2018 年 3 月 17 日正式竣工，标志着中缅电力与清洁能源合作取得新进展。达吉达电厂项目由云南能投联合外经股份有限公司与缅甸电力与能源部合资建设，规划容量为 500 兆瓦，其中一期工程 106 兆瓦，机组已于 2018 年 2 月 28 日正式投入商业运营，预计每年将向缅甸国家电网输送至少 7.2 亿千瓦时电力，约占仰光上网电量的 10%。根据中缅双方达成的协议，达吉达电厂项目运营期限为 30 年，到期后，项目将移交缅甸电力与能源部。[④]

3. 油气行业

天然气是缅甸主要出口产品。缅甸出口额的约 60% 来自天然气出口。缅甸商务部称，2017 年 4 月 1 日至 2018 年 3 月 2 日，天然气出口额达 30 亿美元。[⑤] 缅甸国内的天然气主要用于发电，但天然气产能将在 2020 ~ 2021

---

① "Myanmar to Double Electricity Capacity by 2021 to Fill Power Shortages", Reuters, https://www.reuters.com/article/myanmar-electricity/myanmar-to-double-electricity-capacity-by – 2021 – to – fill-power-shortages-idUSL4N1PQ2UM。

② 《"中缅经济走廊"活力初现》，云南网，2018 年 4 月 12 日，https://www.mhwmm.com/Ch/NewsView.asp？ID＝29891。

③ 《滇缅共谋发展之路》，云南网，2018 年 4 月 6 日，http://yn.yunnan.cn/html/2018 – 04/06/content_5152869.htm。

④ 《中缅合资天然气电厂项目竣工 助力缅甸发展清洁能源》，国际在线网，2018 年 3 月 18 日，http://www.sohu.com/a/225789019_115239。

⑤ 《缅甸天然气出口位居榜首》，驻曼德勒总领馆经商室，2018 年 3 月 23 日，http://mandalay.mofcom.gov.cn/article/jmxw/201803/20180302723194.shtml。

年出现下降趋势，具有商业开采价值的新天然气田最早将于 2023～2024 年投产。因此，缅甸电力与能源部部长吴温凯表示，为了满足正常的发电，将在天然气产能下降前，逐步增加液化天然气使用量。[①]

在缅甸的天然气田中，瑞（Shwe）天然气田位于若开邦近海区域，发现于 2014 年，其产品主要输往中国。耶德纳（Yadana）天然气田由法国道达尔公司管理，其输气管道通往泰国，日产量达 9.1 亿立方米，其中 7 亿多立方米输往泰国。耶德孔（Yedagun）天然气田位于德林达依省，发现于 1992 年，日产量为 3.3 亿立方米。位于马达班湾（Moattama）的若迪卡（Zawtika）天然气田也主要向泰国输送天然气。[②]

根据缅甸第二个五年国家发展计划（从 2016～2017 财年至 2020～2021 财年），耶德纳、耶德孔、若迪卡和瑞这四大天然气田预计将生产 5000 亿立方米天然气以供出口。[③]

2018 年，缅甸启动海上天然气区块的招标工作，招标区块包含 2017 年招标剩余的区块和 2018 年到期收回的区块。缅甸有海上天然气区块 51 个，其中 26 个位于浅海，25 个位于深海；截至 2018 年 3 月已成功竞标的区块有 38 个，剩余待竞标区块 13 个，合同到期即将收回的区块有 AD – 10、M – 4、M – 7、M – 17 和 M – 18。目前有来自泰国、法国、中国和澳大利亚等国家的公司在海上天然气区块作业。[④]

4. 通信行业[⑤]

据缅甸交通与通信部公布的数据，缅甸全国共有邮局 1379 个、电报局 515 个和电话交换台 922 个。缅甸移动电话用户占 33%，座机电话用户

---

① 《推动能源国际合作向更高质量发展》，中电新闻网，2018 年 10 月 22 日，http://www.cec.org.cn/xinwenpingxi/2018 – 10 – 22/185690.html。

② 《缅甸作为天然气出口大国，四大天然气田情况如何？》缅华网，2017 年 2 月 10 日，https://www.mhwmm.com/ch/NewsView.asp? ID = 21199。

③ 《本财年缅甸天然气出口收入已达 24 亿美元》，新浪网，2017 年 2 月 7 日，https://finance.sina.com.cn/roll/2017 – 02 – 07/doc – ifyafenm2972835.shtml。

④ 《缅甸将于年内启动海上天然气区块招标》，国际能源网，2018 年 3 月 21 日，https://www.in – en.com/article/html/energy – 2266624.shtml。

⑤ 《缅甸的基础设施状况》，搜狐网，2019 年 8 月 23 日，https://www.jsc.org.cn/model/view.aspx? m_id = 1&id = 43194。

占 4.8%，电脑用户占 3.5%。在国际通信方面，缅甸不仅开通了国际卫星电话，而且可以通过亚欧海底光缆 2 万条线路与 33 个国家直接连通，并能通过这些国家与世界其他国家通话。目前，中国移动和联通的 GSM 电话均可在缅甸使用。

缅甸现在共有 4 家移动通信公司，分别是缅甸邮电公司（MPT）、卡塔尔电信公司（Ooredoo）、挪威电信公司（Telenor）及缅甸电信国际有限公司（Mytel）。其中缅甸电信国际有限公司于 2017 年 1 月 12 日取得营业执照，并于 2018 年 2 月 11 日正式在内比都开通运营，这是一家缅甸与越南合作的公司，缅方由 11 家缅甸私营股份有限公司组成，共持股 51%[①]。这 4 家移动通信公司拥有的手机用户量现已超过 5000 万人次。这些公司除加紧改善老少边穷地区的通信设施外，也在加快 4G 网络建设。预计到 2019 年底，缅甸通信网络人口覆盖率将达 94%，约 5% 的老少边穷地区的基本通信网络将由政府牵头，从公共服务基金中列支解决。计划未来 5 年内，缅甸的通信网络人口覆盖率将达 99%。[②]

此外，缅甸大勐宜昌达通威达科技有限公司（TMH）于 2017 年 12 月 2 日获得缅甸首个公开募股（IPO）许可，并于 2018 年 1 月 26 日在仰交所上市交易，成为缅甸第五家上市公司。其主营业务包括提供电信通信服务、固定和移动网络工程服务、基站收发服务及光纤安装与维护服务等。[③]

5. 酒店与旅游业

缅甸政府大力发展旅游业，积极吸引外资，投资建设旅游设施。缅甸旅游设施，尤其是住宿设施有较大改善。目前，世界知名的酒店都开始在仰光等旅游胜地提供服务，致使缅甸国内的酒店房价明显下降。[④] 2015 年，

[①]《缅甸电信业发展迅猛》，中国商务部，2016 年 7 月 21 日，http://www.mofcom.gov.cn/article/i/jyjl/j/201607/20160701363440.shtml。

[②]《缅甸移动网络人口覆盖率将达 94%》，搜狐网，2018 年 2 月 18 日，https://www.sohu.com/a/223157083_99957765。

[③]《杰赛科技：拟投资 500 万美元在缅甸设立子公司》，金融界网，2016 年 6 月 13 日，http://stock.jrj.com.cn/hotstock/2016/06/13080021058224.shtml。

[④]《2017 年来缅外国游客数量将会增加》，中国驻曼德勒总领事馆经济商贸室，http://mandalay.mofcom.gov.cn/article/slfw/201705/20170502569662.shtml。

赴缅外国游客为 468 万人次，2016 年却仅有 290 万人次，同比下降了 38%。① 缅甸酒店与旅游部 2016 年报告显示，在游客来源方面，亚洲游客占 68%，西欧游客占 19%，北美游客占 8%，其他地区占 5%。赴缅甸旅游人数排前五位的国家分别是泰国、中国、日本、韩国和新加坡，其中中国游客占 14.45%。在游客性别方面，男性游客占 63%，女性游客占 37%。在年龄结构方面，21~50 岁的游客占 60%。2016 年，赴缅甸游客消费总额达 21.97 亿美元，人均滞留时间为 11 天。2017 年，赴缅甸外国游客为 344 万人次，较上年增长了 18.6%。②

为了进一步刺激国内旅游业的发展，缅甸旅游协会表示缅甸将恢复旅游落地签制度。根据初步计划，旅游落地签首先在仰光国际机场试行，为包括中国在内的 22 个国家和地区的游客办理。缅甸于 1999 年开始批准外国旅游团队办理落地签证入境，但自 2014 年实行电子签证以来，暂停了落地签制度。③ 目前，缅甸执行新的入境签证制度，入境签证分为 12 种，分别是：外交签证、公务签证、旅游签证、商务签证、工作签证、社交签证、宗教签证、教育签证、记者签证、乘务签证、会议与研究签证、过境签证。这些签证可在缅甸驻外使领馆办理，其中商务签证、会议与研究签证、乘务签证和过境签证可办理落地签。④

---

① 资料来源：缅甸饭店和旅游部，http://tourism.gov.mm/wp-content/uploads/2017/08/Myanmar-Tourism-Statistics-2016-1.pdf。2016 年游客减少的原因是缅甸相关部门改变了入境游客人数计算方式。此前，缅甸是根据世界旅游组织（UNWTO）的计算方法，对入境的游客人数进行计算，一些入境购物、办理他国签证等短暂入境者，都被计入游客人数当中。2016 年，缅甸不再使用世界旅游组织的计算方法，而是将入境者划分为边境入境者、商务入境者、旅游入境者等。此次统计数据仅包括了旅游入境人数。除了游客人数计算方式发生变化之外，相关部门重新划定了外籍人士禁入区。其中，部分地区规划有旅游线路的公司、企业，提前半年甚至一年就接受了游客的预定。而政府突然下发规定不允许再进入这些地区，因此，已经预订的行程被迫取消，从而导致旅游人数下滑。

② "Tourism to Myanmar up 18 Percent-Despite 'Dthnic Cleansing' of Rohingya", *The Telegraph*, https://www.telegraph.co.uk/travel/news/tourism-to-myanmar-up-despite-rohingya-crisis/.

③ 《10 月起游缅甸 可享落地签证》，中国财经网，2018 年 6 月 26 日，http://finance.china.com.cn/industry/20180626/4679377.shtml。

④ 《缅甸开始执行入境签证新规定》，中国商务部，2016 年 1 月 11 日，http://www.mofcom.gov.cn/article/i/jyjl/j/201601/20160101231213.shtml。

三　对外贸易持续增长

为了促进对外贸易发展，缅甸政府于 2011 年取消了贸易政策委员会，以缩减外贸审批流程。从 2016 年 6 月开始，缅甸 300 多种商品以"完全在线申报进出口许可证"（Fully Online Licensing）的方式发放许可证，进一步加快了外贸审批流程。[①] 2017 年，缅甸商务部又取消了 166 种商品的进口许可证和 152 种商品的出口许可证。[②] 随着外贸政策的实施，2016～2017 财年缅甸对外贸易恢复了增长势头，2017～2018 财年缅甸外贸继续保持上一财年的增长势头，贸易赤字也进一步缩小。

（一）正常贸易与边境贸易

2017～2018 财年缅甸进出口贸易总额达到 335.38 亿美元，较上一财年的 292.10 亿美元增长约 14.82%。其中，进口 186.87 亿美元，较上一财年的 172.11 亿美元增长约 8.58%；出口 148.51 亿美元，较上一财年的 119.99 亿美元增长约 23.77%。[③]

缅甸对外贸易形式分为两种，一种是通过海运进出口的正常贸易，另一种是通过边境口岸的边境贸易。2017～2018 财年，缅甸正常贸易总额为 250.20 亿美元，较上一财年的 214.33 亿美元增长约 16.74%；边境贸易额则为 85.18 亿美元，较上一财年的 77.77 亿美元增长约 9.53%（见表 1）。缅甸对外贸易不仅发展势头较好，贸易逆差也在不断缩小。2017～2018 财年缅甸贸易赤字较上一财年减少了近 13.76 亿美元。

---

① 《缅甸增加三百多种商品进入"完全在线申报进出口许可证"系统》，中国商务部，2017 年 5 月 31 日，http://www.mofcom.gov.cn/article/i/jyjl/j/201705/20170502584267.shtml。

② 《缅甸再次取消部分商品进口许可证》，新浪网，2016 年 12 月 27 日，http://finance.sina.com.cn/roll/2016 - 12 - 27/doc - ifxyxqsk6881935.shtml。

③ 《2017 - 2018 财年中缅边贸额仍居首位》，中国商务部，2018 年 4 月 19 日，http://www.mofcom.gov.cn/article/i/jyjl/j/201804/20180402734402.shtml。

表1　2012～2018年缅甸对外贸易发展情况

单位：亿美元

		2012～2013	2013～2014	2014～2015	2015～2016	2016～2017	2017～2018
出口额	正常贸易出口额	68.43	84.43	82.31	65.88	70.89	93.47
	边境贸易出口额	21.34	27.61	42.93	45.49	49.10	55.04
	出口总额	89.77	112.04	125.24	111.37	119.99	148.51
进口额	正常贸易进口额	78.3	119.33	141.39	139.73	143.44	156.73
	边境贸易进口额	12.39	18.27	24.94	26.05	28.67	30.14
	进口总额	90.69	137.6	166.33	165.78	172.11	186.87
贸易总额	正常贸易总额	146.73	203.75	223.7	205.61	214.33	250.20
	边境贸易总额	33.73	45.88	67.87	71.54	77.77	85.18
	贸易总额	180.46	249.63	291.57	277.15	292.10	335.38
	贸易逆差	-0.92	-25.56	-41.09	-54.41	-52.12	-38.36

资料来源：缅甸商务部，http://www.commerce.gov.mm/en/content/。

　　边境贸易在缅甸对外贸易中一直占有重要地位。缅甸通过各边境口岸与邻国开展贸易，与中国通过木姐（Muse）、雷杰（Lweje）、甘拜地（Kanpiketee）、清水河（Chin Shwehaw）和景栋（Kyaing Tung）等口岸进行贸易；与泰国通过大其力（Tarchileik）、妙瓦底（Myawaddy）、高当（Kawthaung）、丹老（Myeik）、提基（Htee Khee）、眉色（Mese）和茂当（Mawtaung）等口岸进行商品往来；与孟加拉国通过实兑（Sittwe）和貌多（Maung Daw）等口岸进行贸易；与印度通过德穆（Tamu）和里（Rhi）等口岸互通有无。

　　缅甸商务部数据显示，2017～2018财年缅甸与邻国边境贸易总额为85.18亿美元，比上财年的77.77亿美元增加7.41亿美元，边境贸易额占缅甸贸易总额的25.40%。边境贸易额排名前三的口岸是木姐（58.42亿美元）、妙瓦底（9.42亿美元）、清水河（5.72亿美元）。这三个口岸的贸易额占缅甸边境贸易额的 86.4%。本财年与中国相邻的木姐口岸的贸易额依旧是最大的，占缅甸边境贸易额的 68.58%，其中出口 41.38 亿美元，进口 17.04 亿美元。①

（二）主要贸易伙伴国

2017～2018 财年，中国、新加坡、泰国、日本和印度是缅甸前五大贸易伙伴国，占缅甸对外贸易总额的 71.83%。该财年中国依旧是缅甸最大的贸易伙伴，贸易总额为 117.86 亿美元，其中缅甸向中国出口 56.99 亿美元，从中国进口 60.87 亿美元。2017～2018 财年，泰缅双边贸易额为 50.75 亿美元，其中缅甸向泰国出口 28.46 亿美元，进口 22.29 亿美元；新加坡与缅甸双边贸易额为 38.38 亿美元，其中缅甸出口新加坡商品 7.53 亿美元，进口 30.85 亿美元；日本与缅甸双边贸易额为 19.22 亿美元，其中缅甸出口 9.56 亿美元，进口 9.66 亿美元；印度与缅甸双边贸易额为 14.68 亿美元，其中缅甸出口 6.07 亿美元，进口 8.61 亿美元。②

（三）主要进出口商品

缅甸出口商品主要有制造业产品、农产品、水产品、畜牧产品、矿产品、林产品等 6 类。2017～2018 财年，缅甸制造业产品出口 69.47 亿美元，较上一财年增长 26.84%；农产品出口额达 30.87 亿美元，同比增长 5.43%；水产品出口额为 6.99 亿美元，同比增长 20.31%；矿产品出口额为 17.84 亿美元，同比增长 76.46%。由于近些年缅甸大力发展畜牧业，并解除了先满足国内需求、富足部分才可出口的限制，本财年畜牧产品的出口额较上一财年增长了 4.7 倍，出口额达 6000 万美元。缅甸为保护森林资源全面禁止了木材出口，本财年林产品出口额为 2.12 亿美元，较上一财年下降 14.17%。此外，本财年缅甸其他产品出口额为 20.60 亿美元，同比增长 18.19%。

---

① 《共建经济走廊 促进中缅经济合作关系跨入新阶段》，国务院网站，2018 年 8 月 4 日，http://www.gov.cn/xinwen/2018－08/04/content_5311676.htm。

② 资料来源：缅甸商务部，https://www.commerce.gov.mm/en#.Xbae_HZn1Zs。

缅甸主要进口商品为资本类产品、原材料和日用品。据缅甸商务部统计，2017～2018 财年，资本类产品进口额为 65.90 亿美元，同比减少4.76%；原材料进口额为 76.77 亿美元，同比增长 21.53%；日用品进口额为 44.19 亿美元，同比增长 7.10%。

四 国内投资规模扩大，外来投资持续下滑

继 2016 年 10 月缅甸议会通过新的投资法案之后，2017 年 4 月缅甸政府又通过了《投资法实施细则》。新投资法案及其细则的出台与实施进一步规范了缅甸的投资环境。缅甸政府已经明确表示，对于违反环境、劳工、税收、反贿赂和腐败以及人权法的不负责任的企业将进行惩罚并限制其投资行为。2017～2018 财年，缅甸国内投资规模进一步扩大，外来投资则持续下滑。

（一）国内投资

国内资本是缅甸经济建设和发展的重要资金来源之一。截至 2018 年 3月 31 日，缅甸政府共审批通过涵盖 11 个领域的 1361 个国内投资项目，审批金额达 97.85 亿美元。其中，制造业是国内投资的首选行业，缅甸制造业的国内投资额达到了 25.63 亿美元，占国内投资总额的 26.19%。交通运输业和房地产业分别位列国内公民投资的第二、三位，占比分别为 23.04% 和12.44%（见表 2）。

表 2　截至 2018 年 3 月 31 日缅甸公民投资行业分布

	投资项目数（个）	投资额（亿美元）	投资额占比（%）
房地产业	71	12.17	12.44
制造业	788	25.63	26.19
交通运输业	49	22.54	23.04
酒店与旅游业	123	7.81	7.98
建筑业	68	5.07	5.18
电力行业	14	4.57	4.67
畜牧业和渔业	79	1.20	1.23

	投资项目数（个）	投资额（亿美元）	投资额占比（％）
采矿业	65	1.17	1.20
工业园区	11	0.87	0.89
农业	10	0.52	0.53
其他	83	16.30	6.66
合计	1361	97.85	100.00

资料来源：缅甸投资与公司管理局，https：//www.dica.gov.mm/sites/dica.gov.mm/files/document-files/permitted.pdf。

可见，缅甸国内投资的领域主要集中在收益高、见效快的制造业、交通运输业、房地产业以及酒店与旅游业，在投资收益周期较长的农业、畜牧业和渔业、电力行业等关乎民生的基础行业却鲜有涉及，这将对缅甸经济的可持续发展造成阻碍。如何鼓励民间资本对这些领域进行投资是摆在民盟政府面前的一个难题。

（二）外来投资

2016 年民盟政府上台后，外来投资者对缅甸投资一度持观望态度。虽然民盟政府极力改善国内经济环境，但因国内政局的不确定性因素依然存在，外来投资形势依然严峻。2017～2018 财年，缅甸政府批准的外资总额为 57.18 亿美元，较 2016～2017 财年的 66.50 亿美元减少了 9.32 亿美元，降幅达 14.02%。这是缅甸外来投资连续第三个财年大幅下降。本财年外来投资最多的领域是制造业，占吸引外资总额的 30.94%；房地产业和交通运输业，分别位列第二和第三位，分别占吸引外资总额的 22.07% 和 15.77%。①

1. 外资来源国家和地区

与上一财年缅甸外资来源集中于周边国家和地区不同的是，本财年外资来源更加多元化，但依然集中在亚洲地区。从投资流量上看，2017～2018 财年，缅甸前五大外资来源国分别是新加坡、中国、荷兰、日本、韩国

---

① 《2017－2018 财年缅甸制造业吸引外资最多》，东方资讯，2018 年 4 月 20 日，http://mini.eastday.com/a/180420000950365.html。

（见表3）。

表3 2017～2018 财年缅甸前五大外资来源国

单位：亿美元，%

排名	国家	投资总额	投资额占比
1	新加坡	21.64	37.85
2	中国	13.95	24.40
3	荷兰	5.34	9.34
4	日本	3.84	6.72
5	韩国	2.54	4.44

资料来源：缅甸投资与公司管理局，http://www.dica.gov.mm/sites/dica.gov.mm/files/document-files/fdi_yearly_by_country.pdf。

这五大外资来源国的投资总额高达47.31亿美元，占该财年缅甸吸引外资总额的82.74%。新加坡自2012～2013财年以来连续六年成为缅甸第一大外资来源国。本财年新加坡对缅甸投资领域主要集中在房地产业，同时也有部分欧盟国家通过新加坡对缅甸进行投资。2017～2018财年，荷兰对缅甸投资额为5.34亿美元，较上一财年的500万美元增长了106倍。[①] 2017年6月，荷兰贸易代表团完成了首次对缅甸的访问，在记者会上荷兰驻缅甸大使沃特·杰金斯（Wouter Jurgens）表示，希望在农业、水资源管理、银行业、工程建造、港口开发、家具和医疗等领域与缅甸企业加强合作。本财年的投资数据也显示了荷兰与缅甸加强经济合作的意愿。

从投资存量上看，截至2018年3月31日，中国继续保持缅甸第一大外资来源国的地位，中国在缅甸的累计投资额达到了199.50亿美元，占缅甸外来投资总额的26.24%。新加坡在缅甸的累计投资额为190.12亿美元，占缅甸外来投资总额的25.00%，仅次于中国。泰国在缅甸的累计投资额为110.47亿美元，占缅甸外来投资总额的14.53%，位列第三。对缅甸累计投资额排名前十的其他国家和地区依次是中国香港、英国、韩国、越南、马来西亚、荷兰和印度，其累计投资额分别为78.16亿美元、43.40亿美元、

---

① 《2017－2018财年缅甸制造业吸引外资最多》，驻缅甸经商参处，2018年4月19日，http://mm.mofcom.gov.cn/article/jmxw/201804/20180402734557.shtml。

38. 10 亿美元、21. 00 亿美元、19. 55 亿美元、15. 28 亿美元、7. 44 亿美元。外资来源国前三个国家的累计投资额占缅甸吸引外资总额的 65. 77%，前十位投资国和地区占比高达 95. 09%。在这 10 个国家和地区中有 8 个来自亚洲，其中 4 个来自东盟国家（见表 4）。

表 4   截至 2018 年 3 月 31 日对缅甸累计投资额前十位的国家和地区

单位：亿美元，%

排名	国家和地区	累计投资额	占比
1	中国	199. 50	26. 24
2	新加坡	190. 12	25. 00
3	泰国	110. 47	14. 53
4	中国香港	78. 16	10. 28
5	英国	43. 40	5. 71
6	韩国	38. 10	5. 01
7	越南	21. 00	2. 76
8	马来西亚	19. 55	2. 57
9	荷兰	15. 28	2. 01
10	印度	7. 44	0. 98

资料来源：缅甸投资与公司管理局，https：//www. dica. gov. mm/sites/dica. gov. mm/files/document-files/fdi_country_yearly_1. pdf。

2. 外资投资领域

截至 2018 年 3 月 31 日，外来资本在缅甸投资最多的是石油天然气领域，投资额为 224. 10 亿美元，占比 29. 47%。其他排名前五位的投资领域分别是电力行业（210. 00 亿美元）、制造业（95. 33 亿美元）、交通运输业（90. 56 亿美元）和房地产业（49. 76 亿美元），这五个领域的投资总额占缅甸吸引外资总额的 88. 09%（见表 5）。

表 5   截至 2018 年 3 月 31 日缅甸外来投资的领域分布

单位：亿美元，%

排名	投资领域	外来投资额	占比
1	石油天然气	224. 10	29. 47

排名	投资领域	外来投资额	占比
2	电力行业	210.00	27.62
3	制造业	95.33	12.54
4	交通运输业	90.56	11.91
5	房地产业	49.76	6.54
6	酒店和旅游业	30.27	3.98
7	矿业	28.99	3.81
8	其他服务业	18.87	2.48
9	畜牧业和渔业	5.85	0.77
10	农业	3.84	0.51
11	工业园区	2.37	0.31
12	建筑业	0.38	0.05
	合计	760.33	100.00

资料来源：缅甸投资与公司管理局，https://www.dica.gov.mm/sites/dica.gov.mm/files/document-files/fdi_sector_yearly_0.pdf。

外来投资增长最快的领域是房地产业，2017～2018财年外资在该领域的投资额为12.62亿美元，较上一财年的7.48亿美元增长了68.8%。房地产业的投资增加主要体现在仰光省政府的廉租房和勃固省的房地产项目。制造业的投资增长率仅次于房地产业，2017～2018财年该领域共吸引外资17.69亿美元，较上一财年的11.80亿美元增长约50%。其他领域投资额较上一财年缩水严重，尤其是畜牧业和渔业以及交通运输业的外来投资额都下降了70%多（见表6）。

表6 2015～2018年缅甸外来投资的部门比较

单位：百万美元，%

	2015～2016	2016～2017	2017～2018	2017～2018财年较上财年增长率
农业	7.18	—	134.49	—
畜牧业和渔业	8.25	96.68	27.66	-71.39
矿业	28.92	—	1.31	
制造业	1065.00	1179.51	1769.18	49.99

	2015~2016	2016~2017	2017~2018	2017~2018 财年较上财年增长率
电力行业	360.10	909.88	405.77	-55.40
石油天然气	4817.79	—	—	—
建筑业	—	—	—	—
交通运输业	1931.00	3081.15	901.64	-70.74
酒店和旅游业	288.40	403.65	176.77	-56.21
房地产业	728.68	747.62	1261.98	68.80
工业园区	10.00	—	34.04	—
其他服务业	235.96	231.32	1005.26	334.58
合计	9481.28	6649.81	5718.09	-14.01

资料来源：缅甸投资与公司管理局，https://www.dica.gov.mm/sites/dica.gov.mm/files/document-files/fdi_sector_yearly_0.pdf。

B.3　若开邦局势与缅甸内政外交

孟姿君 *

摘　要　国际热议的罗兴亚人问题有深重的历史根源，且当前仍在持续的发酵中。西方借此诟病缅甸，民盟政府面临巨大的压力，2018 年以来缅甸与西方的关系出现了明显倒退。缅甸国内对这一问题的认识非常统一。本文将不对罗兴亚人问题的发展历史做过多的回顾，而是试图对 2018 年以来若开邦形势变化及缅甸与西方关系恶化进行归纳和分析。

关键字　缅甸　若开　罗兴亚

一　2018 年以来若开形势变化

1. 冲突情况及难民人数

2016 年 9 月至 10 月和 2017 年 8 月，若开邦毗邻孟加拉国的布帝洞、貌多和亚德当等镇区接连爆发恐怖袭击，缅甸军警采取反击行动后，若开邦形势再度引起了国际社会的关注。2018 年，大规模的恐怖袭击虽已没有，但零星的冲突仍在持续。1 月 5 日，若开邦貌多镇北部德仁村西面 1.6 千米处，军方工兵们乘坐的运沙石料的车遭到炸弹袭击，导致 1 名军官、5 名士兵和 1 名平民司机受伤。1 月 7 日，"罗兴亚救世军"发布消息称，将对上述袭击负责，并声称是为了罗兴亚民众的利益，而且今后将发起更多的袭击。2 月 24 日，缅甸若开首府实兑镇凌晨 4：30 发生三处共四枚炸弹袭击事件，另发现有三枚未引爆的炸弹。第一枚炸弹在联邦法院门前，第二枚炸

---

* 孟姿君，云南大学缅甸研究院助理研究员，主要研究方向为中缅关系及缅甸当代政治。

弹接近若开邦政府秘书房屋门口，第三枚炸弹在联邦土地记录办公室附近。① 对于若开邦的一系列袭击事件，缅甸联邦政府办公厅部部长、缅甸国家安全顾问吴当吞在新加坡 6 月 1 日至 3 日举行的亚洲安全峰会上强调，恐怖主义是若开冲突爆发的起因，恐怖组织的暴行是穆斯林和其他少数民族逃离本地的主要原因，并表示，一系列的冲突在"罗兴亚救世军"（ARSA）不实的宣传下被进一步激化。他呼吁国际社会应当更加客观地看待若开的局势，"扣帽子"和"污名化"只会导致局势更加紧张，并且不利于和平地、持久性地解决危机。②

若开地区局势动荡，冲突不断，导致大批罗兴亚难民逃往孟加拉国，但对于罗兴亚难民人数众说不一。据《世界移民报告（2018）》，2017 年 8 月起超过 50 万名罗兴亚人逃离缅甸去往孟加拉国。路透社 2018 年 1 月报道称逃到孟加拉国的罗兴亚难民人数已达 65.55 万人。3 月 14 日，在缅甸宣传部就缅孟边境联合遣返与辨识解决非法定居问题举办的新闻发布会上，若开邦政府秘书长吴丁貌穗表示，2017 年 8 月 25 日至今，貌多地区原有人口约 100 万人，目前的居住人口约 47 万人，也就是说约 53 万人已逃离家园。③

2. 民盟政府的一系列措施

为了稳定若开邦局势，缓和国际社会压力，民盟政府采取了一系列措施并表示愿意积极与孟加拉国合作。

一是组建专门部门，召开工作协调会议。一方面，成立新的机构。7 月 30 日，缅甸总统府成立由 2 名外国人和 2 名缅甸人组成的若开事务独立调查委员会，该委员会的期限为 1 年。为了协助该委员会还需成立书记办公组织，该组织中将包括国内外的法律专家，以及根据需求任命的相关专家。另一方面，老的机构继续运作。2018 年 2 月 7 日，若开救济与恢复发展研

① 《缅甸若开首府实兑镇发生炸弹袭击事件》，《缅甸新光报》（缅文版）2018 年 2 月 25 日，http://www.moi.gov.mm/npe/mal/? q = content/25 - feb - 18。

② 《缅甸国家安全顾问呼吁国际社会更客观地看待若开邦的情况》，《缅甸新光报》（缅文版）2018 年 6 月 5 日，http://www.moi.gov.mm/npe/mal/? q = content/5 - jun - 18。

③ 《缅甸当局就缅孟边境联合遣返与辨识解决非法定居问题举办新闻发布会》，《缅甸新光报》（缅文版）2018 年 3 月 15 日，http://www.moi.gov.mm/npe/mal/? q = content/15 - mar - 18。

讨会在内比都举行，缅甸社会福利与救济安置部副部长吴梭昂，若开邦人道主义援助、安置与发展计划委员会（UEHRD）总协调员昂吞德等官员及来自欧盟、联合国发展项目、世界银行等机构的专家列席。[1] 2月26日下午，2018年第一届若开和平、稳定与发展中央执行委员会会议在内比都总统府会议大厅举行，国务资政昂山素季出席了会议。3月17日，UEHRD副主席、社会福利与救济安置部部长温妙埃率小组在UEHRD总部与若开邦政府讨论若开问题，温妙埃阐释了若开的发展和法治重建工作，包括少数民族地区发展、消除灾害、基础设施建设、电力供应、提供就业机会、工业区发展等。[2] 9月3日，若开移民安置工作委员会2018年第一次协调会议在社会福利与救济安置部举行。若开移民安置工作委员会主席、社会福利与救济安置部副部长吴梭昂表示，若开移民安置工作委员会已经指定了移民安置村，一旦根据双边协议在村里完成接收返乡者的工作，就会相应地开发村庄。[3]

二是组织考察团进一步了解当地情况。2月6日，联邦政府办公厅部部长吴当吞率国际外交官代表团赴若开北部貌多镇考察难民遣返筹备工作，并表示本次考察的首要目标是，向国际社会精准传达信息，表明政府所做出的努力。4月11日至13日，缅甸社会福利与救济安置部部长温妙埃率团赴位于缅孟边境的孟加拉国科克斯巴扎尔难民营考察，就当地救济、食品供应、卫生情况进行考察，并与难民见面。温妙埃在与当地50名罗兴亚人见面时表示，政府认识到他们对缅甸的误解和恐惧，呼吁他们"忘记过去"，"回到自己的居所"，并承诺将兴修医院和学校。[4]

三是惩戒暴力行为，维护当地稳定。2月12日，缅甸政府宣布将对16

① 《内比都举行若开救济与恢复发展研讨会》，《缅甸新光报》（缅文版）2018年2月8日，ht-tp：//www. moi. gov. mm/npe/mal/？ q = content/8 – feb – 18。

② 《若开人道主义救济安置与发展项目副主席、社会福利与救济安置部部长温妙埃率小组与若开邦政府讨论若开问题》，《缅甸新光报》（缅文版）2018年3月19日，http：//www. moi. gov. mm/npe/mal/？ q = content/19 – mar – 18。

③ 《若开移民安置工作委员会举行第一次协调会议》，《缅甸新光报》（缅文版）2018年9月4日，http：//www. moi. gov. mm/npe/mal/？ q = content/4 – sep – 18。

④ 《社会福利救济安置部部长温妙埃率团赴缅孟边境难民营考察》，《缅甸新光报》（缅文版）2018年4月12日，https：//www. moi. gov. mm/npe/mal/？ q = content/12 – april – 18。

名（含 7 名士兵）在若开貌多地区杀害 10 名穆斯林的人员采取措施。总统府发言人吴佐泰表示，军人必须遵守国防法和公民法，这些人将被诉讼至民事法庭。① 2 月 23 日，貌多镇区特别法庭正式宣布，4 名在 2016 年制造恐怖袭击的涉案人员，被宣判死刑。②

四是缅孟协商解决难民遣返问题。2 月 15 日，缅甸内政部部长吴觉瑞中将抵达达卡会见孟加拉国官员，讨论遣返来自若开邦北部的难民和缅孟边界等问题。孟加拉国和缅甸于 2017 年 11 月签署双边协议，商定从 2018 年 1 月开始逐步遣返难民。③ 5 月 15 日至 18 日，缅甸外交部常务秘书吴敏杜一行赴孟加拉国达卡参加第二届遣返被识别难民（VDP）联合工作小组会议，本次会议由缅甸外交部和孟加拉国外交部联合主持。会上，双方就遣返事宜交换了意见。④

2 月 23 日，社会福利与救济安置部部长温妙埃在接受采访时表示，缅甸已经做好接受第一批难民返回的准备，关于难民身份核实工作，缅方会在必要时与孟方进行合作，但不会让联合国或其他组织介入。⑤ 3 月 14 日，缅甸宣传部在内比都举行新闻发布会，缅甸劳工、移民和人口部常务秘书吴敏江表示，在对孟加拉国提交的 8032 名拟遣返的难民进行身份核实后，确认有 374 人符合返缅条件，缅方已准备好随时接收。⑥ 若开貌多地区当局 10 月 17 日称，已经通过非正式渠道安置从孟加拉国返回若开邦的 177 名罗兴亚难民，其中包括 106 名男性和 71 名女性，主要方式是搬回家中或被安

---

①　《缅甸政府将对杀害 10 名穆斯林村民的军人采取措施》，《伊洛瓦底新闻》2018 年 2 月 12 日，https://burma. irrawaddy. com/news/2018/02/12/162324. html。

②　《孟都镇区特别法庭正式宣布 4 名恐怖袭击涉案人员被宣判死刑》，《伊洛瓦底新闻》2018 年 2 月 23 日，https://burma. irrawaddy. com/news/2018/02/23/162758. html。

③　《缅甸内政部部长觉瑞会见孟加拉国官员，讨论缅孟边界等问题》，《缅甸时报》（英文版）2018 年 2 月 16 日，https://www. mmtimes. com/news. 124473. html。

④　《若开移民安置工作委员会举行第一次协调会议》，《缅甸新光报》（缅文版）2018 年 9 月 4 日，http://www. moi. gov. mm/npe/mal/? q = content/4 – sep – 18。

⑤　《社会福利与救济安置部部长温妙埃表示缅方已经准备好接收第一批逃缅入孟人员》，《缅甸新光报》（缅文版），2018 年 2 月 24 日，http://www. moi. gov. mm/npe/mal/? q = content/27 – feb – 18。

⑥　《缅甸当局就缅孟边境联合遣返与辨识解决非法定居问题举办新闻发布会》，《缅甸新光报》（缅文版）2018 年 3 月 15 日，https://www. moi. gov. mm/npe/mal/? q = content/15 – mar – 18。

置在他们亲戚的村庄。[1]

五是加强当地基础设施建设，发展当地经济。2月22日，内政部副部长吴昂梭少将对议会表示，内政部将用200亿缅元修建缅孟边境防护栏，该项目将由国家总统预算应急基金支持。联邦灾害管理局局长吴觉敏3月10日表示，若开邦灾害管理局计划再在若开地区修建26个飓风避难所。他表示，修建工作将用时5~6个月，修建好后，若开地区飓风避难所将达到52个。[2] 若开邦行政长官吴尼布在10月7日若开第二期政务发布会上表示，在若开的和平与发展方面需要优先考虑安全和保障，同时当地政府正在鼓励社会对当地农业和畜牧业进行投资，并强调当地政府计划在貌多镇建造1503所安置房屋，并已建造了478所房屋，建筑工程由联邦政府、省邦政府、非政府组织和国际机构资助。[3]

3. 国际社会援助情况

为恢复若开邦稳定，妥善处理和安置难民，消除国际指控带来的不利影响，缅甸政府采取了一系列措施，并希望国际社会能够帮助改善当地形势。

与联合国签署谅解备忘录（MOU）。6月7日，缅甸国务资政府部发布消息称，缅甸政府与联合国机构签署了有关援助若开地区流离失所者返回的谅解备忘录，该MOU已于2018年5月31日正式生效。联合国将支持缅孟两国在2017年11月23日签署的《关于遣返若开流离失所者返回的协议》。联合国难民事务高级专员将基于MOU支持缅甸政府做出关于拟安置目的地的评估，支持所有族群和谐共处；联合国开发计划署将为拟安置目的地提供促进有关民众恢复正常生活和生产的发展项目。[4] 缅甸与联合国曾

---

① 《对返回若开邦的罗兴亚难民进行安置》，《缅甸新光报》（缅文版）2018年10月18日，https：//www. moi. gov. mm/npe/mal/？ q = content/18 – oct – 18。
② 《若开邦灾害管理局计划再在若开地区修建26个飓风避难所》，《缅甸新光报》（缅文版）2018年3月11日，http：//www. moi. gov. mm/npe/mal/？ q = content/11 – mar – 18。
③ 《若开邦行政长官吴尼布在若开政务发布会上致辞》，《缅甸新光报》（缅文版）2018年10月18日，http：//www. moi. gov. mm/npe/mal/？ q = content/18 – oct – 18。
④ 《缅甸外交部常务秘书吴敏杜一行赴孟加拉国达卡参加第二届遣返被识别难民（VDP）联合工作小组会议》，《缅甸新光报》（缅文版）2018年5月18日，http：//www. moi. gov. mm/npe/mal/？ q = content/18 – may – 18。

在 1993 年签署过 MOU，为缅甸和孟加拉国合作遣返 23 万名流离失所者提供援助。

东盟的支持。8 月 1 日至 4 日，第五十一届东盟外长会议及相关部长级会议在新加坡召开，缅甸国际合作部部长吴觉丁率领的缅甸代表团出席了东盟外长会议和相关部长级会议。第五十一届东盟外长会议发表联合公报称，东盟外长将继续支持缅甸政府对若开邦实施的人道主义帮助计划，欢迎缅甸为落实谅解备忘录建立工作组，认可在以科菲·安南为首的委员会的建议下获得的工作进展，欢迎缅甸成立独立调查委员会。东盟外长一致表示，将积极支持缅甸政府为若开邦长期平稳发展、法治、社会和解做出的工作。①

其他国家的表态。6 月 9 日，缅甸国家媒体《缅甸新光报》发布新闻称，各外国政府欢迎缅甸政府建立若开事务相关委员会、与联合国签署 MOU 等。在新闻内容中，中国外交部表示，中方欢迎有关方面签署的 MOU，这表明各方致力于合作、通过对话和合作解决问题。中方希望缅甸政府与联合国有关机构密切联系，尽快推进相应进程。作为缅甸和孟加拉国的近邻，中方致力于在若开问题上扮演积极角色，中方将继续促进双边对话，以促进若开持久稳定，实现繁荣发展。② 日本外务大臣称，日方欢迎缅方的积极进步，2 月 23 日，日本政府与联合国机构在内比都签署换文，根据换文，"若开人道主义形势项目"将得到 11 亿日元援助，该项目致力于改善地区稳定和人道主义形势，加强对受灾害影响的人员尤其是妇女儿童的卫生教育。③ 法国大使馆发布声明称，欢迎签署 MOU 事宜。印度总统在 12 月 11 日访缅时表示，两国在难民问题上有密切的联系，印方也对缅方予以理解和支持，其间举行了印度援助若开难民物资转交仪式，并为若开邦难民捐赠了 250 间易装板房。

路透社 9 月 25 日报道，美国驻联合国大使妮基·黑莉在英国主办的一

---

① 《缅甸国际合作部部长吴觉丁率团参加第 51 届东盟外交部部长会议》，《缅甸新光报》（缅文版）2018 年 8 月 6 日，https://www.moi.gov.mm/npe/mal/？q = content/6 – aug – 18。

② 《国际社会欢迎缅甸与联合国签署有关若开邦问题的谅解备忘录》，《缅甸新光报》（缅文版）2018 年 6 月 8 日，http://www.moi.gov.mm/npe/mal/？q = content/8 – jun – 18。

③ 《日本政府与联合国机构就援助缅甸若开项目达成一致》，《缅甸新光报》（缅文版）2018 年 2 月 23 日，http://www.moi.gov.mm/npe/mal/？q = content/23 – feb – 18。

场关于若开罗兴亚危机的部长级会议上谈到，美国对孟加拉国和缅甸罗兴亚穆斯林难民的援助将增加一倍。黑莉在一份声明中说，美国将额外拨款1.85亿美元，并将其中1.56亿美元捐给孟加拉国的难民和收容社区；在2017年他们为难民提供的人道主义援助总额接近3.89亿美元。黑莉还提出："我们将继续呼吁缅甸政府采取更多措施，让那些从事种族清洗的人对其暴行负责，结束暴力并允许充分的人道主义援助和新闻自由进入缅甸，""虽然美国很慷慨，但我们只会对那些与我们有共同价值观的人慷慨、对那些想与我们合作的人慷慨，而不是对那些试图阻止美国或者说他们讨厌美国并最终适得其反的人慷慨。"[①]

对于国际社会的援助，缅甸政府的心态是矛盾的。一方面，庞大的难民人数、复杂的安置工作，使缅甸政府需要国际社会的援助；另一方面，缅甸政府认为一些国际上的非政府组织（NGO）甚至联合国的一些机构以援助为名，进入若开地区打探消息，回去后就发布"种族清洗"的指责，或是与当地罗兴亚人建立联系，也担心部分援助物资流到恐怖分子手中，比如缅甸政府曾在恐怖分子营地发现带有联合国难民署标记的救援物资。

二 西方国家对缅甸持续施压

1. 西方国家对缅甸施压手段

2018年，西方国家持续采取多种手段对缅甸施加压力，主要以缅甸政府和军队违反新闻自由、侵犯人权或涉嫌对罗兴亚人实行"种族清洗"等为由。

第一，接连撤销昂山素季此前获得的多项荣誉。2018年3月3日，苏格兰邓迪市议员克里斯·劳尔要求邓迪市政府收回2008年颁发给缅甸国务资政昂山素季的"邓迪市荣誉市民"称号，其主要原因是缅甸拒绝给要到若开邦视察的英国议会代表团签证。[②] 3月7日，美国大屠杀纪念馆正式撤回于2012年颁发给昂山素季的"埃利·维瑟尔人权奖"，以示对昂山素季

---

① 《路透社报道美国对罗兴亚人的援助几乎增加了一倍》，《伊洛瓦底新闻》2018年9月26日，https://burma.irrawaddy.com/news/2018/09/26/163694.html。

② 《苏格兰邓迪市议员提议收回颁发给杜昂山素季的邓迪市荣誉市民》，BBC缅甸新闻网，2018年3月4日，http://www.bbc.com/burmese/burma-48666941。

无法改善若开邦糟糕的人权状况的抗议。① 8 月 21 日，英国爱丁堡市宣布撤回授予昂山素季的"爱丁堡荣誉市民"称号，理由是昂山素季在若开邦北部穆斯林族群遭到恐怖袭击的问题上处理方式有欠缺。② 11 月 12 日，"大赦国际"正式宣布撤销曾授予昂山素季的"良心大使奖"。借罗兴亚人问题，西方人权机构接连通过撤回"荣誉奖项"向昂山素季施压。2017 年 8 月罗兴亚危机爆发至今，昂山素季已有数个"荣誉奖项"被撤回。此外，2018 年 1 月 10 日，保护记者委员会（CPJ）宣布授予昂山素季"新闻自由最大的倒退者奖"，并将其排在第一位。③

第二，对缅甸高级军官实行新的制裁。2018 年，美国、英国、欧盟、法国、加拿大等西方国家和组织相继宣布中止对缅甸军方的培训援助。2018 年 1 月初，缅甸投资委员会秘书长吴昂乃乌表示，因若开邦事件，欧盟单方面决定暂缓同缅甸签署投资保护协定。投资保护协定原本应于 2017 年 12 月签署，因投资保护协定暂缓签署，预计欧盟企业未来几年不会进入缅甸。④ 6 月 25 日，欧洲理事会宣布对缅甸第 3 特战总局局长昂觉佐、西部军区原司令貌貌梭、第 99 机动师师长丹乌、第 33 机动师师长昂昂和第 15 野战旅旅长钦貌梭等 5 名缅军军官，以及边防警局局长杜雅山伦、第 8 安全警局局长丹辛乌实施制裁，冻结其在欧盟境内的所有资产并限制其出入欧盟。⑤ 8 月 17 日，美国财政部宣布对昂觉佐、钦貌梭、钦莱、杜雅山伦等 4 名缅军将领以及第 33 机动师和第 99 机动师实施制裁。⑥ 8 月 27 日，Facebook 发布

---

① 《美国大屠杀纪念馆撤销杜昂山素季的埃利·维瑟尔人权奖》，伊洛瓦底新闻网，2018 年 3 月 28 日，https://www.irrawaddy.com/category/news/the-unted-states-has-rewked-ASSK-award.html。

② 《杜昂山素季的爱丁堡荣誉市民被撤回》，BBC 缅甸新闻网，2018 年 8 月 22 日，http://www.bbc.com/burmese/burma - 486758。

③ 《保护记者委员会授予杜昂山素季"新闻自由最大的倒退者奖"》，BBC 缅甸新闻网，2018 年 1 月 14 日，http://www.bbc.com/burmese/burma - 485941。

④ 《欧盟决定暂缓同缅甸签署投资保护协定》，《缅甸时报》2018 年 1 月 8 日，http://myanmav.mmtimes.com/news/105703.html。

⑤ 《欧盟发布制裁缅军名单》，BBC 缅甸新闻网，2018 年 6 月 26 日，http://www.bbc.com/burmese/burma - 486372。

⑥ 《美国财政部宣布对 4 名缅军将领以及第 33 机动师和第 99 机动师实施制裁》，BBC 缅甸新闻网，2018 年 8 月 18 日，http://www.bbc.com/burmese/burma - 486798。

官方公告称，查封国防军总司令敏昂莱、国防军总司令部、军方媒体妙瓦底新闻网站等 18 个账户、52 个主页，其中要永久地、彻底地关闭敏昂莱的个人账户。① 10 月 18 日，瑞士宣布对在缅甸境内侵犯人权的 7 名缅甸军事和安全部队高级成员实施资产冻结和旅行禁令，人员与 6 月欧盟实施的制裁中列出的 7 个人名相同。②

第三，推动国际刑事法院对涉及罗兴亚人问题的缅甸军官进行审讯。6 月 21 日，国际刑事法院提出将对缅甸罗兴亚人遭到迫害一事进行审理，要求缅甸政府在 7 月 27 日之前对法院的起诉给予回应。缅甸总统府发言人吴佐泰表示，缅甸不是国际刑事法院的成员国，其无法对缅甸进行控诉，因此缅甸方面不必给予回应。③ 9 月，国际刑事法院预审第 1 分庭宣布可以对罗兴亚人被迫逃至孟加拉国事件行使管辖权，缅甸政府又立即反对这一决定，但包括联合国人权事务专员米歇尔·巴切莱特在内的西方人士对该决定表示支持，甚至呼吁建立新的准司法机构，收集缅甸政府和军队在罗兴亚人问题上的犯罪证据。8 月 27 日，联合国独立国际实况调查团发布了长达 441 页的关于缅甸人权问题的调查报告。该报告指出，必须对涉嫌"种族灭绝罪"、"危害人类罪"或"战争罪"的包括总司令敏昂莱大将在内的高级军官，进行调查和起诉。该报告还批评国务资政昂山素季没有利用她作为政府首脑的职责或道德权威来阻止正在若开邦发生的事件，独立调查委员会主席达鲁斯曼随后要求敏昂莱立即下台。④

第四，推动联合国颁布关于罗兴亚人的报告。2018 年 2 月 14 日，美国驻联合国大使呼吁联合国秘书长任命特使调查缅军在若开邦的"残酷野蛮"行为。3 月 23 日，联合国人权委员会在日内瓦举行第 37 次例行会议，就欧

① 《Facebook 查封缅甸国防军总司令敏昂莱等人的账户》，伊洛瓦底新闻网，2018 年 8 月 28 日，https://www.irrawaddy.com/category/news/facebook-attached-min-aung-hlaing-account.html。
② 《瑞士对在缅甸侵犯人权的 7 名缅甸军事和安全部队高级成员实施资产冻结和旅行禁令》，伊洛瓦底新闻网，2018 年 10 月 18 日，https://www.irrawaddy.com/category/news/switzerland-has-frozen-the-assets-of-burmese-military-officers.html。
③ 《保护记者委员会授予杜昂山素季"新闻自由最大的倒退者奖"》，BBC 缅甸新闻网，2018 年 6 月 23 日，http://www.bbc.com/burmese/burma - 486337。
④ 《联合国真相调查团就缅甸若开邦事件发布调查报告》，《缅甸新光报》（缅文版）2018 年 8 月 29 日，https://www.moi.gov.mm/npe/mal/？q = content/29 - aug - 18。

盟提交的有关缅甸人权状况的决议草案进行讨论和表决，最终有 32 票赞成、10 票弃权、5 票反对。5 月 8 日，由美英法主持起草的罗兴亚人问题决议草案，要求"对若开邦事件进行正式调查"，"对相关责任人进行处理"，中国不同意这两项意见，并建议"从根源上解决罗兴亚人问题"，"用发展的方式来解决若开邦问题"，但美英法三国否定了中国的修改意见。[①] 10 月 24 日，联合国安理会在联合国总部纽约举行了关于缅甸若开邦问题调查的通报会，对此，缅甸常驻联合国代表发表声明称，反对这种不公正和滥用安理会职权做法的行为。[②]

此外，12 月 13 日，美国众议院以 394 比 1 的压倒性票数通过了缅甸的"种族灭绝"罪名决议，之前的表述是"种族清洗"。[③] 这一情况可能带来新的变化，美国国会的决议可能促使美国总统采取更加严厉的对缅甸或缅军的制裁措施。

2. 西方国家持续对缅甸施压的原因

从目前西方国家的态度及处理方式来看，西方国家对缅甸的施压尤其是对缅甸军方的制裁会持续下去，缅甸的外交处境堪忧。西方国家对缅甸施压的原因主要有以下几点。

第一，认为缅甸的政治转型未达到其预期。西方国家普遍把禁止军人干政作为缅甸政治转型的核心标志。民盟执政以来，从缅甸国内政治的实际出发，在处理与军方关系时采取了相对克制的态度，没有公开谴责军方在处置罗兴亚人问题时的一些过激行动，在国际社会的指责和压力面前，"团结一致对外"，这和西方国家的预期有较大差距。甚至，联合国真相调查委员会的报告认为缅甸的转型陷入了停滞。

第二，对民盟政府选择的外交路径不满。美国等西方国家长期推动缅甸的政治转型，一方面是为了输出其价值观和政治体制，另一方面也是从

---

① 《由美、英、法支持的一份"罗兴亚"问题决议草稿在安理会成员国中传阅》，《伊洛瓦底新闻》2018 年 5 月 9 日，https://burma. irrawaddy. com/news/2018/05/09/142573. html。

② 《人权理事会对国际实况调查团通报会于联合国总部举行》《缅甸新光报》（缅文版）2018 年 10 月 26 日，https://www. moi. gov. mm/npe/mal/？ q = content/26 – oct – 18。

③ 《美国众议院通过决议宣布缅甸对罗兴亚穆斯林犯下的罪行构成种族灭绝》，搜狐网，2018 年 12 月 14 日，http://www. sohu. com/a/281767893_656058。

地缘政治的角度出发，阻止中国与缅甸有更深度的合作。但是民盟政府上台后，对华采取了务实的合作态度，两国关系的密切程度在很多方面超过了吴登盛政府时期。目前美国试图遏制中国的态势越来越明显，自然不乐意缅甸与中国越走越近。

第三，西方国家在人权问题上的偏见。罗兴亚人的命运是值得同情的，但是西方国家对居住在若开邦的若开人以及印度教徒的权益采取了视而不见的态度。正如缅甸国家安全顾问吴当吞在新加坡6月1日至3日举行的亚洲安全峰会上表示的，若开地区的穆斯林群体遭受了灾难，但是佛教徒、印度教徒和其他族群也没少遭罪。① 另外，若开邦的局势是2017年8月25日"罗兴亚救世军"发动恐怖袭击之后才恶化的，但是西方国家忽略这个事实，只谴责缅军反击时涉嫌"种族清洗"。

三 缅甸各方在若开问题上的态度和认知

每一次涉及罗兴亚人问题，都会对缅甸政府和主体民族缅族造成困扰，这条"高压线"是谁都不愿意去触碰的。在若开问题上，面对国际社会的压力，缅甸各方对此问题的认知和立场是高度统一的。

1. 民盟政府的态度

民盟政府虽备感压力，但对于西方国家的指责仍然态度坚决、抗议西方国家指控、抵制联合国决议。2018年3月8日，缅甸联邦政府办公室部部长吴当吞在日内瓦召开的联合国人权理事会第37届大会上发表了名为《理解缅甸：和解与和平的努力》的讲话，反驳了国际社会在缅甸政府处理若开问题上提出的"种族清洗"指控。吴当吞强调，长期以来争取自由和人权的缅甸领导人永远不会容忍任何被解释为"种族清洗"或"种族灭绝"的言论。② 3月12日，缅甸驻联合国代表吴廷林在联合国人权理事会第37届大会上发表了关于缅甸人权局势的声明，以回应此前联合国缅甸人权特

---

① 《缅甸国家安全顾问呼吁国际社会更客观地看待若开邦的情况》，《缅甸新光报》（缅文版）2018年6月5日，https://www.moi.gov.mm/npe/mal/? q = content/5 - jun - 18。

② 《缅甸联邦政府办公室吴当吞部长否认缅甸在若开邦存在"种族清洗"》，《缅甸新光报》（缅文版）2018年3月9日，https://www.moi.gov.mm/npe/mal/? q = content/9 - mar - 18。

使李亮喜的口头声明。吴廷林表示，若开形势因恐怖主义而受到诸多影响，"罗兴亚救世军"的行为严重影响到人民，地区需要维持安全、恢复秩序。国务资政昂山素季长期致力于促进自由、民主和人权，因为她不回应联合国的指责，就断言她违背了人权原则，缅甸政府和领导人绝对不会容忍这样的指责。吴廷林强调，缅甸对任何有证据的暴行都已经做好了采取行动的准备，肇事的军官和人士已经被处罚，这都是在履职尽责。缅甸会与任何理解缅甸实际情况的国际组织合作，但主要目的应该是找到持久解决方法，而不是煽动冲突。缅甸政府已经做好准备与（新）特使在缅甸人权问题上合作，努力为若开邦安置、重建和发展开展合作，希望国际社会能够帮助改善当地形势。[①]

面对来自西方的越来越大的压力，民盟也进行了有限的让步，比如在2018年主动成立若开事务独立调查委员会，这个委员会包括两名外国人以及两名缅甸人，分别是菲律宾前外交部副部长罗沙里欧·马纳罗、日本常驻联合国代表大岛贤三、缅甸宪法法庭前主席吴妙登，以及 UEHRD 总协调员昂吞德。

2. 军方的态度

军方在若开问题的对外立场上，与民盟政府是一致的，依然强硬。敏昂莱针对 9 月联合国独立国际实况调查团的报告首次公开评论道："缅甸是遵守联合国协议的，""各个国家有不同的标准和规范，任何其他国家、组织或团体都无权干涉一个主权国家做出的决定。"在评论中，敏昂莱表示"宾格力人"必须根据缅甸 1982 年的《公民身份法》"接受审查"，"法律限制的是那些不是正式法定族群成员的罗兴亚人的公民身份"。2018 年 3 月15 日，与军方有渊源的巩发党在内比都举行的新闻发布会上表示，政府实行严格的难民接收审核程序，是为了保护本国人民的利益。巩发党主席吴丹泰 3 月 18 日在内比都与其支持者会面时表示，巩发党并不介意被贴上"民族主义者"的标签，因为该党本就是致力于服务国家利益的，他说：

---

① 《缅甸驻联合国常务代表吴廷林在联合国第 37 届人权理事会大会上发表关于缅甸人权局势的声明》，BBC 缅甸新闻网，2018 年 3 月 13 日，http://www.bbc.com/burmese/burma - 4866967。

"我们党必须保护和促进 135 个民族的利益，我们绝不会背叛国家利益，我们不会让我们的信仰受到侵蚀。"①

军方与政府在相关工作上协调合作。昂山素季曾在 2018 年 1 月 12 日的新闻发布会上公开赞扬缅甸国防军，她表示，国防军就 10 名"宾格力人"被杀害一事进行实地调查，并宣布依法追究牵涉此案的安全部队成员和茵丁村村民的责任。此举是提醒任何人今后避免非法行为，表明国防军为建设法治国家做出了突出贡献。② 6 月 8 日，国防与安全委员会 11 名成员在内比都召开关于若开问题的军政协调会议，主要讨论政府与联合国有关部门合作遣返难民、组建相关调查委员会，以及近期在新加坡举行的香格里拉安全会议、边境安全问题等。这是吴温敏总统上台后的第一次军政协调会议，也是民盟执政以来第二次召开此类会议。③

尽管如此，双方在具体问题上仍有摩擦。2018 年 4 月 24 日，巩发党召开新闻发布会，就民盟政府给罗兴亚人发放公民身份资格卡一事表示谴责，巩发党指出，"以透明的方式指出哪些限制将被放宽"，将致使"国家的安全与法治面临严重风险"。4 月 27 日，巩发党再次集结 30 余个政党就民盟政府给罗兴亚人发放公民身份资格卡一事召开会议，并向缅甸总统吴温敏发送反对公开信。5 月 7 日，100 余名缅甸巩发党成员与民众聚集在内比都巩发党办公室门口，就近期民盟政府为罗兴亚人发放公民身份资格卡一事举行抗议活动。抗议组织者称，发放公民身份资格卡并给予持该卡者在全国自由来往的权利是会使"国家的安全与法治面临严重风险"的做法。④ 此外，8 月 6 日，巩发党等 22 个政党发表联合声明称，坚决反对政府成立由外国人主导的若开事务独立调查委员会来干涉缅甸内政。声明中指出，民众不接受联合国实情调查委员会前来若开邦进行调查，但独立调查委员会

---

① 《巩发党在内比都举办新闻发布会》，《缅甸新光报》（缅文版）2018 年 3 月 16 日，https://www. moi. gov. mm/npe/mal/？q = content/16 - mar - 18。

② 《杜昂山素季赞扬缅甸国防军的责任与担当》，伊洛瓦底新闻网，2018 年 1 月 13 日，https://www. irrawaddy. com/category/news/assk-prasisel-the-thatmataw. html。

③ 《国防与安全委员会成员在内比都召开关于若开问题的军政协调会议》，《缅甸新光报》（缅文版）2018 年 6 月 9 日，http://www. moi. gov. mm/npe/mal/？q = content/9 - jun - 18。

④ 《巩发党成员就近期民盟政府为罗兴亚人发放公民待查证一事举行抗议活动》，伊洛瓦底新闻网，2018 年 5 月 8 日，https://www. irrawaddy. com/category/news/usdp-hold-a-protest. html。

肯定比实情调查委员会厉害，会在政府的同意下，利用权威擅自行事。声明中表示，政党不接受直接或间接损害国家主权完整、损害国家法治和安全的任何机构，坚决反对专门成立由外国人领导的委员会干涉缅甸内政。①

3. 社会民众的认知

对于若开问题，除了民盟政府和军方，缅甸非穆斯林的认知和立场也是统一的，无论是若开非穆斯林，还是社会舆论，甚至缅甸学者的分析，都是一种统一的声音——希望国际社会能给予缅甸更多自主解决若开问题的空间。

若开本地非穆斯林谈起罗兴亚人是恐慌的，一位若开人在与笔者谈及罗兴亚人问题时，情绪激动地表示非常担忧生存资源被抢占。缅甸学者对此做出了相对理性的分析。

其一，从历史的角度看，罗兴亚人大规模进入致使缅甸拒绝接收这一群体。缅甸独立后，曾试图给予一些世代居于若开地区的罗兴亚人公民权，但大量孟加拉国人偷渡入境，导致缅甸政府不堪重负，难以接收。另外，罗兴亚人在缅孟边境的流动还有一个特点，每当缅甸政府清查非法入境人员时，罗兴亚人就逃到孟加拉国，待缅甸政府迫于国际社会压力接收他们时，返回的难民人数往往高于逃出去的人数。缅甸学者认为，现在发生在缅孟边境的难民危机，模式与以往如出一辙。

其二，从国际政治的角度看，西方国家利用罗兴亚人问题为其服务。美国想借此机会向国际社会展现其尊重伊斯兰教、保护人权的形象。

结　语

西方国家利用罗兴亚人问题对缅甸政府施压，民盟政府对目前的执政危机也有了清醒的认识，团结国内力量，相继推出了一系列措施，但缅甸罗兴亚人问题的历史复杂，这一问题在短时间内仍然无法解决。目前，军

---

① 《巩发党等22个政党反对政府成立由外国人主导的若开事务独立调查委员会》，巩发党Facebook账号，2018年8月6日。

方和民盟政府在这一问题上与国际社会坚持对立，内部团结一致，从而赢得了这一问题在国内的喘息空间。但缅甸的政治生态仍然脆弱，按照西方国家的方式无法从根本上解决问题。缅甸若开问题要实现标本兼治，必须通过发展来促进和平。

专题报告

Special Topics

B.4 缅甸罗兴亚人问题的视角分歧与危机*

张 添**

摘 要 对罗兴亚人问题的研究，因对其族群的产生、概念和境遇的分歧而产生不同视角下的见解，这些见解不仅没有厘清罗兴亚人的来龙去脉，还因异视角的碰撞而产生新的冲突，使得罗兴亚人问题在"缅甸之春"与"若开之冬"的语境下激化成 2012～2013 年和 2016～2017 年的两轮冲突。冲突的症结在于，歧异视角促使缅甸国内"穆斯林恐惧症"情绪高涨，与罗兴亚人及其国际支持者进行压力对抗，但罗兴亚人孜孜以求的"生存空间"没有得到相应改善。在歧异状态下，罗兴亚人问题虽然有所缓解，但其前景仍堪忧。

关键词 缅甸 罗兴亚人问题 若开邦

罗兴亚人问题是涉及缅甸内政、外交，影响缅甸稳定及发展的一个问题，其实质是族际问题。人们在普遍关注罗兴亚人的来龙去脉及该何去何

---

* 本文为云南省哲学社会科学研究基地课题"缅甸罗兴亚人问题对我国周边安全的影响和对策研究"（项目编号：JD2018YB20）阶段性成果。

** 张添，云南大学缅甸研究院助理研究员，主要研究方向为缅甸政治与族群问题。

从时，受不同来源素材的影响，会不自觉地站在某个立场上，这些立场往往有较大的歧异性。在缅甸主流族群坚决拒绝承认并接纳该族群的情况下，该群体以惊人的数量增长，且逐步建立了统一的内部认同，得到国际人权组织和众多国家，尤其是西方国家和伊斯兰国家的同情与支持。为更客观全面地认知该族群，以提出更为行之有效的对策，有必要从不同视角了解该群体的状况，经辨别而获得相对真实的信息。本文拟从不同视角出发，梳理对罗兴亚人的产生、词义和境遇的分歧，分析异视角碰撞下的罗兴亚人问题的现状和趋势，并从不同视角解读其症结所在。

一　罗兴亚人问题概况与有关文献梳理

罗兴亚人①是缅孟边境地区的一个跨境穆斯林群体，自称是阿拉伯人、阿富汗人和波斯等地区穆斯林的移民后裔。根据 2014 年缅甸人口普查的结果，缅甸若开地区人口 319 万，其中有 109 万人资料缺失②，这 109 万人便被认为是遭缅甸政府"抹除"了公民身份的罗兴亚人。据统计，全球罗兴亚人人口在 150 万~200 万不等。③ 但也有消息称，目前因 2016~2017 年极端暴力事件，70 万人流离失所，前往孟加拉国，使该国罗兴亚人达到 94.7 万人，缅甸国内剩余约 40 万人，另在沙特有近 50 万人，阿联酋 5 万人，巴基斯坦 35 万人，印度 4 万人，马来西亚 15 万人，泰国 5000 人，印度尼西亚 1000 人，加起来已近 250 万人。④ 另外，该群体还被报道称流亡于日本、尼泊尔、加拿大、爱尔兰、斯里兰卡等地，由于流散性强，其人口真实数量仍待考证。

---

① 缅甸官方和民间都不认可存在"罗兴亚"这个民族，并认为应该称其为"宾格力人"（有孟加拉国人之意），但本文为明确问题所在及行文方便，后文均采用"罗兴亚"这样的说法。

② Department of Population Ministry of Immigration and Population, "The 2014 Myanmar Population and Housing Census, Highlights of the Main Results", *Census Report Volume*2 - A, May 2015.

③ Mathieson David, "Perilous Plight: Burma's Rohingya Take to the Seas", *Human Rights Watch*, 2009, p. 3; Mahmood, Wroe, Fuller, "Leaning, The Rohingya People of Myanmar: Health, Human Rights, and Identity", *Lancet*, 2016, pp. 1 - 10.

④ "Spread of Rohingya Inside and Outside Myanmar", *The Arakan Project*, October 2017; "Myanmar Rohingya: What You Need to Know About the Crisis", BBC, April 24, 2018, https://www.bbc.com/news/world-asia-41566561, Available on September 9, 2018.

　　罗兴亚人问题，特指对罗兴亚人身份认定争议问题及其引发的一系列矛盾冲突。有关身份认定争议问题包括罗兴亚人是否具有缅甸或其他任一国民族身份、罗兴亚难民的国际法认定等；有关矛盾冲突包括缅甸境内佛教徒与穆斯林冲突、跨境犯罪、恐怖主义、难民接收国与遣返国矛盾、国际介入与缅甸主权冲突等。缅甸官方和民间拒绝承认和使用"罗兴亚人"（Rohingya）一词，认为这些人是来自孟加拉国的非法移民，称之为"宾格力人"（Bengali）。

　　对缅甸罗兴亚人问题的研究可追溯至 20 世纪 70 年代，早期研究对"罗兴亚"的提法较为谨慎，也没有明显的异视角研究。马哈耶尼（Mahajani）与苏古莫伊（Chakravarti）在阐述若开问题时均提到问题的历史根源——当地人对殖民时期开始的非法移民的排斥，并将穆斯林移民以"印度移民"的方式提及。[1] 耶格（Moshe Yegar）在研究缅甸的穆斯林运动时，则将其描述为"一个有分裂主义倾向的穆斯林少数民族"。[2] 1977～1978 年穆斯林难民危机后，弗莱什曼（Klaus Fleischmann）阐述了缅甸若开北部的非法移民冲突，但对冲突双方的界定是"若开佛教徒"和"穆斯林孟加拉国人"。[3]

　　随着罗兴亚人问题在 20 世纪 90 年代逐步凸显，对罗兴亚人的研究开始出现多元视角的分化。首先，基于罗兴亚人民族合法性的论证，一些穆斯林学者（尤其是罗兴亚学者）致力于梳理罗兴亚人形成的历史。1999 年，穆斯林学者吉拉尼（Jilani）将"罗兴亚人之父"——萨伊尔·巴达（Tahi Ba Tha）的文章 *Ruihaṅgyānhaṅ. Kaman lūmyuihcu myāḥ*（罗兴亚语[4]）翻译

---

[1]　NaliniRanjan Chakravarti, *The Indian Minority in Burma*：*The Rise and Decline of an Immigrant Community*, Oxford University Press for the Institute of Race Relations, London, 1971. Usha Mahajani, *The Role of Indian Minorities in Burma and Malaya*, Bombay：Vora, 1960.

[2]　Moshe Yegar, *The Muslims of Burma*, Wiesbaden, Germany：Harassowitz, 1972.

[3]　Klaus Fleischmann, *Arakan*, *Konfliktregion Zwischen Birma und Bangladesh*：*Vorgeschichte und Folgen des Flüchtlingsstroms von 1978*, Vol. 121, Institut Fur Asienkunde, 1981, p. 165.

[4]　关于罗兴亚人是否有自己的语言是存在争议的，缅甸学者指出其语言同孟加拉国吉大港方言（Chittagonian language）大同小异，但自罗兴亚学者 E. M. Siddique Basu 在 1999 年利用罗马字母将罗兴亚人所用语言简化，并详细阐述字母、拼读、语法、语用等规则，该语言已经得到了国际民族语学专业机构美国 SIL 国际的认证，予其 ISO 639 - 3 代号（罗马字母 LHG），将其定位为印度—雅利安语族东部语支孟加拉—阿萨姆语支下属，文字定位为"哈乃斐罗兴亚文字"。见 M. Paul Lewis, *Ethnologue*：*Languages of the World* Sixteenth edition, Dallas, Tex.；SIL International, 2009。

成英文并以《缅甸罗兴亚人与卡曼人简史》为名发表①，该书较为详细地介绍了罗兴亚人形成的历史概况及民族名称的来源，被罗兴亚人精英视为其族群的纲领性文本。随后，罗兴亚团结组织（RSO）创立者穆罕默德·尤纳斯（Mohammad Yunus）发表了名为《阿拉干的历史及现状》的代表作。② 在1990年大选中赢得席位的穆斯林作家吴觉明（U Kyaw Min，又名Abu Anin）则用缅文书写了《被隐藏的阿拉干历史之章》和《罗兴亚历史揭秘》。这几本历史书的内容囊括了8世纪以来的罗兴亚人族群建构史，吴觉明还提到了"罗兴亚认同"与"罗兴亚正统性"。③ 流亡日本的罗兴亚组织代表左敏杜（Zaw Min Htut）则用英文撰写了《缅甸联邦与若开族》和《人权及对罗兴亚人歧视》并分别于2001年和2003年在东京发表，其作品不仅将罗兴亚人的"辉煌史"与被殖民者和缅甸主体民族"迫害"的"被害史"同时展示，还结合了散文、杂文和议论文的形式，对海外罗兴亚人族群意识的建构发挥了不可小觑的作用，同时后书中引用的各类《致XX组织的书信》，也表明罗兴亚人一直在努力呼吁国际社会加强对该族群的关注。④

其次，以缅族学者为代表的缅甸群体对罗兴亚人所梳理的历史进行了批判，与后者进行着民族建构与反建构方面的博弈。这些学者对若开历史的论述，旨在表达"罗兴亚人"在若开历史上并不存在，并质疑罗兴亚人所建构的"罗兴亚人历史"为子虚乌有，强调其"带有阴谋"。钦貌梭在1993年发表的文章中指出，"罗兴亚人"完全是穆斯林政治反对派捏造出来的一个词语，并反驳了流传于罗兴亚人历史中的几个事件，强调其"非法

---

① Ahmed F. K. Jilani, *A Short History of Rohingyas and Kamans of Burma*, Chittagong, Bangladesh：Institute of Arakan Studies, 1999.

② Mohammad Yunus, *A History of Arakan Past and Present*, Chittagong, Bangladesh：Magenta Colour, 1994.

③ 这几本书基本都是"自版"的，见 U Kyaw Min, *A Glimpse Into the Hidden Chapters of Arakan History*, Yangon：Khin Ma Khyo, 2013；U Kyaw Min, Ruihaṅgyāsamuiṅkui chan. cackhraṅḥ(*Examination of Rohingya History*), Yangon：KyawSo Aung, 2015。

④ Zaw Min Htut, *Union of Burma and Ethnic Rohingyas*, Tokyo：Maruyama, 2001；Zaw Min Htut, *Human Rights Abuse and Discrimination on Rohingyas*, Japan：Burmese Rohingya Association, 2003.

移民的本质"。① 瑞赞和埃昌在 2005 年以英缅双语撰写的册子中，同样强调了罗兴亚人问题是"非法移民"的结果，并将该群体比喻成"涌入的病毒"，同时着重勾勒了穆斯林"人口膨胀"的问题，认为其"罗兴亚人认同"有阴谋论的色彩。② 敏登在其 2013 年被翻译成中文的稿件中，梳理了自若开王朝到 1988 年后的罗兴亚人独立活动，否认了罗兴亚人在缅甸的历史存在，同时着重描写了罗兴亚人对缅甸的危害性。③

　　最后，包括孟加拉国学者在内的其他一些学者，虽然在研究罗兴亚人问题时涉及多视角研究，但大多数时候站在罗兴亚人的立场，并更多涉及对孟加拉国本身的关切。拉赫曼（Utpala Rahman）和丁丽兴就指出，在人们关注罗兴亚人如何被驱赶及其人道主义危机时，也应当关注数次接受难民的孟加拉国的内部安全困境。④ 2013 年，帕尼尼（Parnini）在《穆斯林少数族群罗兴亚人危机与缅孟关系》一文中，更是指责缅甸政府驱逐罗兴亚人的行为导致缅孟关系中非传统安全危机的上升，并呼吁将解决该问题作为缅孟关系中的重要部分来看待。⑤ 2017 年，约翰·基（John Gee）在《被罗兴亚人所困的孟加拉国和东南亚》一文中表示，罗兴亚难民危机首先影响的是孟加拉国，其次是东盟国家，但现实中逾 80 万人的存在让本身也不太稳定的孟加拉国更加为难。⑥

　　第三方学者试图站在"他者"的角度审视，从更广的视角来提出见解，不少文章对孰对孰错是不置可否的。马丁·史密斯（Martin Smith）在 1996

---

① KhinMaung Saw, "The 'Rohingyas', Who Are They? The Origin of the Name 'Rohingya'", Uta Gartner and Jens Lorenz eds. *Tradition and Modernity in Myanmar*, *Proceedings of an International Conference held in Berlin from May 7th to May 9th*, 1993, p. 93.

② U Shw Zan and Dr. Aye Chan, *Influx Viruses*: *The Illegal Muslims in Arakan*, Planetarium station, NYC, NY, 2005.

③ 敏登:《缅甸若开邦"罗兴亚人"研究》,《南洋问题研究》2013 年第 2 期。

④ U Rahman, "The Rohingya Refugee: A Security Dilemma for Bangladesh", *Journal of Immigrant & Refugee Studies*, 2010, 8 (2): 233 – 239; 丁丽兴:《缅甸与孟加拉国关系中的罗兴亚难民问题——孟加拉国的视角》,《东南亚研究》2010 年第 4 期。

⑤ S. N. Parnini, "The Crisis of the Rohingya as a Muslim Minority in Myanmar and Bilateral Relations with Bangladesh", *Journal of Muslim Minority Affairs*, 2013, 33 (2): 281 – 297.

⑥ J. Gee, "Bangladesh, Southeast Asia Worried by Rohingya Crisis", *The Washington Report on Middle East Affairs*, 2017, 36 (7): 39 – 40.

年讨论罗兴亚人问题时提出，"罗兴亚人认同"的固化是一个族群演进的历史过程。他提出，较早时期缺乏合理的民族学界定，使得松散的穆斯林力量难以在早期的政治斗争中存活，早期使用"罗兴亚"名称让穆斯林在议会斗争中赢得不少甜头，后来虽然因为奈温的上台散失殆尽，但该名称仍为该群体转入地下提供了必要的凝聚力。[①] 雷德（Jacques Leider）也认为罗兴亚人凝聚力的形成有其特殊的历史原因，但他提出这个词是基于罗兴亚人自己的视角进行的"历史再现"，是基于缅族/若开族史料的混杂化阐述（hybridization），并认为在这种叙事语境下，罗兴亚人为获取生存空间构建了一种"竞争性认同"（competing identities）。[②] 雷德在2014年的文章中还指出，"罗兴亚"这个词语的流行是源于众多国际人权组织为证实自身同情"穆斯林少数"免于被缅甸多数族群倾轧的"政治正确"[③]，他在2018年的文章中进一步指出，正是这样的话语让罗兴亚人问题从2012年开始流行起来——因为人们总是关注仇恨的蔓延，而不去关心曾有的仇恨的化解[④]。阿德斯（Ardeth Maung Thawnghmung）在其2016年的文章中专门针对罗兴亚人与缅甸主体民族的"竞争性语境"进行了深入研究，并认为双方都力图强调自我的"内生性"而反对他我的"内生性"，这种争执和分歧是矛盾日益加深、难以解决的原因。[⑤]

在宏观视角以外，第三方学者也有偏向单一视角来论述的，最主要的仍然还是罗兴亚人视角。其主要内容均表达了对缅甸政府的指责或对罗兴亚人的同情，如2014年扎尼等人的《缅甸罗兴亚人——延燃性种族灭绝》[⑥]，2016

① M. Smith, "The Muslim Rohingyas of Burma", *Rohingya Reader II*, Burma Centrum Nederland, Amsterdam, 1996, pp. 10 – 25.

② J. Leider, "Competing Identities and the Hybridized History of the Rohingyas", *Metamorphosis: Studies in Social and Political Change in Myanmar*, 2015, pp. 151 – 178.

③ J. P. Leider, "Rohingya: The Name, the Movement, the Quest for Identity", *Nation Building in Myanmar*, 2014, p. 255.

④ J. P. Leider, "Rohingya: The History of a Muslim Identity in Myanmar", *Oxford Research Encyclopedia of Asian History*, 2018, p. 7.

⑤ A. M. Thawnghmung, "The Politics of Indigeneity in Myanmar: Competing Narratives in Rakhine State", *Asian Ethnicity*, 2016, 17 (4): 527 – 547.

⑥ M. Zarni, A. Cowley, "The Slow-Burning Genocide of Myanmar's Rohingya", *Pac. Rim L. & Pol'y J.*, 2014, 23: 683.

年葛红亮的《一个被抛弃的民族——缅甸"罗兴亚人"何去何从》①，2017年奇斯曼的《缅甸"国家族种"是如何抹除罗兴亚人公民身份的》②，2018年乌丁的《罗兴亚人——被缅甸和孟加拉国踢皮球的受害者》③等。此外，还有偏于地区和国际社会的视角，例如2017年许利平在《缅甸罗兴亚人道主义危机及其影响》中指出，如何妥善处理罗兴亚人道主义危机，不仅是缅甸政府的责任，也是国际社会应尽的义务。④

　　既有文献从宏观与微观、当事方与第三方、单一与多元等各个角度诠释了罗兴亚人问题，但仍有一些不足和缺憾。第一，不管从罗兴亚人自己建构的历史来看，还是从缅甸人澄清的历史来看，由于双方观点对立，整个罗兴亚人演变的历史叙述仍处于空位。即便如同雷德等人所说的，这段历史有许多"建构"的成分，但是为了充分了解该群体及其现存的问题，必须结合不同视角的史料进行"双重阅读"（dual-reading），这是现有文献所缺乏的。第二，过程要素的缺位。雷德曾阐释，罗兴亚人问题被人们关注的时候已经是一个"流离失所者的问题"了，这充分说明罗兴亚人问题虽然是一个历史问题，但该问题是在过程中产生的，雷德和阿德斯等人对这个过程中的"叙事环境"进行了论述，但遗憾的是，他们并没有对过程中不同视角的互动及其结果，以及将来可能的趋势进行规律性总结。第三，对于罗兴亚人问题的症结，研究者普遍认为包括历史原因（如非法移民与历史殖民）、政策原因（缅甸军政府的排斥政策）、宗教原因（2012年以来极端宗教言论的助长）等，但这些原因在不同视角下可能会有不同的叙述，从而导致症结本身复杂化，这也是既有文章没有进行梳理的。因此，本文拟从弥补以上三方面空缺的角度出发，以在诠释该问题方面做出积极尝试。

---

① 葛红亮：《一个被抛弃的民族——缅甸"罗兴亚人"何去何从》，《世界博览》2016年第11期。

② N. Cheesman, "How in Myanmar 'National Races' Came to Surpass Citizenship and Exclude Rohingya", *Journal of Contemporary Asia*, 2017, 47 (3): 461 – 483.

③ N. Uddin, " 'A life of Football': the Vulnerabilities of Rohingya Caught between Myanmar and Bangladesh", *South Asia@ LSE*, 2018.

④ 许利平：《缅甸罗兴亚人道主义危机及其影响》，《当代世界》2017年第10期。

二　对罗兴亚人的产生、词义与境遇的分歧

罗兴亚人问题的形成，首先是一个历史问题，其次才是由危机外溢引发的各类政治、经济、社会和外交问题。所谓历史问题，就是对于罗兴亚人演化及其与缅甸诸多民族的互动史，罗兴亚人和缅族人有不同的历史解读，而且双方的历史解读互指对方迫害，并无清晰定论。

（一）对罗兴亚人"何时产生"的分歧

历史地位是决定一个族群是否应被赋予其居留地公民身份权益的基本依据，但关于罗兴亚人是否是土生土长的若开人是有争议的。若开邦位于缅甸西部，曾经出现过定耶瓦底、维沙里、四城和妙乌 4 个封建王朝[1]，最早的定耶瓦底王朝出现在公元前 6～4 世纪左右，鼎盛的妙乌王朝则出现在 15 世纪[2]。1785 年阿拉干王朝被缅甸贡榜王朝吞并，这激怒了觊觎阿拉干已久的英国殖民者。1824 年，在第一次英缅战争中缅甸战败，根据《杨达波条约》，若开被割让给英属印度。

对于罗兴亚人"何时产生"，以殖民时代为分界产生了分歧。缅甸官方和学者直至现在一直坚信，罗兴亚人问题是一个"非法移民"问题，是英国殖民者鼓励和放任孟加拉国吉大港人往若开非法移民和垦荒，而后者虚构了罗兴亚人这个"缅甸自古以来不存在的族群"，并坚决拒绝给这些"一步一步非法入侵和占领貌多与布迪洞"的人员以合法公民身份。[3] 缅甸学者认为，英国吞并若开后，殖民者为以战养战，进一步蚕食缅甸，遂大量从孟加拉地区向若开移民垦荒，这些移民即来自吉大港的穆斯林（当时的印

---

①　吴昂东：《毗湿奴古城发掘》，载《大学知识集锦》第 1 卷第 2 章，仰光大学出版社，第 291 页。转引自敏登《缅甸若开邦"罗兴亚人"研究》，《南洋问题研究》2013 年第 2 期。

②　Bob Hudson, "Ancient Geography and Recent Archaeology: Dhanyawadi, Vesali and Mrauk-U", Archaeology Department, University of Sydney, Australia, January 2005.

③　"News Release on the Act of British MPs in Connection with Rakhine Issue" and "The Decision of European Union Foreign Affairs Council Meeting on Myanmar", *The Global New Light of Myanmar*, March 9, 2018.

度人）。若开地区肥沃的土壤和宜居的环境吸引穆斯林源源不断地迁入、定居和繁衍，若开北部貌多、布迪洞地区穆斯林人口膨胀，至 1948 年已经增加到 12 万人。① 缅甸独立时，殖民者为了能够顺利撤离，以"自卫"为名向若开穆斯林发放武器，但这些人被认为用这些武器大量屠戮当地若开人，迫使若开人大量逃走。

但穆斯林学者认为，罗兴亚人早在公元 788 年就存在，他们是"阿拉伯、摩尔、波斯、帕坦、蒙古、孟加拉、若开等人的后裔"。② 缅族王朝在 1406 年入侵若开后，当地人在穆斯林领袖的带领下击退入侵者，并成立独立的穆斯林若开国，国王加布·沙（Zabuk Shah）在 1531 年加冕称帝，穆斯林在阿拉干王朝建立了悠久的历史荣耀。然而，这种历史荣耀在缅占时期（1785～1825）丧失殆尽，英国殖民者统治后更是禁止穆斯林竞选高级职务。③ 对此缅甸学者表示质疑，瑞赞和埃昌引用若开发掘遗址和英国历史学家菲耶（Arthur P. Phayre）的史料称，公元 788 年只有一个统一的若开——小乘佛教的维沙里王朝。④ 即便 1203 年若开就已出现了穆斯林群体，但阿拉干王朝在 15 世纪才正式有伊斯兰教，即便若开王朝使用穆斯林封号，但其同时也接受缅族王朝的封号。⑤

第三方学者对于罗兴亚人的产生时间也有分歧。一部分学者认为罗兴亚人的确是在英国殖民时期迁入若开的，但由于他们是被迫迁入的，并在

---

① 敏登：《缅甸若开邦"罗兴亚人"研究》，《南洋问题研究》2013 年第 2 期，第 64 页。另一说是 1942 年就已经达到 12.4 万，见 U. S. Zan, A. Chan, *Influx Viruses: The Illegal Muslims in Arakan.* Arakanese in United States, 2005, p. 12。

② Dr. Ahdul Kalim, *The Rohingyas: A Short Account of Their History and Culture*, Arakan Historical Society, Bangladesh, 2000, pp. 13 – 14; A. F. K. Jilani, *Thc Rohingya.* Chitta-song, 1999, p. 52; R. B. Srnalth, *Burma Cazetleer: Akyab District*, Vol. A, Rangoon, 1957, p. 19.

③ Zaw Min Htut, *Human Rights Abuse and Discrimination on Rohingyas*, Japan: Burmese Rohingya Association, 2013, p. 15.

④ U. S. Zan, A. Chan, *Influx Viruses: The Illegal Muslims in Arakan*, Arakanese in United States, 2005.

⑤ 敏登：《缅甸若开邦"罗兴亚人"研究》，《南洋问题研究》2013 年第 2 期，第 62 页；Khin Maung Saw, "The 'Rohingyas', Who Are They? The Origin of the Name 'Rohingya'", Uta Gartner and Jens Lorenz eds. *Trandition and Modernity in Myanmar*, *Proceedings of an International Conference held in Berlin from May 7th to May 9th*, 1993, p. 91. U. S. Zan, A. Chan, *Influx Viruses: The Illegal Muslims in Arakan*, Arakanese in United States, 2005.

当地生活了一个多世纪，其后代自然应当属于当地居民。[①]

虽然两派关于罗兴亚人的产生有分歧，但对于穆斯林群体在 15 世纪前就进入缅甸若开，以及伊斯兰教在 15 世纪兴盛于若开是有共识的，关键在于一直存续于若开的穆斯林怎么称呼，以及如何定义其身份等问题尚无定论。事实上，罗兴亚人这个群体是否客观存在，不是由其自身或者缅甸学者引经据典就能够说明白的。一个合理的解释是，在"罗兴亚人认同"成体系出现之前，罗兴亚人这个群体已经客观存在了，自英国殖民时期至缅甸独立初期，都没有对该群体进行任何有效的族群界定，在一次又一次的驱赶下，该群体"抱团取暖"的族群意识逐渐形成并固化，并基于共同的地域、共同的血缘、共同的语言甚至共同的文化传统进行自我界定。

（二）对"罗兴亚人"词义的分歧

在穆斯林学者看来，"罗兴亚人"这个词早就有了。8～9 世纪时，穆斯林搭乘船只经商，一些人因遭遇灾难而泊岸若开求救，并发出"raham"（阿拉伯语，意为"同情"）的呼救声，在被国王拯救后，这些人被称为"Raham"。久而久之，穆斯林将若开当作"神赐之地"，称自己为"Rohang"（意为"神赐之人"），后演变为罗兴亚人（Rohingyas）。[②] 他们的一个证据是，英国殖民当局记载过"若沃因加"（Rooinga）和"卢望佳"（Rwangya）[③]这些名称源于"Rakhanga"的称呼，意为"罗兴之后裔"，而"罗兴"（Rohang）正是穆斯林对"若开王国"（Mrohang）的称呼，只是对于 Mrohang 的称呼，演化成了"若开"和"罗兴"两种不同译法。从某种程度上来说，"罗兴"就代表了"若开"的意思，"罗兴亚人"就是"若开的主人"。[④] 还

① Zoltan Barany, "Where Myanmar Went Wrong: From Democratic Awakening to Ethnic Cleasing, Foreign Affairs", April 23, 2018.

② A. F. K. Jilani, *The Rohingya*, *Chittagong*, 1999, p. 52.

③ The Mujahid Revolt in Arakan, A transcript of an original British Foreign Office document held at the National Archives in Kew, Richmond, Surrey under File Reference FO 371/101002 – FB 1015/63. http://www. burmalibrary. org/docs21/FCO – 1952 – 12 – 31 – The_Mujahid_Revolt_in_Arakan-en-red. pdf.

④ M. A. Chowdhury, "The Advent of Islam in Arakan and the Rohingyas", Chittagong University, Arakan Historical Society, December 31, 1995, pp. 7 – 8.

有一种说法称，妙乌王朝时期有一位名叫"穆罕默德·罗兴"（Mohammed Rahin）的王子，"罗兴亚人"就源自"罗兴"这个词。[1]

但缅族学者指出，"罗兴亚人"并非一个缅语或者孟加拉词语，缅甸和孟加拉学者在正式的文书记载中从未见过该词，即便是英国殖民者也从来没有记录过这样一个群体，英属印度和当时阿恰布（今实兑）进行的人口普查均未使用这一称呼。[2] 最早可考据的资料，是在1951年由布迪洞镇议员阿卜杜勒·贾法尔在英国《卫报》发表的一篇文章。[3] 他们怀疑这个词是由穆斯林反叛组织"穆加黑"（Mujahids）流传出来的，学者钦貌梭援引资深记者耶蒙吴当（Kyemon U Thaung）的消息称，"罗兴亚人"是当时与"穆加黑"结盟的红旗共产党领袖德钦梭（Thakhin Soe）为穆斯林创造出来的一个"集结口号"。[4] 还有人称，"穆加黑"需要这样一个易于和若开正统连接，不失体面又不好查证的词，来掩盖他们"真正非法的身份"。[5]

针对罗兴亚人对"罗兴亚人"词义的解读，缅族学者还提出以下质疑。其一，"罗兴亚人"的缅甸语意思是"古老村庄来的老虎"，而在若开语中有句话叫"陌生的林子威胁老虎的性命"，那么"罗兴亚人"翻译过来就是"找死的老虎"，显然不会有人这么称呼自己；其二，罗兴亚人引用"raham"呼救的案例，但若开当时还处于定耶瓦底王朝时期，可能求救的地点只会在皎托（定耶瓦底遗址），但考古结果表明该地没有任何穆斯林遗迹；其三，罗兴亚人称自己是妙乌王朝穆斯林的正统后裔，但当时"孟加

---

[1]　KhinMaung Saw, "The 'Rohingyas', Who Are They? The Origin of the Name 'Rohingya'", Uta Gartner and Jens Lorenz eds. *Trandition and Modernity in Myanmar*, *Proceedings of an International Conference held in Berlin from May 7th to May 9th*, 1993, p. 93.

[2]　San Shwe Bu, "Arakan's Place in the Civilization of the Bay", *Journal of Burma Research Society*, Vol. XXIII, p. 488. KhinMaung Saw, "The 'Rohingyas', Who Are They? The Origin of the Name 'Rohingya'", Uta Gartner and Jens Lorenz eds. *Trandition and Modernity in Myanmar*, *Proceedings of an International Conference held in Berlin from May 7th to May 9th*, 1993, pp. 89 – 101.

[3]　Abdul Gaffar, "The Sudeten Muslims", *The Guardian Daily*, August 20, 1951.

[4]　KhinMaung Saw, "The 'Rohingyas', Who Are They? The Origin of the Name 'Rohingya'", Uta Gartner and Jens Lorenz eds. *Trandition and Modernity in Myanmar*, *Proceedings of an International Conference held in Berlin from May 7th to May 9th*, 1993, p. 90.

[5]　UKyaw Min Shwe, "Rakhines and Rohingyas", *Asiaweek*, February 5, 1992.

拉十二市镇"的穆斯林大部分是囚犯，不可能留下后裔，即便有后裔，也是操蒙古语的浅肤色人种，而不是"自称罗兴亚人的深肤色吉大港人"；其四，即便留下了后裔，按照若开王朝发展及后期与缅族融合的历史，这些人应当深受缅族文化和语言的影响，不会始终保持完全独立的认同、语言和习俗；其五，没有一位叫"罗兴"的王子，只有因继承战落败而寻求避难的莫卧儿王子沙阿·舒贾（Shah Shuja），但他及其追随者因叛乱均被处死，剩下的人被流放到兰里岛，但这些人已被证实是后来的卡曼族（缅甸合法族群之一）；其六，对"罗兴亚人"这个词的解读，在 20 世纪 60 年代罗兴亚人运动之前从来没有出现过。①

　　第三方学者对"罗兴亚人"这个词则持谨慎态度，多数只是描述其出现的时间或指代的族群，很少解释该词含义。法国学者雷德表示，"罗兴亚人"一直没有各方认同的清晰定义，只是被驱赶的穆斯林为了合理正当返回缅甸，反对缅甸政府将其划归"孟加拉人"（Bengalis）而在 20 世纪 90 年代普遍使用，并意图将其作为一个政治族群代号的名称。② 瑞典学者林特纳（Bertil Lintner）提出，罗兴亚人实际上是一个混合族群，其以"罗兴亚人"为名是在其存续许久之后。③ 艾格勒托（Renaud Egreteau）和加根（Larry Jagan）只提出"罗兴亚人是在 20 世纪 50 年代后出现的对若开当地穆斯林的称呼"。④ 罗格斯（Benedict Rogers）在界定时则干脆称"罗兴亚人就是孟加拉裔的穆斯林"。⑤ 此外还有其他一些学者，在

① KhinGyiPyaw, "Who Are the Mujahids in Arakan?" *Rakhine Tazaung Magazine*, Rangoon: Rangoon University Arakanese Culture Association, 1960 archives; KyawZanTha, "Background of the Rohingya Problem", *RakhineTazaung Magazine*, Rangoon: Rangoon University Arakanese Culture Association, 1995; U. S. Zan, A. Chan, *Influx Viruses: The Illegal Muslims in Arakan*, Arakanese in United States, 2005; KhinMaung Saw, "The 'Rohingyas', Who Are They? The Origin of the Name 'Rohingya'", Uta Gartner and Jens Lorenz eds. *Trandition and Modernity in Myanmar*, *Proceedings of an International Conference Held in Berlin from May 7th to May 9th*, 1993, pp. 88 – 94.
② J. P. Leider, "Rohingya: The Name, the Movement, the Quest for Identity", *Nation Building in Myanmar*, 2014, pp. 200 – 255.
③ B. Lintner, *Burma in revolt: Opium and insurgency since 1948*, Silkworm books, 1999, p. 65.
④ Renaud Egreteau, Larry Jagan, *Soldiers and Diplomacy in Burma Understanding the Foreign Relations of the Burmese Praetorian State*. Singapore: NUS, 2013, p. 132.
⑤ Benedict Rogers, *Than Shwe Unmasking Burma's Tyrant*, Chiang Mai: Silkworm Books, 2010, p. 104.

使用"罗兴亚人"这个概念时并未进行专门的界定。

（三）对罗兴亚人历史境遇的分歧（1948～2010）

独立后，围绕着罗兴亚人争取政治权利及缅族中央对罗兴亚人的排斥，再度形成了一段具有歧异性的历史。缅甸吴努[①]执政时期（1948～1961），继承了殖民时期的仇恨，罗兴亚人与缅族、若开族埋下的仇恨之种逐渐生根发芽。罗兴亚人认为自己是殖民统治的最大受害者，不仅在独立后成为国际社会的"弃儿"，也得不到缅甸主体民族的理解和接纳，是族际离散之肇始。

吴努执政时期关于罗兴亚人境遇最大的分歧主要围绕"穆加黑"运动、参与国家议会选举。就"穆加黑"运动而言，缅族学者认为这是一群打着"罗兴亚人"旗号的策动谋反的非法移民。缅甸独立前，若开穆斯林策划将缅北貌多、布迪洞、拉德堂三镇并入独立的巴基斯坦，并试图与巴基斯坦领袖真纳取得联系。但缅甸领袖昂山将军已经率先访巴，确保巴基斯坦不会接纳若开北部并入巴基斯坦的要求。在依赖国际势力无果的情况下，1947年布迪洞镇左底丹村原村长苏尔顶的弟弟摩哈迈秘密聚集穆斯林青年，成立了"穆加黑"协会，"穆加黑"的意思是"为自己国家和宗教权利而战的人"——这里"国家"原是指巴基斯坦，后来指"独立的若开穆斯林国"，又被称为"阿基斯坦"。[②]

但罗兴亚学者认为，穆加黑只是这一群体中的一小部分叛乱分子，反倒是缅甸边境自卫队（BTF）和联邦军警（UMP）打着剿灭叛乱分子的名义，在1948年11月掳杀罗兴亚人并烧村，这与1942年的"屠杀"如出一辙。[③]

[①]　吴努1937年加入德钦党后，改名"德钦努"。

[②]　K. G. Pyaw, "Who Are the Mujahids in Arakan?", *Rakhine Tazaung Magazine*, 1960, p. 99.

[③]　罗兴亚学者认为，1942年"屠杀"是指1942年缅族、若开族在阿恰布地区针对当地穆斯林的一场杀戮，有10万人丧生，50万人流离失所，8万人逃亡孟加拉国。详见 Zaw Min Htut, *Human Rights Abuse and Discrimination on Rohingyas*, Japan: Burmese Rohingya Association, 2013, pp. 36-41。但缅族学者认为，1942年英军撤退并精心策划印度和缅甸人的冲突，冲突过程互有杀戮，但英军印度士兵和当地穆斯林联合杀戮若开人，导致若开人大量流离失所。详见敏登《缅甸若开邦"罗兴亚人"研究》，《南洋问题研究》2013年第2期。

为此，若开北部罗兴亚长老会在 1950 年 3 月 10 日提交了《告德钦努总理20 条》，要求缅甸中央政府撤走 BTF 和 UMP，同时赋予罗兴亚人与其他少数民族平等权利的有关条款，要求貌多、布迪洞和拉德堂三地在若开建邦的情况下单独建邦或被中央直辖等。① 吴努政府虽然做出积极答复，但并未履行。

缅甸学者指出，吴努为了赢得 1960 年大选，以吸引少数民族选票为对策，故许诺将成立若开邦和孟邦。为获得和若开邦一样的地位，以"穆加黑"为首的穆斯林"积极分子"开始编造历史以证明自己是本地原住民。② 有学者通过分析当时的政治斗争格局，指出吴努承认"罗兴亚人"这个名称是个人作为，是非法的。③ 但罗兴亚学者指出，不止吴努，缅甸首届总统苏瑞泰也公开表示"罗兴亚人是一家人，因为罗兴亚族和掸族都是缅甸国民"。④

两类学者各执一词，又未能给出强有力的证据，因此孰对孰错实难分辨。不过可以看出，吴努时期对罗兴亚人的国内政治地位，至少从官方层面给予了合法保障，只是不承认其自诩的"罗兴亚人"身份。缅甸 1948 年新《公民条例》颁布，其中罗兴亚人因"不属于两代内缅甸原住民"而被拒绝发放公民身份资格卡。即便如此，罗兴亚学者也承认，罗兴亚人在1936 年（殖民地）立法院选举、1947 年制宪大会选举、1948～1962 年的议会，甚至奈温政权时期和新军人政权时期的国民大会内都有选举权和被选举权，只是没有适当的公民身份。表 1 是据罗兴亚学者罗列的"缅甸罗兴亚代表"所制。

---

① 据罗兴亚学者表述，当时阿恰布、拉德丹地区人口约 12 万人，有议席 3 席，但罗兴亚所在的貌多、布迪洞地区有 30 万人，所得议席仅 4 票，后者要求增加到 7 席。《十二条款》还包括"要求让穆斯林也能参军、遣返逃亡在外的罗兴亚难民"等，详见 Zaw Min Htut, *Human Rights Abuse and Discrimination on Rohingyas*, Japan: Burmese Rohingya Association, 2013, p. 39。

② UKyawZanTha, "Background Paper on the Rohingya Problem", *Rangoon*, 1991; Ba Tha, "Rowengyas in Arakan", *Guardian Magazine*, May 1960.

③ U. S. Zan, A. Chan, *Influx Viruses: The Illegal Muslims in Arakan*, Arakanese in United States, 2005, p. 13.

④ Zaw Min Htut, *Human Rights Abuse and Discrimination on Rohingyas*, Japan: Burmese Rohingya Association, 2013, pp. 53 – 54.

表1　罗兴亚学者整理的"缅甸罗兴亚代表"

时期	议会身份	姓名
1947 年	制宪大会、国民大会成员	Sultan Ahmed, Abdul Gaffar
1948~1962 年	议会成员	Sultan Ahmed（议会秘书）, Daw Aye Nyunt, U Po Khine, Haji Abul Khair, Abul Bashar, Rashid, Sultan Mahmud, Abdul Gaffar, Soban, Azhar Meah
1962~1988 年	议会邦委员会成员	Abul Hussain, Abdul Rahim, Abdul Hai, Muzaffar Ahmed, Kyaw Thein Mustaque, Mustaque Ahmed, Saleh Ahmed, Elias, Aman Ullah

资料来源：Zaw Min Htut, *Human Rights Abuse and Discrimination on Rohingyas*, Japan：Burmese Rohingya Association, 2013, p. 51.

　　奈温政变后，对罗兴亚人的境遇同样也形成了不同认知。罗兴亚学者表示，缅甸中央政权先是在 1964~1965 年取缔了罗兴亚边境管理特区，然后吊销了全国范围内罗兴亚商人的经营许可权，以及取缔了所有罗兴亚社会文化组织。[①] 随后，通过 1974 年宪法将罗兴亚合法公民身份完全抹灭，使得该群体数十年来争取公民权利的努力付之一炬。在奈温的集权统治下，穆斯林地区出现了强制推行"缅族化"的运动，抵制者遭到当局迫害，1977~1978 年，奈温军政府发起以"纳加明行动"（龙王行动）为代号的驱逐穆斯林运动，有 30 万罗兴亚人被迫流亡孟加拉国，有 4 万人死于难民营。由于涉嫌"种族清洗"，该事件被称为 1975 年"柬埔寨大清洗"的"翻版"。[②] 1987 年缅甸发生经济危机，饥荒引发动乱，282 名穆斯林被捕，次年 3 月这些穆斯林被曝在永盛监狱中被虐杀，为转移民愤，军政府在

---

① 1964 年，取缔 Mayu 边境管理特区，让内政部管理；取消缅甸广播台的罗兴亚语节目。1965 年取消仰光所有罗兴亚社会文化组织，如联邦罗兴亚组织（1956）、罗兴亚学生协会（1955）、罗兴亚青年组织（1956）、仰光大学罗兴亚学生协会、罗兴亚 Jamaitul Ulema、若开穆斯林协会和若开穆斯林青年组织等。详见 Zaw Min Htut, *Human Rights Abuse and Discrimination on Rohingyas*, Japan：Burmese Rohingya Association, 2013, p. 62。

② Achieves related to "Commets on the Plights of Rohingya by Francois Hauter", *The Bangladesh Times*, Monday, June 5, 1978.

1988 年制造了"穆斯林有偿强奸论"。[1] 1982 年新《公民法》颁布后，该群体取得合法身份难上加难。对于 1982 年《公民法》的主要反对观点是，其一，该法第 8（b）条可以自由取消罗兴亚人既有身份，这违反联合国《世界人权宣言》第 15 条；其二，该法将缅甸公民强制划分为三个等级，这让罗兴亚新生儿童难以取得公民身份，这违反联合国《世界人权宣言》第 13 条；其三，该法不利于减少国际中的无国籍人士。[2]

缅甸学者承认奈温政府驱赶穆斯林的行为和"龙王行动"的存在，但认为该行动是军政府为阻止"一波又一波"穆斯林运动而采取的极端手段，并认为逃离人数只有 15 万人[3]，最多 25 万人[4]。他们也承认 1982 年《公民法》将若开穆斯林公民权排除在外，但同时指出该行为刺激了穆斯林独立建国的诉求，他们继续以"罗兴亚人"为口号，利用缅甸国内的政治动乱谋取政治利益。[5] 罗兴亚人得到了国际穆斯林团体的支持，一方面参加各类国际学术会议，论证该族群存在的合法性，另一方面则在塔利班等极端组织的支持下，组建罗兴亚团结组织（RSO）等武装组织[6]，他们利用1988 年缅甸政治动乱，计划谋杀若开人，并嫁祸给孟加拉国人[7]。通过"事实上的政治化"，该群体固化了自身的存在——即便只是一个"想象的共同体"。

---

[1] 罗兴亚学者认为，军政府为了转移民众对自身的不满，故意制造了穆斯林意图使不同佛教徒女性（普通女性、毕业学生、军官女儿）受孕，并获得 1000、2000、50000 缅元不等的奖励，最终引发了全国排穆运动，穆斯林成为"替罪羊"，并且 1988 年所有穆斯林都不敢过开斋节。详见 Zaw Min Htut, *Human Rights Abuse and Discrimination on Rohingyas*, Japan：Burmese Rohingya Association, 2013, p. 72。

[2] 罗兴亚学者引用联合国前缅甸特使（1992~1996）法学家横田洋三的语句 "（缅甸）1982年公民法涉及歧视部分少数民族及与 1961 年联合国《减少无国籍状态公约》相悖，故应当被修改"。详见 Zaw Min Htut, *Human Rights Abuse and Discrimination on Rohingyas*, Japan：Burmese Rohingya Association, 2013, p. 54。

[3] 敏登：《缅甸若开邦"罗兴亚人"研究》，《南洋问题研究》2013 年第 2 期，第 72 页。

[4] "Burma/Bangladesh：Burmese Refugees In Bangladesh-Historical Background", http://www.hrw.org. Human Rights Watch. Available on March 22, 2018.

[5] 吴坡山：《若开边境问题报告》，档案复印稿《达那瓦底杂志》，1952~1953 年，第 20 页。

[6] UKoKoHlaing, "Rakhine Myth and Reality", A Speech of Centre for Strategic and International Studies, Myanmar, November 2017.

[7] 敏登：《缅甸若开邦"罗兴亚人"研究》，《南洋问题研究》2013 年第 2 期，第 73 页。

　　新军人政权上台后，对罗兴亚人历史境遇的认知分歧进一步固化甚至加剧。罗兴亚学者及联合国组织指责缅军政权为巩固自身合法性而对罗兴亚群体"污名化"的做法。缅甸中央机构治安重建委员会（SLORC）采取了"尽其所能去除罗兴亚人"的政策，导致 1992 年在缅孟边境城镇科克斯巴扎尔再度汇集了 27 万名难民。① 1992 年缅孟签署关于遣返难民（回缅甸）的谅解备忘录（MOU），但联合国难民署（UNHCR）表示"事后才知情"，84% 的遣返不被知晓，孟加拉国政府则被怀疑"强制遣返不愿回国的难民"。② 孟加拉国意图尽快将难民遣返，而缅甸不愿意接收这些群体，两国联合遣返进度缓慢。因强制劳役、兵役、征地等原因，在缅罗兴亚人自 1996 年后陆续出逃。1999 年后，缅甸当局试图在穆斯林聚集地建设更多佛教徒"示范村"（model village）和佛塔，但当地罗兴亚人认为这是以牺牲其生存空间为代价的。③ 2000 年，人权观察组织（HRW）指责缅甸当局故意释放虚假信息促使穆斯林和佛教群体间关系紧张。2001 年，若开发生佛教徒和穆斯林之间的冲突，形势在"9·11"事件后更加严峻。④ 2009 年，罗兴亚人因"船民"危机再度受到国际关注，遗憾的是"船民"危机一直到 2015 年仍未解决。⑤

　　对此，缅甸学者也有不同看法。他们指出，新军人政权当时镇压的是所有合法的政党，而不仅仅是有若开穆斯林代表参选的民族民主人权党

① AbidBahar, *Racism to Rohingya in-Burma*；AbidBahar, *Burma's Missing Dots*，Montreal Flapwing Publishers，2009，pp. 23 - 42.

② "Burma the Rohingya Muslims Ending a Cycle of Exodus?" *Human Rights Watch*（*Asia*），September 1996，Vol. 8，No. 9（C），p. 3.

③ "Model Village on Rohingya Land in Northern Arakan"，*Kaladan News*，February 8，2007.

④ 对于此次冲突，联合国人权观察组织认为造成 10 多人死亡，但罗兴亚学者认为有 150 ~ 180 人死亡。参见 "Human Rights Watch Report 2001/2002/2003：Burma"，https://www.hrw.org/legacy/wr2k1/asia/burma.html；Zaw Min Htut，*Human Rights Abuse and Discrimination on Rohingyas*，Japan：Burmese Rohingya Association，2013，p. 173。

⑤ 缅孟边境的罗兴亚人因不受缅孟双方接纳，大量借走私船出逃，远泊泰国、印度尼西亚、印度甚至澳大利亚，每年有一半以上葬身大海，幸存者部分被沿岸国救起、部分被继续放逐，这便是一直备受争议的"船民"问题。2008 年报道有 1000 名罗兴亚"船民"，2015 年又报道有 8000 名。"Perilous Plight Burma's Rohingya Take to the Seas"，Human Rights Watch report of Burma，May 2009；《从源头解决罗兴亚难民问题》，《联合早报》2015 年 5 月 15 日，https://www.zaobao.com.sg/forum/editorial/story20150515 - 480411。

（NDPHR，胜选 4 个席位）和若开民主联盟（ALD，胜选 11 个席位）。① 缅甸政府在 20 世纪末和 21 世纪初积极进行遣返工作，但每次遣返回来的人都"远超过原本出去的人"，还有一部分是借遣返之机试图混入缅甸的恐怖分子，他们不被美国和孟加拉国所容而意图逃到缅甸。② 对于国际社会所谴责的 1992 年、1996 年难民潮以及 21 世纪初陆续出现的"船民"问题，缅甸学者并不否认，但与官方保持一致口径，即"该群体不属于缅甸 135 个民族之一，（缅甸）历史上从未有过这个民族"。言外之意即，所发生的人道主义危机不属于缅甸职责范围。即便存在不满，缅甸学者与民众动则将罗兴亚人称为"病毒"、"污物"和"食人恶魔"，确实有失理性和公正，难免引发外界的怀疑和不满。③

三 罗兴亚人问题的现状与趋势

（一）"缅甸之春"与"若开之冬"

以 2011 年 3 月末退役军人吴登盛上台为标志，缅甸开启了如火如荼的政治转型，新的政权不仅以迅雷不及掩耳之势建构了现代西方分权之民主制式，还释放了大批政治犯，解除党禁、报禁，与美欧国家和东盟国家改善关系，赢得了"缅甸之春"的颂美。不仅如此，退役军人政权还确保了 2015 年 12 月大选的顺利举行，并按时将政权交给了以压倒性优势获胜的全国民主联盟（NLD，简称"民盟"）。虽然军人集团仍受惠于 2008 年宪法所赋予的权力，但长期饱受军人牢狱之灾、享誉西方的"民主、人权斗士"、诺贝尔和平奖获得者昂山素季还是顺利以"国务资政"的国家领导人身份执政。

但正是在缅甸政治转型期间，罗兴亚人问题几乎陷入停滞，不仅如此，

---

① U. S. Zan, A. Chan, *Influx Viruses: The Illegal Muslims in Arakan*, Arakanese in United States, 2005, p. 5.

② UKoKoHlaing, "Rakhine Myth and Reality", A Speech of Centre for Strategic and International Studies, Myanmar, November 2017.

③ U. S. Zan, A. Chan, *Influx Viruses: The Illegal Muslims in Arakan*, Arakanese in United States, 2005. "Myanmar Envoy Brands Boatpeople 'Ugly as Ogres': Report", AFP. 10 February 2009, Archived from the original on February 19, 2014.

因为几次涉及罗兴亚人的血腥冲突、"极端主义袭击"和"清剿行动",该群体与缅甸主体民族的关系进一步恶化。罗兴亚难民潮日益成为国际焦点,缅甸民主转型的功绩和美誉、昂山素季上台初期与美欧和东盟国家建立的良好关系,似乎迅速被"人权问题"一扫而空,缅甸政治局势面临新一轮不稳定,"缅甸之春"的另外一面似乎是"若开之冬"。"缅甸之春"更多代表了缅甸主流民族的希冀,对应着缅甸人的视角;"若开之冬"更多隐含着罗兴亚人的心酸,对应着罗兴亚人的视角。

在"缅甸之春"的视角下,缅甸面临着更多元的国际伙伴、更广阔的国际市场与更自主的发展道路选择,不管是退役军人政权还是民选民盟政权,都希望带领缅甸人民"重新融入"国际社会,享受到本应当属于缅甸的国际地位和话语权。昂山素季上台初期,缅甸因民主女神重回政治舞台中央的"迷思重现"而赢得最广泛的国际声誉,甚至还有人预测,缅甸将以前所未有的姿态"引领民盟"的发展。[1] 但在"若开之冬"的视角下,缅甸就没有那么幸运了。吴登盛出于巩固退役军人政权合法性的需要,并未有效管控佛教民族主义与穆斯林极端主义的社会冲突,这助长了若开罗兴亚人问题中本身存在冲突的"缅甸人视角"和"罗兴亚人视角"的现实碰撞及难以弥合的群体间裂痕,这种碰撞延续至民盟执政时期,主要表现为 2012~2013 年和 2016~2017 年的两轮危机。

第一轮危机发生在 2012~2013 年吴登盛执政期间。2012 年 5 月 28 日,3 名穆斯林在若开奸杀了一名若开佛教徒女性并劫走其财物,引发了佛教徒的群体愤怒和集体反击。6 月 3 日,10 名穆斯林在若开丹兑(Toungok)地区被谋杀。据官方统计,在 5 月至 10 月的骚乱中有 200 多人死亡,300 多人受伤,5000 多间房屋被烧,14 座宗教建筑被毁,6 万多名居民流离失所。[2] 按照国际危机组织(ICG)的统计,有 10 多万名罗兴亚人流离失所。[3] 2013 年 3 月

---

① Yan Myo Thein, "Diplomacy in the Post President's Friendship Trip", *7 Day Daily Newspaper*, No. 1080, May 6, p. 16.

② "Final Report of Inquiry Commission on Sectarian Violence in Rakhine State", *Republic of the Union of Myanmar*, July 8, 2013, p. 15, para. 4. 5, Appendix C.

③ "Myanmar: The Politics of Rakhine State", International Crisis Group, Asia Report N°261, October 22, 2014, p. 9.

20 日，一名无辜僧侣被 6 名穆斯林青年掳走并在一家清真寺门口被活活烧死，此事引发两个群体对抗，导致 40 人死亡、61 人受伤。[①] 虽然双方都有暴力行动，但在缅甸中部以佛教为主的地区，事件很快演变为主要持佛教立场的民众针对穆斯林的群体攻击，大量清真寺被攻击和烧毁，当地穆斯林被迫逃离。其间，吴登盛政府曾于 2012 年 6 月和 2013 年 5 月两次宣布进入国家紧急状态，但之后缅甸各地仍爆发零星冲突，并有人员伤亡。[②]

第二轮危机发生在 2016～2017 年昂山素季执政期间。尽管民盟 2016 年 3 月上台后，一度欢迎联合国人权特使李亮喜访缅，昂山素季还亲自主导成立若开邦中央和平、稳定与发展委员会，成立以联合国前秘书长为首的"若开顾问委员会"。但 2016 年 10 月 9 日凌晨，一支名为"阿卡姆圣战组织"的武装力量从三个不同地区向缅孟边境警哨发动袭击，造成 9 人死亡、5 人受伤、1 人失踪、大量军备被掠夺。2017 年 8 月 25 日，一支名为"罗兴亚救世军"（ARSA）的武装（后被证实为由"阿卡姆圣战组织"改组）袭击北部若开边境哨站，导致 13 人死亡、9 人受伤。这两起事件均被缅甸政府、军队、学者和官方媒体定性为"恐怖袭击"。[③] 缅甸政府将袭击人员列为"恐怖分子"，并派遣军警部队开展"联合清剿行动"，但不少欧美国家认为袭击者只是罗兴亚人争取自身权利的"反对武装"，并怀疑缅甸军警在清剿中趁机驱赶、屠杀罗兴亚人。[④] 按照联合国人权事务高级专员

① 事情起因是 3 月 20 日在曼德勒密铁拉市一家金饰店发生穆斯林店主和顾客袭击佛教徒顾客事件，随后当地佛教徒将金店砸毁，但当天傍晚，一名僧侣被 6 名穆斯林青年掳走并在一家清真寺门口将其活活烧死。事件发生后，有消息称佛教徒进行报复，又将 2 名穆斯林青年烧死。"The Dark Side of Transition: Violence Against Muslims in Myanmar", The International Crisis Group, October 1, 2013.
② 其余骚乱还包括：甘布鲁镇（2013 年 4 月，2013 年 8 月）、腊戌镇（2013 年 5 月）、曼德勒市（2014 年 7 月）等。
③ "Governmental Mission to Clarify Local People in Rakhine State About Deadly Attacks on Border Posts", The Global New Light of Myanmar, October 11, 2016; "Declaring as Terrorist Group", The Global New Light of Myanmar, August 26, 2017.
④ "Burma: Methodical Massacre at Rohingya Village", HRW, December 19, 2017, https://www.hrw.org/news/2017/12/19/burma-methodical-massacre-rohingya-village, Available on April 1, 2018.

办公室（UNHCR）的统计，因战火而产生的罗兴亚难民，截至 2018 年 5 月达到 70 万人。①

本来着手于民族和解的民盟政权，誓言带领缅甸各民族完成"政治谈判"并建设"联邦国家"，但正在 21 世纪彬龙大会如火如荼举行的间歇，罗兴亚人问题频频曝光，缅甸政府不仅没有任何喘息机会，还在缺乏管控军队能力的情况下显得极为被动。在被国际社会指责时，民盟政权既不能迫于国际压力而得罪广大佛教徒选民，又没有能力管控军队以"维护治安"和"保护公民"名义开展的军事行动，在仰人鼻息的"两难抉择"面前首先选择了沉默。随着国际社会施压日盛，民盟政权开始利用联合国大会等各类公开场合申诉缅甸转型的艰辛、有关冲突的复杂性，并指责国际刑事法庭（ICC）意图扩大管辖权"制裁缅甸"、联合国独立国际实况调查团缺乏公正的结果只会恶化形势等，但并没有得到以美欧为代表的国际社会的谅解。

（二）罗兴亚人问题的前景

截至目前，罗兴亚人问题有一些进展，但要解决仍任重道远。首先，声称代表罗兴亚群体的 ARSA 武装的暴恐行为，以及缅甸政府军的一些杀戮行为均被证实，双方都难辞其咎，仇恨仍然在蔓延。虽然国际社会压倒性支持罗兴亚人，但对于 ARSA 武装的极端主义行为均持谴责态度。2018 年 5 月 24 日，大赦国际组织发布报告称，有新的证据说明 ARSA 恐怖分子在若开邦有屠杀的证据，这件事随即被 VOA、BBC、AFP、英国《卫报》、《海峡时报》、《华盛顿邮报》等各大国际媒体报道。该报告还暗示，ARSA 对罗兴亚难民危机有不可推卸的间接责任。② 缅甸政府军也承认有 4 名军官和 3 名士兵因为涉嫌在若开英丁村杀害 10 名 ARSA 成员，已经将其开除军籍，

---

① OHCHR, "Fact-Finding Mission on Myanmar: Concrete and Overwhelming Information Points to International Crimes", March 12, 2018, http://www.ohchr.org/EN/HRBodies/HRC/Pages/NewsDetail.aspx? NewsID = 22794&LangID = E, Available on April 7, 2018.

② "Myanmar: New Evidence Reveals Rohingya Armed Group Massacred Scores in Rakhine State", *Amnesty International*, May 22, 2018, https://www.amnesty.org/en/latest/news/2018/05/myanmar-new-evidence-reveals-rohingya-armed-group-massacred-scores-in-rakhine-state/, Available on August 22, 2018.

并判处有期徒刑，让其进行劳改。对缅甸政府军的妥协，国际社会并没有给予谅解，反而认为其意图息事宁人，掩盖了更多屠戮的事实。① 对此，缅方回应称国际社会应当更加关注若开其他族群的安全问题，因为受害者事实上还包括若开族、穆族、马尔马人和印度裔若开人等。②

其二，缅孟双边已就合作遣返难民事项达成协议，缅甸政府也与联合国机构签署 MOU，但难民问题仍然严峻，解决进度异常缓慢。2017 年 10 月 24 日，缅甸与孟加拉国签署关于遣返难民合作的 10 点双边合作协议，其中包括"立即阻止难民涌入并及早遣返难民，做好安置工作"，双方还一致同意设立边境联络办公室，以合作反恐、联合执法。③ 不过，虽然缅孟双方在许多原则问题上达成一致，但在具体操作问题上还缺乏共识。缅甸政府先是指责孟加拉国审查遣返人员名单"难产"，后又认为孟加拉国提供的名单中虚假错漏信息过多，孟加拉国则认为缅方在事实上制造遣返障碍，并纵容滞留难民涌至缅孟边境隔离区（无人区）。事实上，孟方根本无力阻止不断涌至边境的人流，而缅方迫于国际压力，最后也同意释放"非法涌入"的 58 名罗兴亚难民，并允诺将在审查后对其进行安置。④ 2018 年 2 月，缅甸政府与联合国开发计划署、联合国难民事务高级专员谈判并签署了"有关援助若开地区流离失所者返回的谅解备忘录"，确保联合国机构介入缅孟联合遣返。⑤ 这两项 MOU 旨在确保缅孟合作遣返不再出现 1992 年的混乱情形，当时因为联合国难民署参与不及时，导致了大量难民在遣返途中"进

---

① "Seven Myanmar Soldiers Sentenced to 10 Years for Rohingya Massacre", Reuters, April 11.

② Foreign Affairs Permanent Secretary stresses importance of impartiality and objectivity of Special Rapporteur in discharging her duties at the Interactive Dialogue with Special Rapporteur on human rights in Myanmar during the 38th Session of the Human Rights Council (Geneva, June 27, 2018), *The Global New Light of Myanmar*, June 29, 2018.

③ Myanmar, "Bangladesh Agree to Solve Border Issue Amicably", *The Global New Light of Myanmar*, October 26, 2017.

④ "The First Returnees from the Camps in Cox's Bazaar Arrived in Reception Centres", *The Global New Light of Myanmar*, May 28, 2018.

⑤ 该协议旨在促进难民"自愿、安全和有尊严地"返回。其中，UNHCR 将基于 MOU 来支持缅甸政府，做出关于其潜在居留目的地的评估，支持所有族群和谐共处；UNDP 则将为潜在居留地提供促进有关民众恢复正常生活和生产能力的发展项目。见"Government of Myanmar and United Nations Agencies Sign MOU on Assistance to the Repatriation Process of Displaced Persons from Rakhine State", *The Global New Light of Myanmar*, June 7, 2018。

退两难"的窘境。联合国的参与有效地监督和管控了遣返中出现的意外事故，但事实证明，这并不能加快难民遣返的进度，在 2018 年头四个月，通过缅甸公民资格审查程序并允许入境的难民仅 339 人，这不到难民总数的0.05%。① 还有一种分歧是，究竟罗兴亚人是否想被遣返？一些文章指出，罗兴亚人因畏惧等，实际上不愿意被遣返。②

其三，若开局势渐趋稳定，救济安置工作平稳进行，但罗兴亚人问题影响缅甸政治转型及经济发展已成事实，若开的稳定与发展更是任重道远。缅甸国家领袖昂山素季牵头组织了若开人道主义救援、安置与发展计划委员会（UEHRD），采用一种"国际国内众筹"的崭新方式来引进外界力量。例如，启动"青年志愿者项目"，通过青年志愿者向若开北部貌多和布迪洞的 4520 户家庭发放了价值 2.77296 亿缅元（约合 19 万美元）的物资；通过"千日营养计划"向 56560 人发放了 25.3782 亿缅元。③ 即便如此，传统的救济援助方式仍然改变不了若开地区贫困的现状。若开邦曾经是富饶的古国，资源丰富，土壤肥沃，又位于交通枢纽之地，商贾繁多。但目前，若开是缅甸第二贫困省邦，贫困率高达 78%，且因安全问题，若开也成为缅甸最孤立的省邦之一。④ 若开的不稳定导致整个缅甸社会经济环境的不稳定，将极大影响新增外资进入缅甸的安全评估，使得新近"起飞"、潜力巨大的缅甸市场更加敏感和脆弱。此外，缺乏发展的若开因贫困和失业不仅容易造成更多的人口流失，还容易助长社会暴力极端化和宗教民族主义蔓延，进一步减小了若开发展的机遇和空间，呈现"滚雪球"式恶果。

---

① "Recommendations on Rakhine State: Report to the People on the Progress of the Implementation of Recommendations on Rakhine State (January to April 2018)", *The Global New Light of Myanmar*, June 12, 2018.

② Zoltan Barany, "Where Myanmar Went Wrong: From Democratic Awakening to Ethnic Cleasing", *Foreign Affairs*, April 23, 2018.

③ "Recommendations on Rakhine State: Report to the People on the Progress of the Implementation of Recommendations on Rakhine State (January to April 2018)", *The Global New Light of Myanmar*, June 12, 2018.

④ "Myanmar Integrated Household Living Conditions Assessment-II. Poverty Profile", UN Development Programme (UNDP), February 24, 2011.

四　罗兴亚人问题的症结分析

从历史上历次涉及罗兴亚人的冲突及最后的分歧焦点来看，罗兴亚人问题的症结在于以下几方面。第一，缅甸主体民族对自称"罗兴亚人"的若开穆斯林群体的排斥夹杂着宗教民族主义和地区种族偏见，罗兴亚人自始至终以前者不接受的族群建构方式，意图融入缅甸主体民族，最终南辕北辙，罗兴亚人与缅甸主体民族渐行渐远。第二，随着缅甸政局的发展，罗兴亚人日益被边缘化，其从意图主动建国或并入他国，到建民族邦或建自治区，再到后来的求一族群身份和求一公民身份而不得，现在除了博取国际同情和介入，没有其他能够实施具体行动的合法手段和政治能力。第三，在缅甸政府和民众无法接受罗兴亚人的情况下，国际社会高强度的施压显得苍白无力，该问题仍难以找到行之有效的解决方式，社会的开放化和社交媒体的发达助长了传谣造谣之风气，使仇恨更易蔓延而信任更难建立。在人道主义灾难不断加剧的情况下，解决过程只会伴随更多眼泪、鲜血乃至硝烟。关于罗兴亚人问题的症结，本节分别从缅甸国家的立场、罗兴亚人和国际社会的立场出发，结合前文所叙之历史与现状进行概述。

（一）缅甸国家的立场

从各类文献，部分缅甸官员、精英和媒体的宣传报道，以及笔者与部分缅甸学者和民众交流的情况来看，对于大部分缅甸佛教徒（不仅缅族）来说，不愿或不能接受罗兴亚人这个群体的原因很多。比如，历史上其曾作为英国殖民者帮凶——V. Force 部队"残杀"若开人，政治上其曾经想独立并加入东巴基斯坦（孟加拉国），文化上其意图保持穆斯林特殊传统而无法与主流缅甸和若开文化融合，包括其无法接受自 2012 年骚乱以来，各类穆斯林团体以"为罗兴亚人呼喊"在缅甸各城镇甚至对海外缅甸公民进行的极端主义行径等。以至于仇恨不断累积，难题"越解越困"。

实际上，仇恨的蔓延并不仅仅是在缅族、若开族与罗兴亚人之间，而且在佛教徒与穆斯林之间。虽然不排除缅甸仍然有潘泰（Panthay）、波苏

（Pashu）等一些与佛教社群相处融洽的穆斯林，但当前正在助长罗兴亚人问题的一大因素，正是很多文明冲突论信徒和阴谋论家所叙述的"穆斯林恐惧症"（Islamaphobia）。即便这个词如此敏感，以至于一旦提到在众多西方学者视域下便是"政治不正确"的表现——因为罗兴亚人问题在西方学界和国际社会如此流行的原因是，这是一个"占缅甸全国90%以上的多数佛教徒对占比4%～10%不等的穆斯林少数群体人权倾轧的故事"。[1]

在缅甸宪法所规定的135个合法的民族中[2]，若开邦除主体民族若开族外，还有马尔马族（Maramagyi，又名"巴鲁阿族"，约1.25万人）[3]、卡曼族（Kaman，约5万人）[4]、山穆族（Mru，又名"卡米族"，约4万人）[5]、德族（Thet，又名"卡杜族"，约3.4万人）[6]、丹馁族（Daingnet，又名"泰玛族"，约8万人）[7]、穆族（Mro，又名"奎米族"，约8.3万人）[8]和麦拉人（Miram，又名"马拉人"，主体在钦邦）[9]。在这些少数民族中，除了卡曼族信仰伊斯兰教外，其他均信仰小乘佛教、印度教或本土宗教。在这些族群之外，信仰伊斯兰教的群体普遍被称为"若开穆斯林"，它们同

---

[1] NyiNyiKyaw, "Islamophobia in Buddhist Myanmar the 969 Movement and Anti-Muslim Violence", Melissa Crouch, *Islam and the State in Myanmar*: *Muslim-Buddhist Relations and the Politics of Belonging*, Oxford University Press, 2016, pp. 184 – 185.

[2] 虽然缅甸建国以来1947、1974、2008年三部宪法均未确认国内有135个民族，1982年《公民法》也未确认有135个民族，2014年人口普查也承认"135个民族的界定"有争议，但缅甸在各类正式场合仍在使用这个数字，如2017年10月4日国家安全顾问吴当吞在联合国安理会的讲话，详见 Statement by H. E. U Thaung Tun, National Security Advisor to the Union Government of Myanmar at the meeting on the situation in Myanmar in the United Nations Security Council National Security Advisor U Thaung Tun, September 28, 2017, the Global New Light of Myanmar, October 14, 2017。

[3] Burua, https://joshuaproject.net/people_groups/16382.

[4] *The Silence of the Muezzin*, The Economist, November 2, 2013, Retrieved November 15, 2013.

[5] Paul Hattaway, *Peoples of the Buddhist World*: *A Christian Prayer Diary*, Pasadena, 2004, CA: William Carrey Library, p. 195.

[6] Kadu, "Thet in Myanmar (Burma)", https://joshuaproject.net/people_groups/21307/BM.

[7] Paul Hattaway, *Peoples of the Buddhist World*: *A Christian Prayer Diary*, Pasadena, 2004, CA: William Carrey Library, p. 42.

[8] Christina Scotte Hornéy, "A Phonological Analysis of MroKhimi", MA thesis, University of North Dakota, 2012.

[9] Mara Chin, https://joshuaproject.net/languages/mrh.

"若开印度人"等称呼一样，是不作为族群界定的，即非"缅甸本土族裔"（indigenous ethnic）。

在若开穆斯林中，仅历史上被"流放"至若开中南部兰里岛地区的卡曼人得以颁发公民身份资格卡。即便如此，受历史上数次"排穆"事件和若开北部罗兴亚人问题影响，卡曼人也在危机中受牵连。据悉，在2012年和2013年骚乱中，均有卡曼人遇害，其中2013年10月，在丹兑有5名卡曼人被极端佛教徒杀害。[①] 卡曼人不仅被迫流亡至同样的难民营中，他们还要因与罗兴亚人有同样的信仰而被开罪。卡曼人没有受到历史审判的一大原因是——他们人口不多，且代价是要终身背负着"祖先是若开人流放的罪犯"这样一个名号。在2018年9月政府遣返3000名难民并发放公民身份资格卡时，若开族议员发现这些难民中有带有"阿卜杜勒"这样明显穆斯林姓名的难民，便立即申述要求缅甸政府停止，认为这是在"纵容罗兴亚人"——因为其他生活在缅甸的穆斯林基本都起的是缅甸名字。这种一刀切式的判断充分说明了"恐罗兴亚人"已经恶化至"恐穆斯林"的程度了。[②]

在"穆斯林恐惧症"（Islamaphobia）这样的叙事框架下，对于罗兴亚群体强烈的认同排斥，在很大程度上源于缅甸佛教主体成员自殖民时代以来对穆斯林的两大印象："人口膨胀"与"宗教同化"。

"人口膨胀"是缅甸学者在反对罗兴亚人申索公民身份时所提次数较多的一个概念，其观点包括以下几点。其一，穆斯林人口迁徙能力和繁殖能力极强，若开各市镇穆斯林人口呈数十万级增长，这使得原本数量不多的非法移民膨胀到可怕的地步，从人口上势必将"占领"若开地区。相反，当地若开人因为遭到穆斯林的恐吓，或因居住地被占领，人口不断减少，生存权利被剥夺。其二，每次挑起事端的基本都是穆斯林，引发佛教徒主体排斥后，非法移民以成万、数十万的数量形成难民，但每次难民危机结束后，其均借由遣返时机成倍返回若开。其三，非法移民以数量优势要求

① Lawi Weng, Steve Tickner, "In Thandwe, Communal Trust Shattered in Aftermath of Violence", *The Irrawaddy*, October 7, 2013.

② MoeMyint, "Parliament Blocks Request for Review of 3, 000 Kaman ID Cards", The *Irrawaddy*, September 14, 2018.

得到缅甸和国际社会对其"罗兴亚人"身份的认可，这样的数量让本身能力有限，且数十年积贫积弱的缅甸难以消化。[①] 除了以上观点外，国际危机组织还引述了一个观点，即在专制制度下，由于当局压制罗兴亚人，使得人口增长率远低于穆斯林的若开人得以占优。政治转型后，若开邦也建立了三权分立体制，若开人担心人口众多的穆斯林一旦通过议会竞选，势必会逐步取代若开人的优势地位，因而出现了"民主制度反而加剧了民族仇恨"[②] 这样的微妙现象。

"宗教同化"概念与"人口膨胀"相辅相成，其逻辑在于：随着穆斯林的人口膨胀，在宗教信条上与佛教格格不入、意图保持自身纯正性的伊斯兰教徒将改变若开北部、整个若开乃至缅甸其他地区的信仰，而这是在缅甸占有支配地位的佛教徒异常恐惧的。缅甸历史学家在叙述缅甸自沦为殖民地以来的"屈辱史"时，除了谴责英国殖民者分而治之的政策外，谈论较多的还包括"非法移民"，对这些移民的涌入从最早的"印度恐惧"（Indophobia）到"印度—穆斯林恐惧"（Indo-islamaphobia）再到"穆斯林恐惧"（Islamaphobia）[③]，宗教间对立的色彩越来越浓。此外，耶格、雷德等西方学者也承认，在孟加拉国移民进入若开后，其他地方移民和当地居民被孟加拉国穆斯林所同化。[④] 在缅甸佛教民族主义者，尤其是"969运动"领袖维拉都眼里，缅甸佛教的敌人是伊斯兰教，他在各类富有煽动性的演讲中鼓吹人们"反制穆斯林，防止缅甸被宗教同化"，同时用了很多"穆斯林暴徒强制佛教妇女更改信仰，否则就施以暴行"的故事，吸引到许多缅

① "A Interview to U KoKoHlaing, Myanmar Centre for Strategic and International Studies", Yunnan Univeristy, November 16, 2017.

② "Myanmar: The Politics of Rakhine State", International Crisis Group, Asia Report N°261, October 22, 2014, p. 8; "The Silence of the Muezzin", *The Economist*, November 2, 2013.

③ NyiNyiKyaw, "Islamophobia in Buddhist Myanmar The 969 Movement and Anti-Muslim Violence, Melissa Crouch", *Islam and the State in Myanmar: Muslim-Buddhist Relations and the Politics of Belonging*, Oxford University Press, 2016, pp. 190 – 192.

④ Moshe Yegar, "Between Integration and Secession", *The Muslim Communities of the Southern Philippines, Southern Thailand, and Western Burma/Myanmar*, Lexington Books, 2002, pp. 26 – 27. J. P. Leider, *Rohingya: The Name, the Movement, the Quest for Identity*, Nation Building in Myanmar, 2014, pp. 228 – 231.

族和其他族群佛教徒的注意力。① 值得注意的是，在曝出"罗兴亚救世军"
于 2017 年 9 月坑杀 85 名印度教徒的惨案后，缅甸官方媒体引述了对获救的
8 名女性的采访，其中公开的两句话是"他们（ARSA）说……必须诛杀佛
教徒和你们所有参拜那些石像和石头的人""她们长得漂亮，所以必须要强
制他们信仰伊斯兰"②，这更加固化了缅甸人对极端穆斯林和伊斯兰教的恐
惧，加深了对罗兴亚人的排斥。

对于缅甸来说，其精英和主体民族都难以接受罗兴亚人借遣返之机和
国际压力取得缅甸民族（原住民，缅语称 Taing In Tha）资格身份，因此只
承认接收通过核查证明"其出逃前原居地在缅甸"的那一部分人，而即便
完成这个难以真正核查清楚身份的过程，缅方也只能发放公民身份资格卡
（NVC），该卡只允许在若开貌多地区自由行动——即便是这样，发放 NVC
的政策也遭到了若开主体民族若开族的消极抵制，并以此为借口，若开民
族党（ANP）和声称代表若开族的若开民族组织/武装若开军（AA）发起
公开抗议甚至武装对抗。对于孟加拉国而言，其根本不相信缅方有诚意接
收这些难民，但滞留边境确实无助于问题的解决，因此孟加拉国提出将数
十万人迁移到孟加拉湾迎风口的一个小岛——巴桑沙（Bhasan Char）。但实
际上，这个岛 3 万英亩的面积常受飓风影响，涨潮时露出的面积只有 1 万 ~
1.5 万英亩，是否适合居住尚无定论。③ 在很大程度上，孟方这种饮鸩止渴
的策略恐怕只会因为人道主义灾难而再度将祸水引给缅甸。最后可能的结
果是，两国基于民族主义对峙的倾向不减，而国际压力只会增加缅甸的对
抗心理，无助于实际问题的解决。

---

① NyiNyiKyaw, "Islamophobia in Buddhist Myanmar The 969 Movement and Anti-Muslim Violence,
Melissa Crouch", *Islam and the State in Myanmar：Muslim-Buddhist Relations and the Politics of
Belonging*, Oxford University Press, 2016. pp. 184 – 186.
② "This Area is Our Territory：ARSA Extremist Terrorists", *The Global New Light of Myanmar*, October
5, 2017.
③ Zeba Siddiqui, "Exclusive：Rohingya Repatriation, Relocation Plans Set to be Pushed Back to 2019 –
Government Official", Reuters, November 18, 2018, https：//www. reuters. com/article/us-myan-
mar-rohingya-bangladesh-exclusive/exclusive-rohingya-repatriation-relocation-plans-set-to-be-pushed-
back-to – 2019 – government-official-idUSKCN1NN0FC.

（二）罗兴亚人和国际社会

将罗兴亚人的立场同国际社会（这里主要指在各类场合表态支持罗兴亚人的以西方为首的国际社会）相提并论，原因不仅仅是后者基本出于前者的立场考虑，还包括正是罗兴亚人和国际社会互动的过程，导致罗兴亚人问题整体国际化，并导致解决罗兴亚人问题复杂化。

从某种程度上来说，罗兴亚人得到了全世界的注目和大部分西方国家与人权组织的声援，这导致以下几方面结果。其一，每一次若开危机都会出现大规模难民外逃，一些学者称之为"大规模自发性外逃"①，因为它们有更多的外逃目的地或者接济者，且成规模的流动更容易得到国际社会的关注和同情，这让难民潮的数量呈滚雪球式增长，1977 年"龙王行动"导致 30 万名难民外逃，这个数字在 40 年后达到了 70 万。其二，与"自发性外逃"相匹配的"习惯性遣返"。历史上数次难民危机后，基本上罗兴亚人都得到了缅甸政府的许可遣返，否则无法解释为什么会有后边更多人数的难民潮。但有学者怀疑，更多罗兴亚非法移民夹杂于遣返过程中，导致缅甸罗兴亚人数越来越多，该群体已经"习惯性遣返"了。② 其三，难民的外逃与遣返形成滚雪球式的恶性循环，许多时候是因为自然灾害而非族群冲突，在国际社会同情罗兴亚难民的情况下，所有的责任都归于缅甸政府，即便如此，直到目前，最关键的问题——罗兴亚人的"生存空间"问题并没有得到根本解决。

目前来看，罗兴亚人的生存空间仍然在外逃与遣返的路上。备受关注的"船民"问题的实质也是缺乏生存空间的罗兴亚人，走投无路而"投身大海"的无奈之举。换句话说，如何让罗兴亚人在各方认同和接受的前提下获得更大的生存空间，才是解决数十万难民问题的要旨，而不是让这个群体在人数可能继续膨胀的情况下，继续生存于国际社会怜悯和缅甸政府被动接受的"出逃—遣返"怪圈中轮回。现状之所以一直没有改观，是因

---

① 方天建：《全球化视野下的缅甸罗兴亚族问题》，《世界民族》2016 年第 2 期。

② UKoKoHlaing, "Rakhine Myth and Reality", A Speech of Centre for Strategic and International Studies, Myanmar, November 16, 2017.

为罗兴亚人和国际社会的态度总体上是要求缅甸接受对"罗兴亚人"的整体认同和族群接纳，以及同时解决难民问题，这无疑是在与缅甸整个民族和国家进行压力对抗。

从压力对抗的格局来看，以西方国家为首的国际社会站在罗兴亚人这一方。为促使缅接受罗兴亚群体并予以救助，其主要施压的方式有三种。

一是渲染罗兴亚人的"被害者语境"，将其与巴勒斯坦人、犹太人相提并论，将罗兴亚人问题"政治符号化"，将缅甸推到道义、价值甚至伦理的对立面。国际人权组织、咨询及学术机构大量引用图片、影像和数据资料描述罗兴亚人作为"被害者"的悲惨境遇，相关情况可见诸联合国人权委员会（UNCHR）、联合国难民事务高级专员办公室、人权观察组织、国际危机组织等，不一而足。值得注意的是，伦敦昆士兰玛丽近期的一份研究报告称罗兴亚人问题已经到了"种族清洗"最终阶段。通过引述该报告，有媒体将罗兴亚人比作"东南亚巴勒斯坦人"，并指出缅甸政府将罗兴亚人叫作"孟加拉国非法移民"同以色列将巴勒斯坦人叫作"南部叙利亚人"或者"约旦人"如出一辙①，这似乎意味着，缅甸政府同以色列一样，是"抢走他人家园的强盗"，或者说潜台词是，受害方罗兴亚人应当像巴勒斯坦一样争取在国际社会支持下赢得自己的政治权利。有媒体进一步质疑"像巴勒斯坦那样就足够了吗"，并举出沙特阿拉伯"接受 25 万名罗兴亚人并给予其平等的教育、卫生和就业机会"，以谴责缅甸政府"犯下过错"且"无作为"。②

有趣的是，同样基于谴责缅甸政府犯下人权罪行的初衷，却有人将罗兴亚人比作"亚洲的犹太人"，其论述除了将罗兴亚人流散于世界各地同当年犹太人的命运相比较，还特别提到了 20 世纪 30 年代的犹太人③，其潜台词自然是将缅甸当局与纳粹分子相提并论。此外，美国犹太人集团似乎对

---

① Nada Elia, "The Rohingya: Southeast Asia's Palestinians", *The New Arab*, September 12, 2017, https://www. alaraby. co. uk/english/comment/2017/9/12/the-rohingya-southeast-asias-palestinians. Available on September 10, 2018.

② CraigConsidine, "The Rohingya Are the New Palestinians", *Foreign Policy*, September 26, 2017.

③ David Pilling, "Rohingya Boat People are Becoming the Jews of Asia", *Financial Time*, May 20, 2015, https://www. ft. com/content/0f0db618 – fd54 – 11e4 – 9e96 – 00144feabdc0, Available on April 2, 2018.

罗兴亚人的命运"异常感同身受",据说包括三大教派在内的20多个美国犹太人组织领袖签署联名请愿书,要求美国政府通过经济制裁向缅甸政府施压,使其承认罗兴亚人。① 显然,巴勒斯坦人和犹太人是对立性最受世界关注的两个民族,将罗兴亚人比作其中之一,都可以吸引众多"观众"对罗兴亚人的注意力,但与历史事实相悖,缅甸政府既不是以色列,更不是纳粹德国,这样一刀切的叙事逻辑只能在潜意识上加强罗兴亚人与缅甸主体民族的裂痕,无益于问题的解决。

二是借助缅甸转型的背景,打造"转型黑幕语境",将承认罗兴亚群体作为标准来评判缅甸的民主、人权和自由化进程,甚至不惜攻击和抹黑缅甸的民族、民主偶像昂山素季。除了道义施压外,罗兴亚人及其国际支持者更希望人们将解决罗兴亚人问题作为一切的准绳,包括正在如火如荼进行的缅甸政治转型。2013年,国际危机组织一篇名为《转型的黑暗面:缅甸对穆斯林暴力》的报告,深刻描绘了国际社会对罗兴亚人问题的不满②,然而该文对缅甸转型的成果只字未提。同样,当罗兴亚人及其国际支持者满怀希望地期待昂山素季及民盟上台后的表现,换来的却是2016～2017年极端主义袭击后引发的"人权危机"时,缅甸似乎瞬间丧失了其转型初期的外交底气。欧美等国在联合国大会、联合国人权理事会等场合数次发起意图在罗兴亚人问题上谴责缅甸的投票,并威胁称将重启对缅甸的经济制裁③;英国《卫报》等知名媒体专栏文章,以及马拉拉·优素福·扎伊等诺贝尔和平奖获得者,则要求取消昂山素季的诺贝尔和平奖④;美国大屠杀纪念馆则直接褫夺在2012年颁发给缅甸国务资政昂山素季的奖章,原因是昂

---

① Amir Tibon, "U. S. Jewish Group Urge Fresh Myanmar Sanctions Over Rohingya Violence", *Haaretz*, January 6, 2018, https://www.haaretz.com/us-news/u-s-jewish-groups-urge-fresh-myanmar-sanctions-over-rohingya-violence–1.5729497, Available on June 7, 2018.

② "The Dark Side of Transition: Violence Against Muslims in Myanmar", The International Crisis Group, October 1, 2013.

③ "Myanmar Rejects Draft Resolution on Human Rights at HRC", *The Global New Light of Myanmar*, March 25, 2018.

④ George Monbiot, "Take Away Aung San Suu Kyi's Nobel Peace Prize. She No Longer Deserves It", *The Guardian*, September 5, 2017.

山素季"没能阻止缅甸军队对若开罗兴亚穆斯林屠杀的行为"①。第三方和国际金融机构同样没有放弃通过经济手段要挟缅甸政府。2017 年 8 月，美国和欧盟宣布对缅甸军官实施经济制裁，以惩罚其对罗兴亚人的"种族清洗"；2017 年 10 月，世界银行公布其将推迟给予缅甸 2 亿美元贷款，以表达对罗兴亚难民的"严正关切"。② 2017 年底至 2018 年全年，昂山素季的多个荣誉奖章被西方国家"吊销"（见表 2）。不过，抹黑领袖及制裁缅甸，都不会改变其作为一个民族主权国家捍卫自身尊严的决心，从另外一个层面说反而有利于其内部聚合。此外，国际货币基金组织（IMF）及一些学者也已经敏锐地观察到，制裁对缅甸来说效果有限。③

表 2　2017～2018 年缅甸国务资政昂山素季被剥夺的国际称号或奖项

奖项名称	颁发时间	取消时间
英国谢菲尔德市荣誉市民	2005 年	2017 年 11 月
爱尔兰都柏林市荣誉市民	2000 年	2017 年 12 月
伦敦政治经济学院荣誉学生联盟主席	1991 年	2017 年 11 月
美国大屠杀纪念馆奖章	2012 年	2018 年 3 月
英国爱丁堡荣誉市民	2005 年	2018 年 8 月
加拿大多伦多市荣誉市民	2007 年	2018 年 9 月
大赦国际"良心大使奖"	2009 年	2018 年 11 月
英国格拉斯哥市荣誉市民	2009 年	2018 年 11 月
英国牛津市荣誉市民	1997 年	2018 年 11 月

资料来源："Aung San Suu Kyi Stripped of at Least 9 Awards in a Year", *Coconuts Yangon*, August 24, 2018, https://coconuts. co/yangon/news/aung-san-suu-kyi-stripped-least-9-awards-year/; "Glasgow Strips Aung San Suu Kyi of Freedom of the City", *The Sunday Post*, November 2, 2017, https://www. sundaypost. com/fp/glasgow-strips-aung-san-suu-kyi-of-freedom-of-the-city-award/; "Aung San Suu Kyi Stripped of Freedom of Sheffield", *BBC News*, November 2, 2017, https://www. bbc. com/news/uk-england-south-yorkshire – 41831655; above all available on December 20, 2018.

---

① Holocaust Museum, "Strips Suu Kyi of Award", *The Irrawaddy*, March 8, 2018.

② ZarniMann, "World Bank Withholds $200 Million Myanmar Loan", *The Irrawaddy*, October 16, 2017.

③ IMF: "As Myanmar Economy Rebounds, Sanctions Risk Gives Some Investors Pause", *The VOA*, April 3, 2018, https://www. voanews. com/a/imf-myanmar-economy-sanctions-investors/4331043. html, Available on December 20, 2018; ManmeetAjmani, "How Did Sanctions Impact Myanmar?" *The Diplomat*, January 6, 2018.

　　实际上，正在转型成为一个"民主联邦国家"的缅甸有更艰难的选项。在脆弱的制度环境和巨大的国际压力下，民主领袖很多时候要面临被民粹主义者和民族主义者抢夺话语权的风险。很多缅甸学者已经敏锐地觉察到了，例如吴尼尼觉指出："西方的民主人权卫道士要求当局在制止穆斯林受极端佛教徒侵害方面做到更多，但这样的做法恰恰违背了其选民（排斥穆斯林）的意愿。"① 也就是说，民主的价值取向与其制度取向相悖，这使得决策者被迫在国际压力面前必须做出不利于自己执政的选择——屈从压力而丧失民心；服从民意而助长民粹主义乃至族群冲突（如吴登盛政权）；或者选择沉默寻求缓和之道而被各方质疑（如昂山素季政权）。

　　三是仇恨言论与极端主义的蔓延。支持罗兴亚人的国际媒体将缅甸政府和军队塑造成众矢之的，双方的仇恨言论互有来往，但实际上仇恨言论的散播在一定程度上纵容、放任了伊斯兰极端主义在缅甸的蔓延。自2012年大规模族群冲突以来，罗兴亚人及其国际支持者与缅甸的仇恨言论拉锯战从未停息过，在2015年1月联合国缅甸问题特使被授权调查罗兴亚人问题后，以"969运动"为代表的佛教民族主义崛起。该运动领袖维拉都称特使为"娼妓"，联合国人权事务高级专员扎伊德立即回应道其"蓄意挑起国际仇恨"②，但随后在缅甸佛教民族主义势力鼓动下，缅甸吴登盛政权通过了被认为不利于缅甸穆斯林尤其是罗兴亚人的"保护宗教和种族四项法令"③，而当年，维拉都不仅登上了《时代》周刊封面，还被冠以"佛教本·拉登"的称号，缅甸政府随即下令封杀《时代》周刊。

　　昂山素季上台后，在缅甸政府和中央佛教委员会的管控下，由前"969运动"核心人物组建的极端佛教民族主义组织"马巴达"被取缔，其宗教首领被勒令禁止活动一年，其势力有所消减。但随着2016～2017年若开极端袭

---

① NyiNyiKyaw, "Islamophobia in Buddhist Myanmar The 969 Movement and Anti-Muslim Violence", Melissa Crouch, *Islam and the State in Myanmar: Muslim-Buddhist Relations and the Politics of Belonging*, Oxford University Press, 2016. pp. 184 – 185.

② "UN Condemns Myanmar Monk Wirathu's 'Sexist' Comments", *BBC News*, January 22, 2015, https://www.bbc.com/news/world-asia – 30928744, Availableon March 29, 2018.

③ "Burma: Four 'Race and Religion Protection Laws' Adopted", *Report of Global Legal Moniter*, September 14, 2015.

击及军队发动清剿行动后罗兴亚难民危机加剧，国际社会又将枪口对准民盟政府及缅甸国防军。2017 年 7 月，联合国特使李亮喜再次赴缅甸考察，但表示缅甸政府限制其行动范围，认为缅甸政府还在沿用军人执政时期的手段，对缅甸人权形势"深感不安"。① 缅甸国务资政府部则立即回应称，李亮喜在"煽风点火"。② 2017 年 12 月，缅甸政府拒绝就罗兴亚人问题向西方国家妥协，并在各类国际场合表明缅甸政府的态度，取消李亮喜入境考察的资格。③ 2018 年 5 月，人权观察组织称，联合国安理会应将缅甸军队以"种族灭绝罪"诉至国际刑事法庭。④ 8 月，ICC 称将扩大管辖权（缅甸不是ICC 签署国）以干预缅甸罗兴亚人问题，随即遭到缅甸军政双方的强烈抨击。⑤ 8 月下旬，Facebook 发表官方声明，包括总司令敏昂莱在内的缅甸高级军官的官方 Facebook 账号被关闭，原因是其"涉嫌侵犯人权并发布仇恨言论"。⑥

极端言论的散播，在某种程度上强化了"恐怖主义"的国际印象。2017 年"8·25"极端主义袭击事件正好发生在科菲·安南带领的若开顾问委员会发布最终报告之后第一天，这对于试图积极解决若开问题的民盟政权来说无疑泼了最大的一盆冷水，对缅甸的民族感情和国际社会来说无疑也是一种挑衅。由部分极端团体组织所发动的袭击的后果往往是仇恨裂痕的加深和罗兴亚难民危机的加剧，对于本身就处于困境中的罗兴亚人来说无疑是饮鸩止渴。在"人权高于主权"的语境下，对缅甸所进行的"反

---

① Yanghee Lee, "Special Rapporteur on the Situation of Human Rights in Myanmar at the 35th Session of the Human Rights Council", Agenda item 4, Geneva, *UNHRC*, June 15, 2017.

② Nyan Lyinn Aung, "Govt, UN Rapporteur 'disappointed' in each other", *Myanmar Times*, July 24, 2017.

③ "Myanmar Refuses Access to UN Special Rapporteur", *OHCHR*, December 20, 2017, http://www.ohchr.org/EN/NewsEvents/Pages/DisplayNews.aspx? NewsID = 22553, Available on March 29, 2018.

④ "UN Security Council: Refer Myanmar to ICC Stand Up for Rohingya Victims of Crimes Against Humanity", *Human Right Watch Report*, May 8, 2018.

⑤ "Government of the Republic of the Union of Myanmar Ministry of the Office of the State Counsellor", *The Global New Light of Myanmar*, August 10, 2018.

⑥ U ZawHtay, "Spokesman of the Office of the President: the Questions Have Been Raised as to the Reasons for the Removal of the Facebook Accounts and Pages Associated with Tatmadaw", *The Global New Light of Myanmar*, August 29, 2018.

恐"，除了中印几个国家外，响应者寥寥无几。2018 年 1 月 17 日，缅甸在官方报纸上陆续公布了其所指认的与"罗兴亚救世军"有关的 1400 名"恐怖人员名单"，因内容包括姓名和照片，还有部分妇女和儿童，立即引发国际舆论的轩然大波。国际律师委员会（ICJ）表示："这是公然蔑视法制，将生命置于危机之中。"[1] 有人认为，缅甸政府将"罗兴亚救世军"定为恐怖组织同以色列将巴勒斯坦的抵抗组织定为恐怖组织相比，是"出于政治目的"。[2]

总　结

罗兴亚人问题自产生开始，便因其自身的多视角歧异性而引发各方的争执，而其涉及的民族、宗教、国家间矛盾，更赋予其深刻的敏感性。同时，由于国际力量的介入及罗兴亚人问题本身的逐年变化与发展，互动和过程视角显得更为重要，因为这样的过程意味着对罗兴亚人的多视角歧异性可以得到某种意义上的共识性磨合。为此，仅仅在民族学、文化学或者历史学方面的界定，不足以在国际流散的视域下厘清这个跨境群体的国际影响，添加比较政治学、地缘政治学、外交学等方面的观测视角可能更有助于研究的发展。值得注意的是，即便国际社会日益关注该问题，该问题的主体——罗兴亚人对于自身的境遇和政治前景却日益悲观，没有像 20 世纪八九十年代那样的一批罗兴亚人精英站出来带领这个群体向前发展（不管是选择妥协还是继续对抗）。出于恐惧或绝望的心态，该群体也拒绝与外界就其境遇再做深入交流，而其流散能够保存下来的历史证据也为数不多。在此境遇下，罗兴亚人问题的发展还有更多不确定性，甚至不乏更多暴恐化的倾向，仍待日后继续跟踪观察研究。

---

[1]　Rights Groups Condemn Govt Publication of "Terrorist" List.

[2]　Craig Considine，"The Rohingya Are the New Palestinians"，*Foreign Policy*，September 26，2017.

B.5 缅甸全国停火协议及相关民族和解机制分析

孔　鹏 *

摘　要　缅甸政治转型后，巩发党政府与部分民族组织/武装共同开启了以全国停火协议为基础的新一轮和平进程。经过两届民选政府的努力，目前已经有 10 支民族组织/武装签署了全国停火协议，并基于协议制定的机制和流程展开政治对话。从历史和法律的角度审视，全国停火协议及相关和解机制是缅甸独立以来首个全国性的、具有国家法律效力的规范性文件和制度。虽然各方褒贬不一，但客观上，这对经历了 60 多年内战的缅甸各民族而言，是一次新的和解机遇和尝试。和平之路并非坦途，缅甸民族和解相关各方理应秉公心、顺民意，采取措施相向而行，争取早日实现国家和平。

关键词　缅甸　全国停火协议　民族和解机制

2011 年，以吴登盛为总统的巩发党政府从军政府手中接掌政权，缅甸进入民选政府时代。新政府积极推进政治、经济、社会全方位的转型与改革，在国内和平问题上出台了一些新举措，其中包括全国停火协议①及与之配套的民族和解机制。在巩发党执政的五年里，全国停火协议从最初的一个概念逐渐发展为一整套形式上较为完整的停火、监督、对话、和解

---

* 孔鹏，云南大学周边外交研究中心、缅甸研究院副研究员，主要研究方向为缅甸政治、民族，中缅关系。

① 协议全称为 "缅甸联邦共和国政府与民族组织/武装组织间签署的全国范围停火协议"（The Nationwide Ceasefire Agreement between the Government of the Republic of the Union of Myanmar and the Ethnic Armed Organizations，NCA）。

机制。2016 年,缅甸平稳实现执政党轮替,昂山素季领导的民盟政府在民族和解机制上几乎全盘继承前任的方案,并将推动民族和解、实现国家和平作为执政的首要任务,竭尽全力加以推进。当前,基于全国停火协议的民族和解机制是缅甸当局,即政府和军方[①]都认可的方案,同时也被部分民族组织/武装[②]所接受。对中国而言,缅甸和平进程尤其是缅甸北部的民族和解问题,事关国家安全和中缅两国间的友好关系。中国政府多次申明,"中方支持缅方通过政治对话实现国内和平与民族和解"[③],"中方愿继续为推动缅甸和平进程发挥建设性作用"。[④] 但是在中文文献里,专门针对缅甸全国停火协议的研究尚属空白,在一定程度上影响了中国官方和学界对缅甸当局民族和解思路与政策机制的认知。对缅甸全国停火协议及相关和解机制形成的背景与过程进行回顾、梳理,在此基础上对其内容、特点和前景进行解读、分析,有助于更好地了解缅甸和平进程的现状、缺陷及困难。

一 全国停火协议的形成和发展

(一)全国停火协议产生的背景

2011 年 3 月 30 日,缅甸军政府向以吴登盛为总统的民选政府移交权力。8 月 18 日,新政府发布公告,邀请国内所有民族组织/武装与政府接触对话,共商和平。[⑤] 当局提出"停火—对话—和解"三步走的和平路线图计

---

① 本文认为当前缅甸存在事实上的"文人—军人二元权力结构",为了行文方便,将使用"当局"指代民选政府和军方。

② 对缅甸民族组织/武装的称谓,暂无统一规范用法。英文文献中常用 EAOs(Ethnic Armed Organizations),缅文文献中常用"民族武装组织",缅甸民族组织则自称"民族革命武装组织",中文文献惯用"民族地方武装",考虑到并非所有参与和解进程的民族组织都拥有武装,本文使用"民族组织/武装"来指代。

③ 《中华人民共和国和缅甸联邦共和国联合新闻公报》,中国政府网,2017 年 4 月 10 日,http://www.gov.cn/xinwen/2017 - 04/10/content_5184712.htm。

④ 《习近平会见缅甸国务资政昂山素季》,新华网,2016 年 8 月 19 日,http://www.xinhua-net.com/politics/2016 - 08/19/c_1119423235.htm。

⑤ 《缅甸联邦共和国政府公告第 1/2011 号》,《缅甸新光报》(缅文版)2011 年 8 月 19 日。

划，设置了省/邦级、联邦级两级和谈机构，呼吁国内民族组织/武装先与当局展开对话、实现停火、建立互信，然后再磋商其他问题。该方案为大多数民族组织/武装所接受，其中包括实力最强的佤邦联合军（UWSA）和历史最悠久的克伦民族联盟（KNU）。

与此同时，巩发党政府与另一支老牌民族组织/武装——克钦独立军（KIO）的和解对话在经历多轮拉锯后也取得突破。自 2011 年 6 月 9 日起，克钦独立军与政府军爆发了激烈的武装冲突，战事持续了近 20 个月，"政府军和克钦独立军在多处地方大大小小交战二千四百多次"。[①] 冲突期间，双方举行了至少 8 轮正式谈判和数次非正式磋商，都因分歧严重未能达成共识，谈判陷入僵局。直到 2013 年 1 月 18 日，吴登盛总统公开宣布，政府军将停止对克钦独立军的主动进攻。随后，在联合国特使和中国政府的斡旋调停下，缅甸当局与克钦独立军于当年 5 月 30 日在克钦邦密支那达成了一份包含 7 点共识的协议，双方同意继续开展政治对话，并采取措施终止敌对状态。

自 2011 年 8 月发出对话倡议后，巩发党政府经过两年多的努力，与大多数民族组织/武装签署了新的双边停火协议[②]，在全国范围内暂时实现了停火，"到 2013 年 8 月，共有 14 支民族组织/武装与当局签署了双边停火协议（bilateral ceasefile）"。[③] 时任联合国缅甸问题特使南威哲表示，这是"一个历史性的进展"，"将为建立一个可持续的和平框架打下基础"。[④]

（二）全国停火协议概念的出现

巩发党政府发出民族和解倡议时，最初的构想和规划里并没有"全国停火协议"这一概念。2012 年 7 月，吴登盛总统在联邦和平创建中央委员

---

① 《缅甸克钦独立军：我们希望中国帮助化解目前危机》，凤凰网，2013 年 1 月 10 日，http://news.ifeng.com/shendu/sdzb/detail_2013_01/10/21030490_1.shtml。
② 1988 年后的缅甸新军人政权在 20 世纪 80 至 90 年代期间，先后与国内的民族组织/武装达成过不同形式与内容的停火协议，因此 2011 年之后当局与各民族组织间签署的停火协议被称为"新停火协议"。
③ 昂乃乌：《和平之路：一位深度参与者的体会》，仰光密兹玛传媒，2016，第 69 页。
④ 《签署初步停火协议，缅甸民族和解迈向政治谈判阶段》，中新网，2013 年 6 月 10 日，http://www.chinanews.com/gj/2013/06-10/4918530.shtml。

会（UPCC）① 成立大会上的讲话中提到，"在实现国家和平的过程中，我们分成省/邦、联邦和联邦议会三个层次，针对省/邦级和平工作布置了 5 项任务，针对联邦级和平工作布置了 8 项任务"②，并未提及要签署全国停火协议。"全国停火"和"全国停火协议"的概念是克钦独立军与缅甸当局在停火谈判过程中互动建构而成的。

一方面，克钦独立军在与缅甸当局磋商停火时，坚持不签署新的双边停火协议，其理由是 1994 年已经与当时的军人政权签署过类似协议。③ 2013 年双方达成密支那协议时，"有意避免明确提及'停火'一词"，"虽然没有使用这一说法，但该协议实质上就是一份停火协议"。④ 在此后的谈判中，克钦独立军依然不同意使用"双边停火"的措辞，要求政府宣布在全国范围内停火。为增加谈判中的话语权，克钦独立军还积极将自身塑造为全国各民族利益的"代言人"，于 2011 年 6 月牵头成立民族联合联邦委员会（UNFC）⑤，强调克钦独立军的抗争与诉求不仅仅是为了克钦族，也是为其他非缅族群体争取权益，实现全国范围停火能够惠及各民族。

另一方面，缅甸当局逐渐意识到，推动各民族组织/武装共同签署一份全国停火协议，既可以将克钦独立军不愿单独签署停火协议的问题"打包"处理，还可以达成一桩彪炳史册的功绩。毕竟自缅甸独立以来，在持续 60 多年的内战历史中，还从来没有产生过一份涵盖所有政治力量和所有民族的停火协议。2013 年，缅甸国内基本实现停火，民族和解前景可期，当局主导的政治、经济、社会全方位转型也得到国际社会普遍赞誉。如果能够达成全国停火协议，对缅甸当局，特别是总统吴登盛而言，能够起到巩固执政地位，赢取民意支持的正面作用。因此，在当局和以克钦独立军为首

---

① 全称为 "Union Peac-making Central Committee"。
② 《联邦和平创建中央委员会成立》，《缅甸新光报》（缅文版）2012 年 7 月 4 日。
③ 克钦独立军与缅甸军政府于 1993 年 9 月 30 日达成停火协议，于 1994 年 4 月 24 日正式签署和平协议。参阅钟智翔、李晨阳《缅甸武装力量研究》，军事谊文出版社，2004，第 260 页。
④ 《缅甸克钦冲突的暂时和平》，国际危机组织亚洲简报 N°140，第 15 页，2013 年 6 月 12 日，https：//d2071andvip0wj. cloudfront. net/a-tentative-peace-in-myanmars-kachin-conflict-chinese. pdf。
⑤ 全称为 "United Nationalities Federal Council"，除佤邦联合军、掸东同盟军外，该机构一度吸纳了缅甸国内所有的非缅族民族组织/武装，成为最大的民族组织联合体。

的民族组织/武装联盟的共同推动下，"全国停火协议"的概念被提出并迅速成为缅甸和平进程中的一个"热词"。

（三）全国停火协议磋商的启动

2013年6月初，克钦独立军领导的民族联合联邦委员会向当局提出"磋商全国停火协议，巩固已有谈判成果"的要求。[①] 6月12日，吴登盛总统表示"政府将在所有地区实现停火后，邀请所有民族组织在内比都共同签署停火协议"。[②] 9月29日，缅甸联邦和平创建工作委员会（UPWC）[③] 副主席、首席和谈代表吴昂明表示："政府将在合适的时间与所有民族组织签署全国停火协议，这不仅是个重大的历史事件，还是一个包容所有人的进程，各民族组织、政府、军队、第三方观察者，以及来自国内各行业的代表都参与的进程，""与各民族组织的政治对话也将按照停火协议的规定展开。"[④]

随后，缅甸当局与民族联合联邦委员会约定，分别起草各自的全国停火协议草案，然后再召开联合工作组会议，针对双方提交的草案展开磋商，最终形成单一的全国停火协议草案。缅甸当局方面由联邦和平创建工作委员会负责起草，民族组织/武装方面由民族联合联邦委员会负责起草。由于佤邦联合军、掸东同盟军等缅北主要的民族组织/武装并未加入民族联合联邦委员会，因此民族版的全国停火协议从一开始的起草工作就面临内部矛盾和分歧，在此后与当局的谈判磋商阶段，更是困难重重。值得注意的是，根据缅甸当局与民族组织/武装达成的共识，"全国停火协议既要实现即时的停火目标，也要建立长效的机制"，"协议应当成为全国和平的基石之一"。[⑤] 也就是说，全国停火协议的起草工作并非单纯的文本草拟，还涉及对全国停火对话框架、政治谈判磋商机制等政策性和机制性问题的探索。

---

① 昂乃乌：《和平之路：一位深度参与者的体会》，仰光密兹玛传媒，2016，第46页。
② 《吴登盛总统接见南掸邦军代表团》，《缅甸新光报》（缅文版）2013年6月13日。
③ 全称为"Union Peac-making Working Committee"。
④ 《缅甸和平中心向国内政党代表介绍和平进程》，《缅甸新光报》（缅文版）2013年9月30日。
⑤ 昂乃乌：《和平之路：一位深度参与者的体会》，仰光密兹玛传媒，2016，第72~73页。

根据最初的设想，系统的缅甸民族和解框架性方案将伴随着全国停火协议草案的诞生而形成。

（四）全国停火协议草案的成形与签署

作为缅甸历史上第一份试图涵盖全国各民族、各政治力量，并且尝试建立系统的关于停火、对话机制的规范性文件，全国停火协议的起草和磋商注定是一个艰难、反复及缓慢的过程。2013 年 10 月 7 日至 9 日，民族联合联邦委员会在泰国清迈总部召开全体成员大会，讨论了协议起草工作和政治对话框架。10 月 30 日，18 个民族组织/武装的领导人在克钦独立军总部拉咱举行会议，决定于 11 月 2 日组建全国停火协调小组（NCCT）①，负责与当局磋商全国停火协议相关事宜，其成员包括：若开解放党（ALP）、若开民族理事会（ANC）、若开军（AA）、钦民族阵线（CNF）、民主克伦仁爱军（DKBA）、克伦尼民族进步党（KNPP）、克伦民族联盟、克伦民族联盟/克伦解放军和平理事会（KNU/KNLA-PC）、拉祜民主联盟（LDU）、果敢同盟军（MNDAA）②、新孟邦党（NMSP）、勃欧民族解放组织（PN-LO）、崩龙邦解放阵线（PSLF）、掸邦发展党（SSPP）、佤民族组织（WNO）、克钦独立军。

随后，缅甸当局和全国停火协调小组在 4 个月的时间内，完成了各自版本的全国停火协议起草工作。2014 年 3 月，双方正式开始对协议文本展开磋商谈判。2015 年 3 月，形成了全国停火协议最终草案文本。整个过程历时近 22 个月。其间，缅甸当局与民族联合联邦委员会授权的谈判机构共举行了 9 次正式会谈，前 7 次是当局与全国停火协调小组谈判，后两次是当局与全国停火事务高级协调代表团（SD）③ 谈判。民族组织/武装内部也先后 7 次召开领导人峰会，协调立场（见表 1、表 2）。

---

① 全称为 "Nationwide Ceasefire Coordination Team"。
② 英文直译是 "缅甸民族民主同盟军"，国内惯用 "果敢同盟军"，本文沿用国内通用名称。
③ 全称为 "EAOs' Senior Delegation for NCA"，成员组织是在 NCCT 的 16 个成员基础上加入了全缅学生民主阵线（ABSDF）。

表1　缅甸联邦和平创建工作委员会与全国停火协调小组等机构的正式会谈情况
（2014 年 3 月至 2015 年 8 月）

序次	时间	进展和成果
1	2014.03.09—03.10	将两个版本的协议草案整合为单一文本供磋商讨论；同意各派 9 人组成工作组
2	2014.04.05—04.08	就协议草案中的 48 项条款达成一致，形成协议草案第一稿
3	2014.05.21—05.23	对剩余的 55 项条款进行磋商，就其中 24 项达成一致，形成第二稿
4	2014.08.15—08.17	对剩余的 31 项条款进行磋商，就其中 26 项达成一致，形成第三稿
5	2014.09.22—09.26	对剩余的 5 项条款进行磋商，最终出现 8 处争议，形成第四稿
6	2014.10.22—10.23	对争议条款进行磋商谈判，就其中 4 项达成一致，剩下 4 项争议条款
7	2015.03.26—03.31	在各方争议声中形成全国停火协议草案最终确认稿，提交各方确认
8	2015.07.22—07.24	民族组织/武装授权新谈判机构 SD 继续与当局磋商协议草案确认与签字安排
9	2015.08.06—08.07	当局与 SD 确认并公布全国停火协议最终稿，决定择日举行签字仪式

资料来源：作者根据相关会议公告、新闻报道整理。

表2　各民族组织/武装领导人召开会议协调内部立场情况
（2013 年 10 月至 2015 年 9 月）

序次	时间/地点*	内容和成果
1	2013.10.30—11.02/拉咱	①拟定民族组织/武装关于起草全国停火协议的 11 点意见；②决定组建 NCCT 起草全国停火协议
2	2014.01.20—01.25/洛基拉	①审议通过 NCCT 起草的全国停火协议草案；②授权 NCCT 与当局就全国停火协议举行磋商谈判；③呼吁各民族组织/武装团结合作，为实现国家和平而努力
3	2014.07.21—07.31/拉咱	①审议 NCCT 工作报告，授权 NCCT 尽快与当局展开新一轮协议磋商；②讨论了签署全国停火协议后政治会谈相关事宜；③联合国秘书长缅甸问题特别顾问与中国特使出席

序次	时间/地点	内容和成果
4	2015.05.01—05.06/邦康	①对果敢局势及其他发生冲突的地区形势表示关注，呼吁政治解决； ②要求当局允许各民族平等参与全国停火协议磋商和政治对话； ③就修改宪法、建立真正的民主联邦，以及广泛的政治对话达成共识； ④对佤邦联合军关于成立佤民族邦的申请表示理解和支持
5	2015.06.02—06.09/洛基拉	①讨论通过了全国停火协议草案最终确认稿，提交各组织审议通过； ②成立全国停火事务高级协调代表团处理后续事务； ③讨论政治会谈框架草案； ④联合国秘书长缅甸问题特别顾问、中国特使及日本财团代表出席
6	2015.08.21—08.24/泰国清迈	协调各民族组织/武装对协议的统一立场，未果，部分民族组织/武装接受协议
7	2015.09.28/泰国清迈	克伦民族联盟等民族组织/武装宣布将签署全国停火协议

　　＊表中提到的拉咱是克钦独立军总部所在地，洛基拉位于克伦民族联盟控制区内，邦康是佤邦联合军总部所在地。

　　资料来源：作者根据相关会议公告整理。

　　从表1、表2可以看出，缅甸当局与民族组织/武装围绕全国停火协议草案的磋商谈判进程开始较为顺利，后期明显放缓。2013年底和2014年初，民族组织/武装通过拉咱、洛基拉两次领导人峰会协调立场后，2014年4月、5月、8月至10月，双方较迅速地完成了各自版本的协议草案起草和合并工作，通过6轮会谈先后形成了4份讨论稿，就大部分条款达成共识。缅甸当局一度希望在2014年内完成全国停火协议的磋商和签署，为2015年大选增添筹码，但事与愿违，2014年10月的第六轮会谈结束后，磋商陷入停滞，双方在全国停火协议的关键内容和后续安排上发生分歧，争议集中在武装力量部署、军事活动管控、政治对话安排等方面，对赋予哪些民族组织/武装签署全国停火协议的资格，双方意见也不一致，"政府确认了16支少数民族力量，而全国停火协调小组主张增加另外6支"。① 当局和各民

---

① 《缅甸的政治改革与民族和解——必要的澄清及成效》，杨祥章译，《南洋资料译丛》2015年第3期，第19页。

族组织/武装围绕双边停火协议和全国停火协议的复杂态度和关系如表 3 所示。

表 3　民族组织/武装，双边停火协议及全国停火协议

受邀参与磋商签署 NCA 的民族组织/武装			未获邀请的民族组织/武装
签署双边停火协议的民族组织/武装		未签署双边停火协议的民族组织/武装	
非 NCCT 成员	NCCT 成员	NCCT 成员	NCCT 成员
全缅学生民主阵线	若开解放党	克钦独立军	若开军
掸东同盟军	钦民族阵线		若开民族理事会
那伽社会主义委员会	民主克伦仁爱军		拉祜民主联盟
掸邦复兴委员会/南掸邦军	克伦民族联盟/克伦解放军和平理事会		果敢同盟军
佤邦联合军	克伦尼民族进步党		崩龙邦解放阵线
	克伦民族联盟		佤民族组织
	新孟邦党		
	勃欧民族解放组织		
	掸邦发展党/北掸邦军		

资料来源：《缅甸全国停火协议》（英文版），安全与发展政府研究所（ISDP）报告，2015 年 10 月，第 2 页，http://isdp.eu/content/uploads/publications/2015-isdp-backgrounder-myanmar-nca.pdf。

更为严重的是，2015 年 2 月 9 日，缅甸掸邦北部爆发大规模武装冲突，果敢同盟军突袭老街及周边地区，政府军随即实施反击，缅甸国内持续了近两年的和平态势被打破。随着大选临近，选举结果和政局发展的不确定性让部分民族组织/武装更加质疑全国停火协议的前景和效力，多采取观望态度，直到 2015 年中期，协议草案的磋商仍未能取得更大突破。

另外，各民族组织/武装的目标和诉求不一，几个实力较强的组织互别苗头，难以形成统一立场。例如，2014 年 8 月 31 日，克伦民族联盟因为不满克钦独立军的领导和理念，宣布退出民族联合联邦委员会。而佤邦联合军出面召集民族组织/武装领导人开会，也有与克钦独立军争当各民族利益代言人的意味。

在僵局迟迟无法打破的情况下，缅甸当局为腾出精力准备大选，遂调整目标，重点劝说克伦民族联盟等几支有意签署全国停火协议的组织，各

民族组织/武装于 2015 年 6 月、8 月及 9 月召开了三次会议，眼见无法统一立场，决定由克伦民族联盟牵头组成全国停火事务高级协调代表团，与当局协商签署全国停火协议具体工作，各民族组织/武装自行决定是否接受全国停火协议。2015 年 8 月 7 日，全国停火事务高级协调代表团与当局会谈结束，宣布通过协议确认稿。8 月 18 日，《缅甸新光报》全文刊载全国停火协议，这份"长达 20 页的文件，包含 7 章 120 条（款），被国际知名的冲突和解研究者称为世界上最长的停火协议"。①

2015 年 10 月 15 日，缅甸当局在内比都国际会议中心与克伦民族联盟、钦民族阵线、勃欧民族解放组织、南掸邦军、若开解放党、克伦民族联盟/克伦解放军和平理事会、格罗图波克伦组织、全缅学生民主阵线②等 8 支民族组织/武装正式签署全国停火协议。最初与当局一起提出并促成全国停火协议谈判的克钦独立军以协议不符合其利益而拒绝签署，佤邦联合军等民族组织/武装则表示，不愿意在沟通、协调不充分的情况下匆忙签字，"愿意与大选后组成的新一届政府展开合作，积极推进全国政治谈判进程"。③2015 年 12 月 8 日，缅甸联邦议会批准全国停火协议。至此，政治转型后的缅甸在民族和解问题上取得了一定成果，全国停火协议也成为国家级的规范性法律文件。

二 全国停火协议和相关民族和解机制简介

（一）全国停火协议的主要内容④

从内容上看，全国停火协议主要涉及宗旨目标、停火监督、政治对话、

---

① 昂乃乌：《和平之路：一位深度参与者的体会》，仰光密兹玛传媒，2016，第 77 页。

② 全缅学生民主阵线由 1988 年反军政府运动被镇压后逃亡至缅甸山区和境外的学生组成，骨干多为缅族，由于秉持武力反抗军政府的目标，得到了其他民族组织/武装的支持和帮助，其并非严格意义上的民族组织/武装，但在和平进程中，缅甸当局将该组织与其他民族组织/武装等同视之。

③ 《各民族革命武装组织领导人第二次邦康峰会公报》，佤邦新闻局博客，2015 年 11 月 3 日，http://blog.sina.com.cn/s/blog_9084449c0102wa3p.html。

④ 本部分内容如无特别注释，均引自缅文版的全国停火协议，中文译稿请参阅《缅甸联邦共和国政府与民族地方武装组织签署的全国范围停火协议》，祝湘辉译，《南洋资料译丛》2017 年第 1 期，具体措辞略有改动。

权利义务等四大议题，主要内容和条款分布如表 4 所示。

表 4　全国停火协议主要内容一览

议题	条款	值得关注的内容和重要表述
宗旨目标	前言，第 1 章第 1 条，第 2 章第 2 条，第 7 章第 27 至 33 条，共 3 章 9 条 17 款	①目的是实现以公平和尊严为基础的永久和平；②根据彬龙精神，按照政治谈判结果将缅甸建成立足于民主和联邦制的国家；③再次确认联邦政府与民族组织/武装签署的所有协议和约定；④将所有民族组织/武装纳入全国停火协议中；⑤如有未尽事宜，民族组织/武装可与政府协商
停火监督	第 3 章第 3 至 10 条，第 4 章第 11 至 18 条，共 2 章 16 条 47 款	①组建联合停火监督委员会，调查违规行为，解决矛盾冲突；②政府军和民族组织/武装在停火区内停止一切有可能被视为敌对行为的军事行动；③未经双方协商不得在停火区内增加部署、补充弹药、修建军用设施；④协议签署方在签字后 1 个月内采取措施约束各自武装人员，落实相关规定
政治对话	第 5 章第 19 至 23 条，共 1 章 5 条 16 款	①政府与民族组织/武装同意 7 步走政治对话路线图；②除影响国家主权完整和民族团结的事项外，政治谈判将讨论本协议第 1 章规定的所有问题
权利义务	第 6 章第 24 至 26 条，共 1 章 3 条 6 款	①签署协议的所有民族组织/武装将从非法组织名单中删除，除违法犯罪行为外，其成员不得受到追究，已被关押的签字组织成员应当获释；②政治谈判期间，签字组织有权在控制区内与当局协商地区发展事务；③停火协议将提交联邦议会表决批准

从表 4 可以看出，全国停火协议的主要内容集中于停火监督、巩固机制的构建，相关条款占全文的一半以上，这也是缅甸当局和民族组织/武装酝酿和讨论全国停火协议时的初衷，即通过全国停火协议的谈判和签署，有效减少武装冲突，为实现国内和平构建长效机制。协议中还加入了政治谈判的规划和相关机制构建的内容，虽然篇幅不长，只有 1 章 5 条，但内容和

意义不容小觑，无论是前任巩发党政府还是现在的民盟政府，都按照这部分规定推进民族和解，虽然成效不明显，但至少到目前为止，这是缅甸官方和相当一部分民族组织/武装都接受的方式。吴登盛曾指出："协议有两个明确的承诺，即承诺通过政治对话解决冲突，承诺以民主和联邦精神为基础建立真正的联邦国家。协议还反映了各民族长期坚持的诉求和举行政治对话的规划等内容。"[①]

（二）协议规定的停火管理监督机制

关于如何有效减少敌对军事活动的发生、防止双方误判以及争议和冲突发生后的解决机制，全国停火协议做出了较为详细的规定。大致可以分为部队管控、行动准则、机构机制三部分。

在部队管控方面，协议通过5条36款的篇幅，对力量部署、招募人员、装备补充、地区管理、人员交往、行动权、保护平民等做出了规定。

在行动准则方面，协议规定在签字后1个月内，要颁布双方共同遵守的行动准则。行动准则将对双方共同认可的军事区和停火区进行明确限定，对双方武装力量在这些地区活动做出明确要求，对发生争议和冲突后的联络磋商和解决机制进行细化，确保持续有效的停火。

在机构机制方面，协议要求建立联合停火监督委员会（JMC）[②]，成员包括缅甸政府、军方、民族组织/武装的代表，以及各方都接受的第三方人士。该委员会分联邦、省/邦、地方三级，以及核查小组。根据双方约定，联邦级联合停火监督委员会"由26人组成，其中政府代表10人，民族组织/武装代表10人，其余6人由双方协商选定"，根据"联合停火监督委员会相关工作手册实施监督和协调工作"。[③]

此外，全国停火协议第12条第3款规定，在双方同意的前提下，目前参与和平进程的外国政府和国际代表可以向联合停火监督委员会派驻观察员或提供咨询、技术支持。

---

① 《吴登盛总统9月份全国广播讲话》，《缅甸新光报》（缅文版）2015年9月2日。
② 全称为"Joint Monitoring Committee"。
③ 昂乃乌：《和平之路：一位深度参与者的体会》，仰光密兹玛传媒，2016，第13页。

（三）协议设计的政治对话路线图

根据全国停火协议第 20 条的规定，缅甸当局和签署协议的民族组织/武装将根据 7 步走的政治对话路线图实现真正的和平，具体安排如图 1 所示。

①签署全国停火协议⇨②政府与民族组织/武装协商起草、制定政治对话框架⇨③根据框架举行全国政治对话⇨④举行联邦和平大会⇨⑤签署联邦协议⇨⑥将联邦协议提交至联邦议会审议并获得批准⇨⑦采取措施，落实联邦协议

图 1　全国停火协议规定的政治对话路线

全国停火协议第 21 条规定了落实上述路线图的流程：首先，召开协调会，组建各类机构；其次，在全国停火协议签署后 60 天内完成政治对话框架的起草和制定；最后，签字各方在全国停火协议签署后 90 天内举行政治对话。据此，缅甸当局和签字的民族组织/武装于 2015 年 12 月完成了政治对话框架的起草工作，提交首次联邦和平大会讨论。该框架包括 10 章（含前言）17 条 51 款，主要内容如表 5 所示。①

表 5　政治对话框架主要内容一览

宗旨目标	计划议题	机构机制	决议效力
①根据政治对话结果，建立充分的民族平等、民族自治的联邦国家；②制定本框架是为了举行各方都参与的政治对话，用政治手段替代军事手段解决政治问题；	①工作规划与全国停火协议规定的 7 步走政治对话路线图一致；②政治对话讨论的议题分为政治、社会、经济、安全、土地与自然环境、综合议题等六大领域。政治议题含国家	①组建联邦和平对话联合委员会（UPDJC）*负责主持召开联邦级政治对话和联邦和平大会（UPC）**；②各相关省邦政府、民族组织/武装可以根据需要，在 UPDJC 的指导	①每次联邦和平大会结束时，应将讨论形成的结果作为联邦协议进行签署，参加大会的各方领导和见证人均须签字；②联邦协议将提交联邦议会审议；

---

① 本文关于对话框架的内容均引自《政治对话框架草案》，收录于昂乃乌《和平之路：一位深度参与者的体会》，仰光密兹玛传媒，2016，第 225～237 页。

续表

宗旨目标	计划议题	机构机制	决议效力
③按照规定程序，根据联邦和平大会通过的决议，对宪法做出相应的修订； ④将各民族共同组建联邦军队的事宜纳入政治对话讨论范畴； ⑤政治对话要贯彻政教分离、男女平等、民族平等等原则	体制机构改革等10个子项，社会议题含民族组织/武装安置与重建等8个子项，经济议题含税收和资源分配等5个子项，安全议题含武装力量整合等2个子项，土地与自然环境议题含传统土地所有权认定等7个子项	下召开地方政治对话； ③联邦和平大会由政府代表75人、议会代表75人、军队代表150人、民族组织/武装代表150人、政党代表150人、民族人士代表50人、其他人士代表50人共700人组成，其中妇女代表数应占30%	③根据联邦协议的内容，政府、议会、军队应该对现行法律和规章制度中与之相抵触的条款进行修改或废止； ④某届政府未落实的联邦协议内容，其继任者应继续落实

* 全称为"Union Peace Dialogue Joint Committee"。

** 全称为"Union Peace Conference"。

政治对话框架不但在巩发党执政时期得以落实，接替巩发党执政的民盟政府也继续根据此框架推进民族和解对话。2017年5月24日至29日，民盟政府治下的联邦和平大会——第二届21世纪彬龙会议达成了37项共识，以联邦协议的形式由与会代表签字确认。这一成果正是基于政治对话框架取得的。

根据全国停火协议和相关机制，可以梳理出缅甸当局与民族组织/武装签署全国停火协议之后和解对话工作的流程和时间（见表6）。

表6　签署全国停火协议后的相关工作流程和时间

时间	工作流程
D日	签署全国停火协议
D+1日	签字后1日内签字方向下属通知签署全国停火协议的消息
D+5日	签字后5日内签字方向下属各级人员解释全国停火协议的内容
D+14日	签字后14日内签字方举行会晤
D+30日	签字后30日内颁布签字方必须共同遵守的行为准则
D+60日	签字后60日内相关各方共同起草政治对话框架
D+90日	签字后90日内签字方举行政治对话

三 对全国停火协议和相关民族和解机制的评价和前景分析

（一）全国停火协议和相关民族和解机制的特点

从历史的视角看，缅甸政治转型后启动的全国停火协议磋商谈判，可以视为缅甸独立之后的第四次全国范围的民族和解对话。第一次是 1963～1964 年，奈温军人政府尝试以对话方式解决内战危机，当局颁布了特赦令，向所有反抗组织发出和谈邀请，和谈采用一对一的模式，没有任何方案，基本是反抗组织提出条件和诉求，当局进行回应，由于分歧过大，此轮和平对话无果而终；第二次是 1989 年至 20 世纪 90 年代初期，苏貌、丹瑞领导的新军人政府利用缅甸共产党分裂瓦解的时机，与大部分民族组织/武装达成了停火协议，谈判也是一对一模式，而且协议也是临时性的；第三次是 2008～2009 年，在大选即将到来之际，缅甸处于政治转型的关键节点，军政府希望与民族组织/武装实现最终和解，统一武装力量，但没有成功，反而在 2009 年引发了"8·8 事件"，在民族组织/武装中产生寒蝉效应。与前三次全国和平对话的尝试相比，基于全国停火协议的和解对话机制，在目标规划、方案设计、路径选择和实施效果上，有一些创新和特点。

首先，全国停火协议围绕停火、监督、政治对话、成果转换等进行了系统的顶层设计。与之相比，1989 年后的和解对话，当局与民族组织/武装谈判的目标仅限于停火，路径是"以土地换和平"，只要民族组织/武装同意停止针对当局的军事活动，当局便允许这些民族组织/武装划地自治，双方达成协议后，没有相应的监督、管理机制，也没有配套的政治解决方案。而且在过去 30 年，缅甸国内冲突各方达成的停火协议几乎都是口头协议，双方只有会议记录而没有经过正式认定的权威文本，临时性、随意性很强。即便是 1994 年克钦独立军与军政府达成了停火协议，也签署了纸质文本，但协议有效期为 10 年，双方并未约定协议到期后如何处理，也没有针对克钦独立军未来的政治地位、武装人员安排及利益诉求寻求政治解决方案。2004 年协议期满，军政府和克钦独立军都没有主动采取续谈行动，双边停火不了了之。

其次，全国停火协议明确了通过政治对话实现永久和平、建立真正的联邦国家的目标。虽然外界对此并不乐观，但毕竟是缅甸独立以来首次将民族和解目标以国家法案的形式固定并公之于众。政治对话框架的制定，在一定程度上呼应了民族组织/武装希望的民族平等、权利和资源分配、武装力量安置，以及谈判成果的转化等问题，规定经由联邦和平大会共识形成的联邦协议具有法律效力，可以据此修改包括宪法在内的一切与联邦协议相抵触的法律法规。简言之，无论和解之路如何曲折漫长，在转型后的缅甸，任何一届政府、任何一个政党以及军方均不太可能冒天下之大不韪，轻易违背自己做出的公开承诺，拒绝或废止上述目标和方案。

最后，全国停火协议采取当局与各民族组织/武装共同协商的方式，照顾了全体民族的诉求。此前历次和解对话，当局与民族组织/武装采取一对一的谈判模式，面对不同的对象，当局的手段、态度及让步条件均有不同，从谈判结果看，造成了另一种民族不平等。实力强大的民族组织/武装获得了更多的临时性权力和利益，而实力弱小的民族组织/武装要么被当局剿灭，要么被迫接受极为苛刻的和解条件。全国停火协议磋商采取一对多的模式，"历史背景、政治立场和需求各不相同的民族组织/武装有共同的诉求，就是实现全国范围内的停火和通过政治对话解决武装冲突"，因此，当局从与单个组织进行会谈转变为与所有组织共同进行会谈①，各方也达成了一些有意义的共识。例如重申彬龙精神，承认此前各级停火协议的有效性，强调民族平等、自治等，这种协商谈判模式对"少、小、弱"民族提出诉求、获取权利提供了较好的渠道。

（二）全国停火协议和相关民族和解机制的缺陷

全国停火协议及相关民族和解机制，是在缅甸当局和民族组织/武装寻求对话、减少冲突的过程中逐渐形成，并经历了反复的磋商、争论、博弈而最终达成的，其谈判模式、路径安排、机制设计等在缅甸民族和解历史上属于首次，注定存在诸多争议和缺陷。

从主观心态看，信任缺失是最大隐患。全国停火协议和相关民族和解

---

① 《吴登盛总统在首次联邦和平大会的致辞》，《缅甸新光报》（缅文版）2016 年 1 月 13 日。

机制面临的最大隐患或威胁是缅甸民族和解各方相互间信任的缺失，导致很难协调各方立场，即使达成协议，在具体落实过程中也经常出现误解和偏差。在缅甸当局内部，政府和军队在和解目标、方式、条件上没有统一认识，甚至在巩发党内部，对吴登盛及其和解团队的做法也有异议，认为让步过多；在民族组织/武装内部，分歧更甚，克钦独立军、佤邦联合军、克伦民族联盟各有盘算，其他组织多持搭便车的心态，观望、犹豫者甚众。诚然，对信任问题的探讨可以上升到缅甸民族国家意识构建与整合的高度，非本文所能涵盖，但从另一角度看，反复、胶着的民族和解进程也是建立互信的过程。

从磋商进程看，缺乏稳定性和整体性。由于全国停火协议的磋商谈判在巩发党政府任期中段才启动，当局既要腾出精力推动其他领域的转型改革，又想尽快在民族和解问题上实现突破。例如，2015年谈判陷入停滞时，巩发党政府抛出了"民族和解承诺书"的概念，希望各民族组织/武装签署此承诺书，以便全国停火协议磋商无果时，当局还有拿得出手的和解成果，此倡议一出，民族组织/武装旋即表示抗议，认为政府试图中止全国停火协议磋商，另起炉灶。又如，民族组织/武装一开始强调整体谈判、整体签署的原则，最后协议草案需要确认和签字时，又无法统一行动，最终只得交由各组织自行决定。"类似的程序不确定性在继续破坏民族和谈进程。"[1]

从机制设计看，缺少系统和辩证的思考。全国停火协议草案和相关民族和解机制由缅甸当局和参与磋商的民族组织/武装代表讨论设计，为了尽快形成共识，在方案的设计和细节安排上缺乏系统、科学的论证，有些甚至完全照搬他国模式，没有充分考虑缅甸的实际情况。例如，全国停火协议用了一半以上的篇幅对停火机制做出规定，同时还专门制定了冲突各方行动准则，军方和民族组织/武装同意划定军事区、停火区、非军事区，但没有规定具体完成时限，没有规定过渡时期的行动准则，没有约定划定这些区域出现争议和冲突时的解决方案；各方武装力量没有被要求公开承诺根据国际法使用武力，导致针对平民的暴力活动、争夺资源的冲突屡屡发

---

[1] 《缅甸的政治改革与民族和解——必要的澄清及成效》，杨祥章译，《南洋资料译丛》2015年第3期，第17页。

生；各方政令、军令不一，上级指令难以及时有效地传递到基层部队，导致冲突往往在前沿发生。又比如，各方缺乏对和平与发展的辩证思考及制度化安排，当局和民族组织/武装没有针对全国停火协议签署后，相关地区经济社会发展的配套措施。虽然在政治对话框架拟定的谈判议题中指定了相关内容，但如果按照规定的议事流程，先由地方提出方案，交联邦和平大会讨论，形成联邦协议，再由政府部门负责落实，整个过程冗长缓慢，且效果未必佳。

（三）全国停火协议和相关民族和解机制的前景

缅甸国内武装冲突是当今世界上持续时间最长的内战之一，也成为影响缅甸政治稳定和对外关系的重大障碍。全国停火协议形成并由部分民族组织/武装签署后，各方褒贬不一。乐观者认为："全国停火协议是我们送给未来几代人的一个历史性礼物，这是我们的遗产，缅甸通往未来的和平之路现在开启了。"[1] 他们还认为："全国停火协议能够实现停止冲突、监督停火，并由此推进政治对话，继而建立稳固的联邦制度，实现长久的和平局面。"[2] 悲观者则强调，签署的协议"既不是全国性的，也没有真正实现停火"[3]。客观而言，寄希望于通过一两届政府、几次谈判、数份协议彻底解决缅甸民族问题、实现国家和平是不现实的，和平之路注定曲折漫长，对相关各方的智慧和耐心也是巨大的考验。综观全球典型的几个国内冲突与和解进程，莫不如是。

如困扰英国多年的北爱尔兰问题。[4] 自 1949 年爱尔兰独立后，矛盾冲突加剧，北爱尔兰问题相关各方于 1972 年开始接触协商，寻求政治解决方案，先后达成 5 份协议，虽然历经多次失败与反复，但英国政府始终坚持政治解决的思路，直到 1997 年布莱尔领导的工党执政后，和平进程方取得重

---

① 《缅甸政府与民族组织/武装签署全国性停火协议》，环球网，2015 年 10 月 28 日，http://world. huanqiu. com/photo/2015 - 10/2805197. html。

② 昂乃乌：《和平之路：一位深度参与者的体会》，仰光密兹玛传媒，2016，第 12 页。

③ 《八个少数民族组织/武装与政府签署停火协议》，BBC 中文网，2015 年 10 月 17 日，https://www. bbc. com/zhongwen/simp/world/2015/10/151017_myanmar_signs_peace_deal。

④ 关于北爱尔兰和平进程的述评参考引用自章毅君《北爱尔兰和平进程述论》，《中央民族大学学报》（哲学社会科学版）2007 年第 4 期。

大突破，和平局面从脆弱走向稳定。①另一个例子是哥伦比亚持续50多年的国内武装冲突的最终解决。①1981~2010年，哥伦比亚政府三次尝试与反政府武装进行和解谈判，都没有成功。2010年执政的桑托斯政府在吸取前任经验教训的基础上，与反政府武装进行秘密对话和公开谈判，最终于2016年达成和平协议。在促成哥伦比亚国内和平的诸多因素中，重要的一点是，桑托斯政府将农村综合改革亦即地方的经济社会发展问题列入谈判议程，使得反政府武装存在合法性的理由不再成立，也赢得了民众对和平协议的支持。

与其他国家曾经历或正面临的国内冲突与和平进程相比，缅甸的民族和解问题，由于历史和现实的多重因素交织影响，前景似乎更加不容乐观。但毕竟"全国停火协议为实现国家和平迈出了第一步"②，未来能否朝着既定目标顺利推进，以下四个方面的工作尤其应当重视。一是落实停火协议，建立互信，这是所有和平进程取得成功的必要条件。信任与停火互为因果，频繁的交火冲突，难以建立互信关系；反之，若能真正实现停火，有效约束各自的武装，各方将对和平进程及对方产生信任，更愿意通过谈判解决争端，形成良性循环。二是坚定政治对话决心，这是和平进程得以延续的重要保证。对于民族和解事务，缅甸当局、民族组织/武装、民众都应保持客观理性的认识，要有持之以恒、久久为功的心态，还要准备接受局势出现反复的可能。无论如何，参与这一进程的各方力量，尤其是参与决策的政治精英们应该抱有坚定的信念，坚持通过政治谈判解决问题，尽一切可能避免诉诸武力。三是确保政策主旨的延续性，这是和平进程能够稳步推进的又一重要条件。从缅甸当局的角度看，巩发党政府开启并基本构建了以全国停火协议为基础的民族和解方案，民盟政府上台后，延续了这一方案，没有另起炉灶，这是明智的做法③，这样既能节省行政资源、提高决策

① 关于哥伦比亚和平进程的述评参考莉娜·卢纳《哥伦比亚和平进程：历史背景、发展和展望》，《拉丁美洲研究》2017年第6期。
② 《杜昂山素季在首次联邦和平大会开幕式上的致辞》，《缅甸新光报》（缅文版）2016年1月13日。
③ 关于民盟政府民族和解政策的分析，以及两届政府政策的比较，可参阅本文作者的相关文章，分别收录于社会科学文献出版社出版的《缅甸国情报告（2016）》《缅甸国情报告（2017）》。

和执行效率，还能够向外界和谈判对象传递清晰明确的信号。从民族组织/武装的角度看，也应根据自身利益诉求，确定政策目标和谈判方案并贯彻执行之，通过持续的协商对话，逐渐消除分歧、增加共识。四是要注重谈判和解决机制的包容性与弹性，这是对和平进程各方政治智慧的考验。谈判是以利益为导向的互动，是一个解决矛盾和问题的过程，在此过程中谈判技巧、解决方案的灵活性显得尤其重要。例如，前总统吴登盛的首席和谈代表吴昂明被公认具有丰富的谈判经验和灵活高超的谈判技巧，在他的带领下，缅甸政府与民族组织/武装之间的磋商谈判一度进展迅速。又如，缅甸军方曾强调全国停火协议不容修改，果敢同盟军等几支"非法武装"力量无权参与政治对话，这一表态引起其他民族组织/武装的不满，继而抵制和平进程。民盟政府上台后，强调和解进程全面包容，力主邀请果敢同盟军等组织参加联邦和平大会，经过数次接触后，民族组织/武装方面的态度有所缓和，不再一味否定全国停火协议和相关机制，各方相向而行，为和解进程取得突破创造了条件。

结　语

缅甸全国停火协议的形成和签署，具有重大的政治和法律意义。基于全国停火协议和相关机制展开的民族和解，或许将深刻影响未来数年甚至十多年的缅甸政治、经济、社会发展。客观来说，当前缅甸国内和平进程已经具备了一个前所未有的制度性框架，得到了国际社会和国内民众的普遍认可，相关各方也公开表达了通过对话实现和解的意愿。当然这个机制/框架仍不成熟，在包容性、操作性、容错性上有许多需要进一步调整和完善的地方，而缅甸的历史经验又让所有人对和平前景感到担忧，和解的道路充满未知与变数。但是，民族和解是缅甸国家发展道路上必须面对和克服的难题，无论是政治精英还是普通民众，各民族人士要真正享有个体和群体自由、平等发展的权利，必须正视并通过建设性的合作来迎接这一挑战。全国停火协议和相关和解机制也许不是最好的办法，但它为全体缅甸人提供了一次破解难题的机遇，正如中国驻缅甸大使洪亮所说："我们呼吁有关各方立即停止冲突并尽早签署全国范围停火协议，在彬龙会议精神指导下通过政治对话实现民族和解、国家团结，并在宪法框架下实现民族自治。"① 冲突各方应当尽一切可能，在不断地尝试和失败中寻找最终的解决方案，实现国家的真正和平。

---

① 《洪亮大使在第三届"中缅胞波友谊日"上的讲话》，中国驻缅甸大使馆网站，2018 年 6 月 9 日，http://mm.china-embassy.org/chn/sgxw/t1567363.htm。

B.6 民盟执政后的缅甸与美国关系：先热后冷[*]

宋清润[**]

摘　要　缅甸全国民主联盟 2016 年 3 月执政后至 2018 年上半年，缅甸与美国关系总体经历了先热后冷的过程。奥巴马政府后期，受两国领导人彼此政治认同度高、私交甚好、缅甸形象明显改善等因素的综合影响，缅美关系达到 1988 年以来最热络时期，美国解除总统行政命令框架下的对缅经济制裁。然而，特朗普政府 2017 年 1 月执政后，受其总体不重视缅甸、缅美领导人不熟悉、罗兴亚人问题引发缅美摩擦等因素的综合影响，双边关系逐渐陷入低迷，甚至发生摩擦。

关键词　民盟　缅甸　美国

缅甸全国民主联盟（以下简称"民盟"）自 1988 年成立以来，长期在野，开展反对缅甸军人统治的斗争。昂山素季等民盟领导人[①]和成员基本信奉西方政治理念，与美国等西方国家的关系长期较好。而且，民盟领导人昂山素季在美国等西方国家中的声望非常高。因此，美国等西方国家长期支持民盟对抗军人统治的政治斗争。2015 年 11 月 8 日缅甸举行大选，民盟

---

　　[*]　本文系 2015 年教育部人文社科研究规划青年项目"中国形象在缅甸媒体中的自塑与他塑研究"（项目编号：15YJC860038）的阶段性成果。

　[**]　宋清润，中国现代国际关系研究院美国副研究员，主要研究方向为美国与东南亚关系、东南亚局势等。

　[①]　昂山素季长期担任民盟领导人，现任民盟主席。民盟 2016 年 3 月 30 日执政后，昂山素季因其亡夫和儿子为英国人而无法担任缅甸总统，但身兼总统府部部长、国务资政（也称国家顾问）、外交部部长等要职，掌握内政外交决策大权。

获得压倒性胜利；2016 年 3 月 30 日，军方扶持的吴登盛政府卸任，民盟正式执政。当时，缅甸国内外有人担心军方是否会顺利交权，担心民盟能否顺利执政，因为 1990 年大选时民盟也获得了压倒性胜利，但军方当时否决了那次大选的结果，继续执政，并打压民盟。在 2015 年大选结果出炉后不久，美国总统奥巴马专门致电缅甸总统吴登盛，祝贺缅甸大选取得成功，敦促缅甸当局尊重大选结果，组建具有包容性的政府。[①] 此举的重要目的是促使缅甸不要重蹈 1990 年大选的覆辙，确保民盟在赢得大选后能顺利执政。由此可见，从 1988 年民盟成立到民盟执政的约 28 年间，其长期得到美国支持，民盟与美国的关系长期较好。

不过，在民盟从在野党到成为执政党的这 28 年间，缅甸与美国的关系曾经一度不好，尤其是美国与缅甸前军人政府（1988 年 9 月至 2011 年 3 月执政）长期对立，美国扶持民盟对抗缅甸军人政府。2011 年 3 月 30 日开始执政的吴登盛政府是民选政府，其加快国内政治社会改革和对外开放进程，获得美国较多认可，缅甸与美国的关系明显好转，美国解除对缅甸的部分经济制裁，与缅甸开展更多交往。但是，吴登盛政府的军人背景始终是导致缅甸与美国关系难以实现根本好转的关键因素。吴登盛是退役将领，其政府中副部长以上高官多数是现役或退役军人，难以从根本上获得美国认可。因此，吴登盛政府在任 5 年，美国并未全部解除对缅甸的经济制裁，美缅关系并未达到非常热络的程度。

民盟政府 2016 年 3 月 30 日上台后，算是美国自 1988 年前军人政府上台以来最中意、最认可的缅甸政府了，因为民盟与西方的政治理念相似，双方有长期合作关系。而且，奥巴马与昂山素季私交甚好。因此，民盟执政后一直到美国奥巴马政府 2017 年 1 月 20 日卸任，缅甸与美国关系达到了 1988 年以来最热络的程度，奥巴马政府撤销总统行政命令框架下的对缅经济制裁措施。从逻辑上讲，即便美国换了总统和政府，缅甸民盟政府与美国关系也应该总体保持友好。但 2017 年 1 月美国特朗普政府上台后一年半左右，

---

① Aung Hla Tun, Antoni Slodkowski, "Obama Calls Myanmar President, Endorses Election as Suu Kyi eyes Majority", Reuters, November 13, 2015, https://www.reuters.com/article/us-myanmar-election-idUSKCN0T10GB20151113.

缅甸与美国关系大不如前，并因为罗兴亚人问题等不断发生对立和争吵，美国增加对缅甸军人的制裁，双边关系不睦。

一 民盟执政后缅甸与美国关系一度达到1988年以来的"友好峰值"

2015年11月8日缅甸大选结果出炉，民盟胜选成为准执政党后，奥巴马11月11日立即打电话给昂山素季表示祝贺，并赞扬她为缅甸政治发展所做出的长期努力和牺牲。[1] 而且，如上文所述，奥巴马力挺昂山素季及其领导的民盟在大选后顺利接管政权。这为民盟执政后缅甸与美国关系发展营造了非常好的气氛。民盟自2016年3月30日开始执政到2017年1月20日美国奥巴马卸任前这段时间，缅甸与美国的关系虽然有些小波折，但总体非常友好，尤其是2016年10月美国奥巴马政府宣布解除总统行政命令框架下的对缅经济制裁，给予缅甸"贸易普惠制"，使得双方关系友好程度创1988年美国施压缅甸前军政府以来的历史新高。双方多数的官方互动是积极的，对立情绪或事件很少。

（一）政治外交层面的高层互动密集而富有成效

2016年3月30日民盟政府就职后半年内，美国与缅甸便进行了高层互访，并有其他高层互动，显示了昂山素季、民盟政府与奥巴马政府之间的关系是非常热络的。这与后来特朗普2017年1月20日宣誓就职后，缅甸与美国"高层互动不多、突破性合作少"的情况形成了鲜明对比（后文将详述特朗普政府与民盟政府的互动）。

2016年3月30日，民盟政府首位总统吴廷觉宣誓就职当日，奥巴马便向其表示祝贺，称美国期待成为缅甸新政府的朋友和伙伴。[2] 4月6日，奥

---

[1] Aung Hla Tun, Antoni Slodkowski, "Obama Calls Myanmar President, Endorses Election as Suu Kyi eyes Majority", Reuters, November 13, 2015, https://www.reuters.com/article/us-myanmar-election-idUSKCN0T10GB20151113. 但民盟未透露昂山素季当时与奥巴马的通话内容细节。

[2] "Statement by the President on Burma's Inauguration of President U Htin Kyaw", The U.S. Embassy in Burma, March 30, 2016. 吴廷觉在2018年3月21日辞职，3月30日，新总统吴温敏宣誓就职。

巴马专门致电昂山素季，祝贺缅甸历史性地实现了国家权力从军人扶持的政府向文人领导的政府的过渡，赞赏昂山素季在此过程中进行的长期艰苦斗争以及个人做出的巨大牺牲，承诺美国将继续支持缅甸政府和人民创造更有包容性、更平和、更繁荣的未来。① 4 月 11 日，美国国务卿克里专门发布新闻稿称，他代表奥巴马总统和美国人民，祝贺缅甸人喜迎新年——泼水节。② 美国财政部 5 月 17 日宣布，取消对缅甸的部分制裁，如缓解对缅甸金融机构的制裁，将缅甸 7 家国企移出制裁名单，并允许美国货物使用缅甸港口及机场。此举旨在支持缅甸政治改革并推动其经济增长。美国财政部放松部分对缅制裁，以加强两国经贸合作，为随后美国国务卿克里访缅营造良好气氛，这标志着奥巴马政府对缅甸政策有了较大的积极变化。③ 5 月 22 日，克里访缅，成为民盟政府成立后到访的美国最高级别官员。他在与缅甸国务资政、外交部部长昂山素季会晤时，称赞了缅甸政治转型取得的成就，称赞缅甸实现了新旧政府的顺利交接，称赞民盟政府短期内取得了较大成绩。他与昂山素季会谈的议题广泛，两人还举行了联合记者会，回答了记者的提问。克里认真听取了昂山素季关于民盟内外政策的介绍，他表示，奥巴马总统高度重视发展与缅甸的关系，美国将继续援助缅甸的政治转型进程，并考虑继续采取行动解除对缅经济制裁以增强双边经贸合作，也愿意与缅甸协同努力解决罗兴亚人问题，等等。④

昂山素季 9 月对美国进行了"历史性访问"，在推动缅美关系方面取得了历史性进展，推动了奥巴马政府对缅甸政策的历史性调整。⑤ 如前文所

---

① "Readout of the President's Call with Daw Aung San Suu Kyi of Burma", The U. S. Embassy in Burma, April 6, 2016, https://mm. usembassy. gov/readout-of-the-presidents-call-with-daw-aung-san-suu-kyi-of-burma/.

② John Kerry, "Thingyan and New Year" (Press Statement), The U. S. Embassy in Burma, April 11, 2016, https://mm. usembassy. gov/thingyan-and-new-year/.

③ "Some Sanctions Lifted US Eases Sanctions on Myanmar in Bid to Promote Growth, Reforms", *The Global New Light of Myanmar*, May 18, 2016.

④ "Joint Press Availability With Burmese Foreign Minister Daw Aung San Suu Kyi", The U. S. Embassy in Burma, May 22, 2016, https://mm. usembassy. gov/joint-press-availability-burmese-foreign-minister-daw-aung-san-suu-kyi/.

⑤ "U. S. -Burma Relations", The U. S. Embassy in Burma, September 15, 2016, https://mm. usembassy. gov/u-s-burma-relations/.

述，在前军人政府时期，缅甸遭到了美国等西方国家的长期制裁。吴登盛政府时期，缅甸国际形象转好，使美国解除了一些经济制裁，但未能让美国取消全部经济制裁。民盟政府 2016 年 3 月上台后，受到美国高度认可。同时，争取美国等西方国家对民盟政府的支持、对缅甸发展的支持，也是民盟政府外交的重要任务。其最亮眼的外交成绩是，同年 9 月中下旬，昂山素季率团访美，美缅宣布建立"有活力的伙伴关系"。奥巴马政府认为缅甸民主转型取得显著成绩，对民盟政府高度赞赏，有意送给昂山素季和缅甸一份"大礼包"（这份厚礼始终没有给吴登盛政府），包括：美国将终止实施针对缅甸的《国家应急法》，并将撤销总统行政命令框架下的经济制裁措施，给予缅甸"贸易普惠制"（随后奥巴马还就此问题专门致函国会，寻求支持）；培训缅甸 1500 名英语教师，培训缅甸官员；增加 1000 多万美元小额信贷，支持缅甸中小企业；派"和平队"赴缅甸开展民生项目，教授中小学生英语，增进两国人文交流。① 10 月 7 日，奥巴马签署行政命令，即日起终止针对缅甸的《国家应急法》，解除对缅甸的金融制裁和经济封锁。缅甸产的玉石、宝石等可以向美国出口，但美国未解除对缅甸毒品犯罪相关人士和组织的制裁，未解除对缅甸军队的制裁，因为其认为缅军仍存在侵犯人权等行为。② 昂山素季和民盟执政不到半年，便基本破解了缅甸自 1988 年苏貌军人政府和后来的丹瑞军人政府上台以来长期遭受美国制裁的状况，从根本上缓解了外交困境，大大拓展了缅甸的对外经济合作空间，为缅甸加快发展创造了良好外部条件，提振了民盟执政威望。

为深化两国刚刚建立的伙伴关系，同年 11 月 15 日，在缅甸首都内比都，两国官员举行了首次跨部门的美缅伙伴关系会晤。缅方代表团由外交、商务、军队等部门的官员组成，美方代表团由外交、经贸、援助、国防等部门的人员组成。双方讨论的议题广泛，涉及缅甸民主、和平进程、若开

---

① "Joint Statement between the Republic of the Union of Myanmar and the United States of America", *Mizzima*, September 15, 2016, http://www.mizzima.com/news-international/joint-statement-between-republic-union-myanmar-and-united-states-america.

② "U. S. Treasury Department Office of Public Affairs October 7, 2016 Treasury Implements Termination of Burma Sanctions Program", The U. S. Embassy in Burma, October 7, 2016, https://mm.usembassy.gov/termination-burma-sanctions-program/.

邦局势、人权与法治、负责任投资、包容性发展、人力资源开发、经贸合作、人文交流等，旨在深化两国伙伴关系。双方商定，该会晤以后每年举行一次。① 紧接着，11 月 16 日至 19 日，美国国务院负责禁毒和执法合作事务的助理国务卿布朗菲尔德访缅，与缅方磋商如何更好地预防和打击贩毒，如何更好地提升缅甸执法水平，如何帮助缅甸建设法制等议题。

2017 年 1 月 4 日是缅甸独立日，美国国务卿克里 2016 年 12 月 30 日提前向缅甸表示祝贺，他在贺信中表示，代表奥巴马总统和美国人民，向缅甸人民表达最热烈的节日祝愿。他强调，过去的一年对缅甸来说具有历史意义，是缅甸半个多世纪以来首个由民选产生、文人领导的政府在施政，美国将继续支持缅甸的和平、民主与繁荣。②

（二）经济等其他领域的交流与合作也较多

民盟上台后，美国不仅逐步解除对缅甸的经济制裁，双方商会也积极开展交流与合作，而此前，两国商会大规模互动很少。比如，2016 年 6 月 6 日，缅甸与美国共 100 多名企业家在仰光举行座谈会，讨论电脑、石化、农业、工业等领域的合作。同月，缅甸阿波罗基站公司从美国海外私人投资公司（OPIC）获得 2.5 亿美元贷款，成为缅甸首家获得美国政府开发融资机构融资支持的公司。③

不过，奥巴马政府解除对缅经济制裁后不久就卸任了，加之美国企业仍认为缅甸投资环境较差，因此，美国对缅甸投资等领域的经贸合作短期内尚未产生实际成果。比如，缅甸投资与公司投资管理局数据显示，截至 2017 年 1 月 31 日（奥巴马政府卸任 11 天后），美国对缅甸投资项目共计 17 个，协议投资总额约为 2.48 亿美元，占缅甸吸引外资总额的 0.36%，排在缅甸所有外资来源国的第 14 位。这个数据与民盟政府 2016 年 3 月 30 日上

---

① "First U. S. -Myanmar Partnership Meeting Held", The U. S. Embassy in Burma, November 15, 2016, https://mm. usembassy. gov/first-u-s-myanmar-partnership-meeting-held/.
② John Kerry, "Myanmar's Independence Day" (December 30, 2016), The U. S. Embassy in Burma, December 31, 2016, https://mm. usembassy. gov/myanmars-independence-day/.
③ 《缅甸电信基站建设公司将获美国投资机构 2.5 亿美元贷款》，〔缅甸〕《金凤凰报》2016 年 6 月 23 日。

台时相比没有增长。①

在农业领域，奥巴马政府长期援助缅甸农业发展，并拓展两国的农产品贸易，上述合作取得一定成效。2016 年 8 月初，美国农业部外国农业服务办公室在仰光正式成立，美国驻缅甸大使斯科特·马歇尔以及缅甸相关人士出席了成立仪式。此举说明美国农业部积极加强对缅甸在资金、技术、人力资源培训等方面的援助，推动缅甸农业发展，帮助缅甸消除贫困，推动缅甸经济实现包容性发展，让缅甸民众感受到经济发展带来的实实在在的利益。② 2017 年 1 月 12 日，美国驻缅甸大使斯科特·马歇尔在官邸举办活动，庆祝美缅农业合作取得的成就，缅甸农业、畜牧和灌溉部官员，农业领域的商界人士以及美国小麦协会人士，温洛克国际农业发展中心人士等 50 多人参加了该活动。过去几年，在美国国际开发署支持下，缅甸已经成为世界上重要的咖啡种植国家之一，其咖啡出口也有明显增长，比如，2016 年缅甸向美欧共出口 54 吨咖啡，缅甸咖啡在美国市场上已经占有一席之地。美国近年来开始扩大向缅甸出口小麦等农产品。不仅促进了缅甸咖啡店、面包店的发展，丰富了缅甸人的食品选择，还促进了缅甸农产品加工与出口业的发展，为企业创造了更多利润，增加了就业机会，提高了农民和工人的收入。比如，由于近年来缅甸进口美国小麦较多，并提高了小麦加工技术，缅甸以小麦为原料的相关食品价值从 2011 年的 1.84 亿美元增加到 2016 年的 2.72 亿美元。2016 年，缅甸从美国进口的小麦价值为 400 万美元，其相关加工产品的产出却很大，证明双方农业合作对缅甸相关产业有较大带动作用。③

在通信领域，2016 年 5 月 27 日，缅甸交通与通信部与美国国际通信卫星有限公司（Intelsat）签订协议，缅甸租借该公司的通信卫星信道，以完

---

① "2017/ January Foreign Direct Investment by Country", The Directorate of Investment and Company Administration , Myanmar, January 31, 2017, https://www.dica.gov.mm/sites/dica.gov.mm/files/document-files/fdi_country.pdf.

② " U. S. Department of Agriculture Expands Presence and Engagement in Myanmar ", The U. S. Embassy in Burma, August 8, 2016, https://mm.usembassy.gov/u-s-department-agriculture-expands-presence-engagement-myanmar/.

③ "Achievements in U. S. -Myanmar Agriculture Collaboration", The U. S. Embassy in Burma, January 13, 2017, https://mm.usembassy.gov/agricultural-sectors-achievements-bilateral-engagements/.

善缅甸通信网络，使通信覆盖更多城乡地区。

在疾病防控与卫生领域，美国也向缅甸提供了一些援助。比如，在缅甸疟疾防控方面，美国在 2011~2016 年已经向缅甸提供疟疾防控援助，惠及缅甸 5 个省邦 29 个镇区的约 60 万人口，并培训了缅甸的一批医务人员。2016 年 8 月 25 日，美国国际开发署宣布，"总统防治疟疾行动计划"将向缅甸继续提供为期 5 年的"战胜疟疾"援助项目，援助总额为 3200 万美元，并提供技术等方面的援助。该项目与缅甸国家疟疾控制项目结合，争取项目结束时能惠及缅甸约 300 万人口。①

在劳工保护方面，美国通过一些多边途径向缅甸提供支持。比如，2016 年 9 月 29 日至 30 日，美国、日本、丹麦、欧盟、国际劳工组织等与缅甸共同在缅甸举办了第二届有关缅甸劳工权益保护的论坛，从理念、技能、资金等方面帮助缅甸改善劳工权益。

（三）两国在缅甸民族和解与罗兴亚人问题上有合作也有摩擦

美国也关注缅甸民族和解问题。一方面，2016 年 8 月 31 日，美国驻缅甸大使馆网站专门发布公告称，美国对昂山素季和民盟政府主办的首届 21 世纪彬龙会议暨联邦和平大会开幕表示欢迎，认为这是实现缅甸持久和平的重要一步，美国将继续支持和参与缅甸和平进程，让持久和平惠及缅甸所有民众。② 另一方面，美国针对缅甸掸邦、克钦邦等地此起彼伏的冲突多次发表声明，表示关切。比如，2016 年 12 月 12 日，美国驻缅甸大使馆网站发布公告称，美国对掸邦、克钦邦冲突升级以及平民遭遇虐待的报道表示严重关切，因为冲突破坏和平进程，呼吁冲突各方结束敌对状态，确保人道援助物资立即无条件到达冲突受害者手中。③

不过，缅甸与美国在讨论若开邦罗兴亚人问题时，经常会发生"碰

---

① "U. S. Embassy Launches New Program to Defeat Malaria", The U. S. Embassy in Burma, August 25, 2016, https://mm. usembassy. gov/u-s-embassy-launches-new-program-defeat-malaria/.

② "U. S. Embassy Statement on Opening Ceremony of Union Peace Conference - 21st Century Panglong", The U. S. Embassy in Burma, August 31, 2016, https://mm. usembassy. gov/u-s-embassy-statement-opening-ceremony-union-peace-conference-21st-century-panglong/.

③ "Statement on Fighting in Northern Myanmar", The U. S. Embassy in Burma, December 12, 2016, https://mm. usembassy. gov/statement-fighting-northern-myanmar/.

撞"。比如，美国官方一直使用"罗兴亚人"的字眼，拒绝应缅方要求进行修改，并在罗兴亚人人权问题上向缅甸施压。缅甸官员则经常提醒美方注意言辞，甚至反驳美方，要求美方更改用词，并要求美方不要令若开邦局势更加复杂，因为"罗兴亚人"这个词在缅甸非常敏感，缅甸官方和民众不承认"罗兴亚人"是其国民，很少用这个词，有时用"宾格力人""若开邦穆斯林"等其他词语来指代"罗兴亚人"。比如，美国国务卿克里2016年5月22日访缅与昂山素季会晤时，公开使用"罗兴亚人"的字眼，表达了对这些人权益的关注，并承认他与缅方在此问题上存在分歧。昂山素季则表示，若开邦局势敏感复杂，希望国际社会给予民盟政府"足够的空间"去解决问题。①

还有一个偶发事件也引发了缅甸对美国的些许不满。2016年7月24日晚8时，美国驻缅甸大使馆举行催泪弹试验，发生爆炸，气体向周边扩散，因未事先向缅方通报，缅甸消防队和警察赶到现场，引发当地人恐慌。美国驻缅甸大使馆发布道歉信，但还是引发了缅甸的舆论批评。

二 特朗普执政后缅甸与美国关系不睦

2017年1月20日特朗普宣誓就职美国总统后，受到多种因素影响，缅甸与美国的关系较2016年发生了较大变化。尽管一些领域的交往与合作仍在持续，有的领域还有些发展，但两国因为缅甸若开邦罗兴亚危机而发生激烈争吵，尤其是2017年8月25日若开邦局势骤然恶化之后，罗兴亚人人权等问题导致缅甸与美国斗争激烈，关系明显倒退，截至2018年6月底，两国未举行第二次美缅伙伴关系会晤。

（一）高层政治外交互动不太积极和密切

缅甸民盟政府对美国新总统特朗普不熟悉，缅甸民盟政府和美国新总统特朗普接触的开局不利。2016年11月8日美国大选投票前，缅甸民盟领

① "Enough Space Daw Suu, Kerry Discuss Sanctions, Sectarian Issues", *The Global New Light of Myanmar*, May 23, 2016.

导人等朝野政要总体是期望民主党的希拉里·克林顿能当选美国下任总统的，因为她非常关注缅甸政治发展，与昂山素季等民盟领导人有长期的友好关系，会晤时非常亲密。比如，民盟中央执行委员会委员吴温腾就在美国大选前表示："特朗普过于善变，立场模糊不清，不应当选总统。而希拉里·克林顿曾经多次到访缅甸，并且与缅甸国务资政昂山素季私交甚好。此外，希拉里·克林顿还时常表态，愿意按照现任奥巴马政府的外交政策对缅甸改革给予支持与帮助。"① 当美国大选结果显示特朗普当选新总统时，民盟政府立即调整对特朗普的态度。11 月 10 日，总统吴廷觉和国务资政昂山素季分别向特朗普表示祝贺，称愿意与特朗普总统继续合作推动两国友好关系。② 但这种尴尬局面似乎预示着未来两国关系不会太顺。

而且，特朗普执政的最初一年多时间里，对东南亚事务的关注度要小于对朝鲜半岛局势等东北亚事务的关注度。在东南亚国家中，缅甸的重要性又排不上特朗普政府外交的前列，因为特朗普政府更重视发展与泰国、菲律宾、印度尼西亚、新加坡等国的关系。美国 2017 年底发布的《国家安全战略报告》中有关东南亚的部分，没有提及与缅甸的关系。这与美国奥巴马政府高度重视缅甸的政策大相径庭，因为奥巴马本人访缅两次，创了美国在职总统访缅次数的最高纪录。而且，奥巴马政府的国务卿希拉里·克林顿、约翰·克里也访问过缅甸。

尽管特朗普执政后较长一段时间里，美国驻缅甸大使馆网站以及美国部分官员强调，美国对缅甸的友好与支持政策是长期一致的。如，2017 年 2 月，美国驻缅大使斯科特·马歇尔访问缅甸著名智库——外交部下属的缅甸战略与国际问题研究所。他在演讲时表示，新的特朗普政府也一如既往地支持缅甸的民主、和平与繁荣事业，重视与缅甸的友好关系。③ 2018 年 6 月，美国驻缅甸大使馆网站刊载美国国家安全委员会亚洲事务资深主管马

---

① 《缅甸几大政党看美国大选》，缅华网，2016 年 11 月 8 日，http://www.mhwmm.com/Ch/NewsView.asp？ID = 19495。

② "President U Htin Kyaw Congratulates President-Elect Donald Trump" and "State Counsellor Congratulates President-Elect Donald Trump", *The Global New Light of Myanmar*, November 11, 2016.

③ "Ambassador Marciel's Remarks Delivered at the Myanmar Institute of Strategic and International Studies", The U. S. Embassy in Burma, February 14, 2017, https://mm.usembassy.gov/ambassador-marciels-remarks-delivered-myanmar-institute-strategic-international-studies/.

特·波廷格访缅新闻时也再度强调，数十年来，美缅关系的发展基于美国支持缅甸的和平、自由与民主改革，美国一直期望看到一个和平、民主与日益繁荣的缅甸。① 但其实，截至 2018 年 6 月底，特朗普执政后并未直接与昂山素季通电话或者有意访问缅甸，双方关系远不如奥巴马政府时期热络。

在特朗普执政约一年半的时间里，缅美高层仍然维持在一些重要时刻的礼节性互动，但高层领导人之间的关系并不密切，开展的重大合作也不多。两国关系密切程度已经远远不如奥巴马执政时期。2017 年 4 月 12 日，美国国务卿蒂勒森发布新闻声明，代表美国政府向欢度泼水节的缅甸民众表达良好祝愿。美国驻缅甸大使馆部分外交官也与缅甸人一同庆祝泼水节。② 这基本是美国政府近几年来的例行举措，不是新举措。一直到同年 6 月 22 日，美国国务卿蒂勒森才与昂山素季通了电话，这是特朗普执政后，缅美高层的首次通话，这种高层沟通比美国与其他东南亚各国的高层沟通都晚了些。缅甸官方并未公布通话细节内容，只是有媒体报道，双方讨论了缅甸边境安全等问题。③ 从通话级别上看，是两国外长级别的通话，而非两国首脑级别的通话，这其实与昂山素季真正的政治身份有些不符，因为昂山素季参加的重大外交活动一般是首脑级的，美国前总统奥巴马就多次与昂山素季直接通话。6 月上旬，昂山素季访问加拿大，过美国家门而不入，也显示了两国关系不密切。

蒂勒森在 2017 年 11 月 3 日至 14 日陪同特朗普总统结束亚洲之行后，11 月 15 日才首次访缅，与缅甸国务资政兼外长昂山素季、国防军总司令敏昂莱等军政高层会晤，这是在特朗普政府上台后近 10 个月才与缅甸高层进行正式的双边互动。蒂勒森此次访缅的主要议题是讨论缅甸罗兴亚人问题，

---

① "White House National Security Council Senior Director for Asian Affairs Travels to Myanmar June 14 – 16", The U. S. Embassy in Burma, June 14, 2018, https://mm. usembassy. gov/white-house-national-security-council-senior-director-for-asian-affairs-travels-to-myanmar-june – 14 – 16/.

② Rex W. Tillerson, "Press Statement on Thingyan Water Festival (Myanmar)", The U. S. Embassy in Burma, April 12, 2017, https://mm. usembassy. gov/thingyan-water-festival-myanmar/.

③ 《美国新政府执政 5 个月后 政府高层首次与杜昂山素季跨洋通话》,〔缅甸〕《金凤凰报》2016 年 6 月 26 日。

并非主要讨论如何加强两国合作。① 当然，蒂勒森比美国媒体严词批评缅甸的调门要相对理性。在他与昂山素季的联合记者会上，昂山素季和蒂勒森面带笑容，并非冷眼相对。昂山素季表达了对蒂勒森来访的欢迎，蒂勒森对缅甸的热情接待表示感谢。蒂勒森说，这是他首次访缅，美国仍然一如既往地强力支持缅甸政治转型，支持选举产生的（民盟）政府施政，支持缅甸稳定与发展。他在若开邦罗兴亚人问题上的言行，尽量照顾多方利益。一方面，他回应了美国国内及国际上批评缅甸军方的言行，表示高度关切缅甸军人在应对若开邦罗兴亚危机时侵犯人权的举动，呼吁缅甸当局保护人权，敦促缅甸民盟政府和军方调查若开邦侵犯人权的事件。另一方面，他也不一味顺从这些激烈舆论而向缅甸施压，而是注意维护好与缅甸的关系，他也谴责"罗兴亚救世军"，因为他们在 2017 年 8 月 25 日袭击缅甸安全部队，挑起冲突，造成伤亡，他向安全部队伤亡人士表示慰问。他还宣布，再增加 4700 万美元人道主义援助来救助因躲避冲突而滞留在缅甸和孟加拉国边境的 60 多万名难民，这使得美国自 2017 年 8 月冲突发生以来向当地难民提供的援助总额达到 8700 万美元。②

2018 年上半年，缅美高层互动较为平常和平淡。2018 年 1 月 4 日是缅甸独立日，特朗普代表美国人向缅甸人致贺电，强调美国将是缅甸政治转型长期的朋友和伙伴。③ 2018 年 3 月 30 日缅甸新总统吴温敏宣誓就职后，美国总统特朗普向其表示祝贺，称美国作为伙伴国和朋友，珍视两国长期关系，美国承诺将继续帮助缅甸实现和平与发展，帮助缅甸改善民生。④ 4

---

① "Secretary of State Rex Tillerson and Burmese State Counsellor Aung San Suu Kyi At a Joint Press Availability", The U. S. Embassy in Burma, November 15, 2017, https://mm. usembassy. gov/11238 - 2/. 此处说两国高层进行正式的双边互动，是不计算两国高层在东亚峰会等一些多边场合中的双边互动。

② "Secretary of State Rex Tillerson and Burmese State Counsellor Aung San Suu Kyi At a Joint Press Availability", The U. S. Embassy in Burma, November 15, 2017, https://mm. usembassy. gov/11238 - 2/.

③ "Message from the President on Myanmar's Independence Day", The U. S. Embassy in Burma, January 3, 2018, https://mm. usembassy. gov/independence-day-message-myanmar/.

④ "Message from President Trump to Burmese President U Win Myint", The U. S. Embassy in Burma, April 12, 2018, https://mm. usembassy. gov/message-from-president-trump-to-burmese-president-u-win-myint/.

月中旬缅甸泼水节期间，美国代理国务卿沙利文祝贺缅甸人节日快乐。① 特朗普政府上述活动基本上也是与奥巴马政府一样的例行活动。6 月 14 日至 16 日，美国国家安全委员会亚洲事务资深主管马特·波廷格陪同特朗普在新加坡会晤金正恩后访缅，与缅甸部分官员、社会人士磋商，以加强美缅关系。

（二）其他领域的交流与合作有些发展，也有些受挫

特朗普政府上台后，美国对缅甸的投资有所增长。缅甸投资与公司管理局数据显示，截至 2018 年 5 月 31 日，美国对缅甸投资项目共计 19 个，协议投资总额约为 3.77 亿美元，占缅甸吸引外资总额的 0.49%，排在缅甸所有外资来源国的第 13 位。② 这些数字比奥巴马任期结束时的数据均略有提升，这可能与奥巴马任期末解除对缅经济制裁、推动双方经贸合作的后续效应有关。

特朗普政府 2018 年对缅甸援助较少。美国国际开发署的数据显示，美国对缅甸经济社会发展、政府治理、禁毒、医疗卫生、人道主义等领域的援助总额，在 2016～2018 年也发生了较大起伏，分别约为：0.86 亿美元、1.20 亿美元和 0.63 亿美元。③ 笔者分析，这与缅甸政局发展变化以及缅美

---

① "Statement by Acting Secretary Sullivan Myanmar Thingyan Festival", The U. S. Embassy in Burma, April 12, 2018, https://mm. usembassy. gov/statement-by-deputy-secretary-sullivan/.

② "2018/May Foreign Direct Investment Yearly Approved Amount By Country", The Directorate of Investment and Company Administration , Myanmar, May 31, 2018, https://www. dica. gov. mm/sites/dica. gov. mm/files/document-files/fdibycountry. pdf.

③ "Congressional Budget Justification Foreign Assistance Supplementary Tables: Fiscal Year 2018", The United States Agency for International Development, May 23, 2017, https://www. state. gov/documents/organization/271014. pdf; U. S. Agency for International Development, "Fy 2019 Department of State Foreign Operations Congressional Budget Justification (Appendix 2)", The United States Agency for International Development, March 15, 2018, https://www. usaid. gov/results-and-data/budget-spending/congressional-budget-justification/fy2019/appendix - 2. 20. 2016 年和 2017 年为实际执行值，2018 年为上年度申请值，小数点后面保留两位数字。其中，2017 年美国对缅甸援助部分领域的额度分别为：推动缅甸经济社会发展与民生的援助超过 0.52 亿美元，民主建设方面的援助超过 0.4 亿美元，和平与减少冲突方面的援助超过 0.2 亿美元，司法援助 0.03 亿美元，教育援助超过 0.02 亿美元。此外，2017 年初，美国国际开发署还向联合国世界粮食计划署提供 0.05 亿美元，用于救助缅甸掸邦、克钦邦、若开邦等地的难民。

关系发展变化可能存在联系。因为，2016 年美国对缅甸的援助额是上年或者前年规划申请的额度，在 2015 年，缅甸还处于军人扶持的吴登盛政府时期，下届政府是哪个政党执政还不得而知，美国对缅甸的援助额度还较少。到了 2016 年美国规划 2017 年援助缅甸的额度时，缅甸已经是由美国非常认可的民盟执政了，因此，2017 年美国对缅甸的援助增加了 0.34 亿美元，该年援助额主要是奥巴马政府 2016 年的申请额度，执行是在 2017 年。当然，蒂勒森 2017 年 11 月访缅时宣布美国增加 4700 万美元对缅援助（主要用在若开邦），也大幅增加了美国当年的对缅援助额。到了 2017 年，特朗普政府对缅甸当局在处理罗兴亚人问题上的做法十分不满，与缅甸龃龉不断，并重新恢复了对缅甸的部分制裁，自然要削减 2018 年对缅甸的援助。这导致该年援助额创了 2016 年以来美国对缅援助额的最低点。

在军事、（警察）执法等领域，美缅合作刚刚好转，就又很快陷入低谷。2017 年 3 月 21 日至 25 日，美国海军远征快速运输船 USNS Fall River 停靠在仰光港口，对缅甸进行友好访问，受到缅甸官员和民众欢迎。这是二战后美国军舰首次到访缅甸港口。同年 8 月 22 日，美缅签署协定，美国在（警察）执法、法治（建设）、禁毒等方面向缅甸提供援助，但刚刚有所好转的双方军事交流关系在同年下半年受挫。因为当年 8 月 25 日"罗兴亚救世军"袭击军警引发激烈冲突后，美国等西方舆论强烈指责缅甸军人在若开邦侵犯罗兴亚人人权，美国不仅限制美缅军事往来，还增加了对缅甸部分高层军官的制裁，不允许缅甸军官 2018 年 2 月再以观察员身份观摩美泰主导的"金色眼镜蛇军演"。美国与缅甸警察等执法部门的合作自然也减少了。

缅甸与美国民间的交往仍在持续，尤其是在教育文化等领域的合作总体仍在持续，有些领域还有较大进展。2017 年 3 月，美国和平队首批入缅服务的 6 名人员结束在缅甸的英语教学等服务，第二批共 15 名成员在缅甸正式开展英语教学等活动。2018 年 3 月，缅甸教育部和美国缅甸裔美国人社区研究所（The Burmese American Community Institute，BACI）在仰光大学签署关于开展缅甸学者和领导人计划（Myanmar Scholars and Leaders Program）的合作备忘录。根据备忘录，缅甸将派遣高素质人才到美国相关大学就读公共政策、经贸、法律、工程、水资源管理、农业、社会科学等专业的硕士学位和博士学位。① 同年 3 月 21 日，新的"美国中心"正式运行，其地处仰光茵雅路大学街，靠近仰光大学、仰光外国语大学等重要高等院校。美国驻缅甸大使馆发布新闻公告称，新中心显示了美国高度重视与缅甸关系，重视提升两国民间友谊。新中心设有图书馆、演讲厅、英语培训教室、计算机房、咖啡屋等，可用于开展英语培训活动、交流活动、缅甸人留学美国辅导活动等。② 而且，美国通过扩增派遣到缅甸的和平队人数来增加对缅甸教育的支持力度。同年 4 月 6 日，美国驻缅甸大使馆举行美国新增 31 名和平队员"入职缅甸"的宣誓仪式，这些人将在仰光、勃固省、孟邦（首次服务孟邦教育）的中学教授英语，美国驻缅甸大使鼓励这些志愿者为促进两国人文交流和民间友谊做出贡献。笔者认为，从美国长期以来向发展中国家派驻和平队的目的来看，美国也是想通过此举向更多缅甸人传播美国语言文化和价值观，帮助缅甸巩固政治转型成果，这是美国对缅甸政策的一个重要方面。尽管美国政府会更迭，但在加强对缅甸社会的思想影响、防止缅甸政治转型发生逆转的问题上，美国不同政府的政策还是基本一致的。

（三）特朗普也关注缅甸民族和解进程，在罗兴亚人问题上与缅甸对立

美国高度关注缅甸的民族和解进程，也关注在冲突中产生的人权问题。2018 年 2 月 13 日，缅甸新孟邦党和拉祜民主联盟两支"民地武"组织签署全国停火协议，美国驻缅甸大使馆当日立即发表声明表示欢迎，称希望缅甸有关各方持续对话，实现和平，建立联邦，保护各族人民权益。③ 同年 5 月 12 日，缅甸政府军与德昂民族解放军发生激烈武装冲突，美国驻缅甸大使馆 5 月 14 日发表声明，表示高度关切冲突，对在冲突中伤亡的人士深表

---

① 《缅美签署教育合作备忘录》，〔缅甸〕《金凤凰报》2018 年 3 月 19 日。

② "Press Release on the Opening of New American Center Yangon", The U. S. Embassy in Burma, March 21, 2018, https://mm. usembassy. gov/press-release-opening-new-american-center-yangon/.

③ "U. S. Embassy Statement on NCA Signing", The U. S. Embassy in Burma, February 13, 2018, https://mm. usembassy. gov/u-s-embassy-statement-nca-signing/.

同情，敦促有关各方保持克制，避免再度造成平民伤亡，允许人道主义援
助进入冲突区救助民众，呼吁并支持缅甸有关各方通过和谈解决持续数十
年的冲突。①

特朗普政府也高度关注缅甸若开邦罗兴亚人问题，但其施压举措引发
缅方反弹。2017 年 8 月 25 日，"罗兴亚救世军"袭击军警引发当地激烈冲
突后，特朗普政府奉行"人权高于主权"的思维，对罗兴亚人总体持同情
和声援态度，对缅甸政府、军方处理罗兴亚人的举措总体持批评态度，甚
至公开指责缅甸军人在若开邦侵犯人权，指责缅甸当局限制国际人员和援
助进入若开邦，并限制美缅军事交流活动，对缅甸部分军官实施制裁。② 12
月，缅甸政府逮捕了路透社的两名缅甸籍记者，理由是他们非法获取机密
文件。美国等西方国家则频频批评缅甸侵犯媒体自由报道权，称这两名记
者是因为报道缅军在若开邦镇压罗兴亚人新闻而被捕的，要求缅甸当局立
即释放他们。③ 2018 年 4 月 11 日，美国驻缅甸大使馆在此前多次发表声明
的基础上，又专门发表声明，称仍高度关注此事件，称两名记者无罪，再
次呼吁缅甸当局将其释放。④

在某些事件上，美国也站在缅甸政府一方。比如，2018 年 1 月 5 日，
"罗兴亚救世军"再度袭击缅甸安全部队并造成人员伤亡后，美国驻缅甸大
使馆发布声明，谴责"罗兴亚救世军"的袭击行径，表达了对伤亡者及其
家属的同情，呼吁各方履行承诺，创造和平稳定的环境，以便让难民自愿、

---

① "U. S. Embassy Statement on Security Situation in Muse Township", The U. S. Embassy in Burma, May 14, 2018, https://mm. usembassy. gov/u-s-embassy-statement-on-security-situation-in-muse-township/.
② "Accountability for Human Rights Abuses in Rakhine State, Burma", The U. S. Embassy in Burma, October 23, 2017, https://mm. usembassy. gov/accountability-human-rights-abuses-rakhine-state-burma/.
③ 《涉非法获取机密文件 路透社两缅甸记者被捕》，〔新加坡〕联合早报网，2017 年 12 月 14 日，http://www. zaobao. com/realtime/world/story20171214-818836。关于两名记者被捕的理由，缅甸当局称他们非法获取国家机密文件，而西方则称两人是因为报道缅甸军人在若开邦侵犯罗兴亚人人权的事件而被捕，笔者在此不做谁是谁非的判断。
④ "U. S. Embassy Statement on Continued Detention of Reuters Journalists", The U. S. Embassy in Burma, April 11, 2018, https://mm. usembassy. gov/statement-on-continued-detention-of-reuters-journalists/.

平安回家。① 2018 年 2 月、5 月，美国驻缅甸大使斯科特·马歇尔及其他美国外交官考察了若开邦局势。而且，5 月美国国际开发署署长马克·格林也率团考察了若开邦，与受到该署援助的当地民众座谈，并与缅甸国务资政昂山素季会晤，探讨美国如何支持缅甸发展等问题。② 但是，美国这些令缅甸"舒服"的举措力度远远小于其在若开邦问题上频频向缅甸施压的力度，仍让缅甸民盟政府和舆论不悦，后者经常驳斥美方言行，双方关系一度对立。由于多方因素的综合影响，两国这种博弈态势在 2017 年以来因为若开邦罗兴亚危机而更加明显，成为两国关系不睦的最重要因素。

小　结

综上所述，缅甸前军政府时期，缅美关系对立。吴登盛政府时期，缅美关系明显改善，但还未达到最好。民盟执政两年多来，缅甸与美国的关系发生了较大起伏，从奥巴马政府时期的缅美关系非常热络到特朗普政府上台后的低迷，原因比较复杂：美国政府更迭，奥巴马政府和特朗普政府对缅甸的重视程度有较大差别，昂山素季与奥巴马、特朗普的个人交情也迥异，罗兴亚人问题爆发更是令缅甸民盟政府与美国特朗普政府的关系不睦，等等。这也说明，民盟尽管在政治理念上与美国相似，其在野时与美国的矛盾很少，但其执政后，为了维护本国利益，为了巩固执政地位，在罗兴亚人等问题上与美国交锋在所难免。短期内，两国关系仍会受到罗兴亚人问题、国家利益等因素的影响，短时间内难以变好，但长远看，两国关系也可能不会永远对立下去，存在转好的可能。

---

① "Statement on the ARSA Attack on Myanmar Security Forces in Rakhine State", The U. S. Embassy in Burma, January 8, 2018, https://mm. usembassy. gov/statement-arsa-attack-myanmar-security-forces-rakhine-state/.

② "USAID Administrator Mark Green Meeting'S with Her Excellency Daw Aung San Suu Kyi, State Counsellor and Union Minister for Foreign Affairs of Burma", The U. S. Embassy in Burma, May 18, 2018, https://mm. usembassy. gov/united-states-agency-for-international-development－3/.

B.7 一切按计划进行？缅甸的军队和政府[*]

安德鲁·赛尔斯[**]著 张泽亮 杨舒淇[***]译

摘 要 缅甸为什么能够从独裁统治向相对更民主的政府过渡？是昂山素季和全国民主联盟的努力，西方民主国家对军事政权施加的压力，还是执政将领们的后知后觉：缅甸不能继续走政治和经济孤立的道路？从这场政治变革的许多关键角色的角度来看，这些解释是合理的，但它们忽略了缅甸一个最重要的独立机构（即缅甸的军队）的力量。在过去10多年中，缅甸政治格局发生的范式转变其实可以更准确地描述为缅甸军队领导层制订的长期计划的结果。这个经过深思熟虑的计划通过推进一系列受控的变革并且让缅甸军队在改革中逐渐放弃了绝对权力，使缅甸社会过渡到了"有纪律的民主"时代。

关键词 缅甸 国防军 昂山素季 民主化

国际上普遍认为，昂山素季和全国民主联盟（以下简称"民盟"）的不懈努力、国际社会给前军事政权带来的外交和经济压力、缅甸军队将领们终于认识到如果缅甸继续走政治和经济孤立的道路就会变得更加脆弱和落后等原因共同促使缅甸成功从独裁统治向更民主的政府形式和平过渡。这

---

[*] 本文译自新加坡尤索夫伊萨－东南亚研究所《当代东南亚》2018年第1期。

[**] 安德鲁·赛尔斯（Andrew Selth），澳大利亚格里菲斯亚洲研究所副教授，主要研究方向为缅甸军队、政治。

[***] 张泽亮，云南大学国际关系研究院国际关系专业2018级硕士研究生，主要研究方向为缅甸当代政治；杨舒淇，云南大学国际关系研究院国际关系专业2018级硕士研究生，主要研究方向为缅甸经济和外交。

些原因用来描述这场政治变革中的许多关键角色是合理的，特别是从昂山素季的支持者、外国政治家和人权活动家的角度来分析。确实，考虑到世界许多其他地方民主转型都以失败告终，这些缅甸的变革者认为自己获得的成功是世所罕见的，并且他们中的一些人很快就把缅甸民主转型成功这件看似非凡的事情归功于自己。这种解释并非完全错误。可事实上，他们忽略了缅甸一个重要的独立机构，即缅甸的武装力量（缅甸国防军）也是这场政治变革的重要参与者。

有另一种方式可以用来看待过去 10 年多缅甸政治格局中发生的非凡范式转变，那就是承认该国军事领导层 15 年前制订的一项长期计划是这一时期政治发展的关键步骤。在该计划中，缅甸军队自愿逐渐放弃绝对权力，以推进自身议程和实现若干具体目标。如果对缅甸民主过渡的这种解释可以被接受，那么对于缅甸民盟政府的诞生及其与缅甸军队的关系也就可以有不同的解读了。此外，如果这种解释是合理的，那就表明，其实国际社会未来在影响缅甸从"纪律繁荣的民主"（discipline-flourishing democracy）向真正民主的转变过程中只能发挥有限的作用。与过去一样，缅甸政治改革的进程将一如既往由缅甸境内的政治力量决定，尤其是受军队力量影响。

一　退居幕后

当缅甸前最高领导人丹瑞大将和其领导的国家最高权力机构缅甸国家和平与发展委员会于 2010 年 11 月举行全国选举，并于 2011 年 3 月将政权移交给吴登盛时，他们并不是被迫如此。作为缅甸这片土地上最强大的武装力量，缅甸国防军并不害怕重大的军事失败或国内动乱，因为没有任何叛乱组织或政治运动有能力严重威胁内比都军政府的统治。尽管并非没有难度，但如果军政府选择拒绝交出权力，将军们仍然可以继续抵制民众对政治变革的要求，包括昂山素季和民盟也不能对其构成绝对的威胁。一些外国政治家和活动家组织声称，军政府非常关注 1988 年民主运动以来西方国家和各种国际组织实施的外交压力和经济制裁，可是实际情况可能并非如此。虽然其中一些制裁措施可能产生了轻微的影响，但军政府通过与东南亚国家联盟（以下简称"东盟"）以及中国、印度和俄罗斯等主要大国建立关系，成功地避开了制裁的影响。

如果军政府选择不交出权力，可能会不受各方面欢迎，并面临一些严重的国内问题。可是当它选择将权力移交给吴登盛政府时，它的权力基础仍然十分稳固。事实上，从几乎所有的衡量标准来看，2011 年的军事政权比 1962 年奈温政变以来的任何时候都要强大。正如批评人士经常宣称的那样，国家和平与发展委员会之所以准备放松对权力的控制，允许缅甸发展一个更加自由的政府形式，并不是因为软弱和感到不安，相反，这么做是源于力量和自信。这其实是一个经过仔细考虑的长期计划的一部分。

据估计，2002 年前后，缅甸国家和平与发展委员会得出结论：接受政治改革符合缅甸和缅甸国防军的最大利益。因为在经济、技术、军事和其他方面，缅甸落后于其区域邻国和世界其他地区。为了维护缅甸的独立、安全、经济增长和国家威望，缅甸必须变得更加开放、更加现代化、更加繁荣，受到更多的国际尊重。民主政治改革被视为一种可以让缅甸社会减压的方式，因为缅甸几十年来一直在被国际社会施加压力，例如被要求提供更大的个人自由、增加外部世界进入的机会，以及接受更多的外国商品和服务等。同时，缅甸国防军也想摆脱承担政府的一些细枝末节的责任，真正成为一支专业的军队（现任国防军总司令敏昂莱大将更喜欢用"标准化的军队"这个词），拥有现代化武器和装备。另外，缅甸国防军还希望能够再次与西方民主国家的武装力量建立关系，并最终获得他们先进的科学技术。

为了实现所有这些目标，缅甸必须从直接军事统治过渡到更民主的政府形式。但国防军的将军们并不准备完全移交权力，因为他们觉得不能把自己的全部信任和国家的命运交给一个文人政府。早在缅甸所谓的"民主时代"（1948～1962），军队将军们就一致认为这样的民主改革的结果是灾难性的。将军们还敏锐地意识到中东、北非和世界其他一些地区的民主政治过渡都失败了，所以必须要努力致力于确保缅甸不会发生此类危机。显然，一个有限的、精心控制的、自上而下的渐进民主化进程能够确保他们实现所寻求的目标。因此，军队领导层设计了一个"七步民主路线图"，设想"一步一步系统地"实施一个向"纪律繁荣的民主"目标不断过渡的政治改革过程。这一计划是 2003 年 8 月由时任缅甸总理钦纽宣布的。

正如缅甸国家和平与发展委员会发言人后来所解释的一样，该计划的第一步是重新召开 1992 年组建的旨在制定宪法的国民代表大会（该大会在 1996 年民盟代表退出后休会）。第二步是实施一项新计划，引入所谓的"真正的、有纪律的"民主制度。第三步是依据国民代表大会规定的原则起草新宪法。第四步是举行全民公投，批准新宪法草案。第五步是选举新的国家宪法中描述的各种立法机构（如人民院）。第六步是召集组建地方（省和邦）和全国议会。第七步是由民选代表、政府和"议会组成的其他中央机关"共同建设"一个现代化、发达和民主的国家"。

撇开这一进程的性质和最终所面临的问题不谈，可以说，在它提出来之后的 8 年里，军政府的确正是按它所承诺的在改革。尽管在这个过程中有来自缅甸国内外要求修改或放弃该路线图的压力，但这个"七步民主路线图"仍然得到了精确的执行。军方发言人强调，这是民主政治改革唯一可行的途径。2008 年，对新宪法进行了全民公决。根据国家和平与发展委员会随后公布的数字，该国 2270 万合格选民中有 92.4% 的人支持该法案。2010 年 11 月 7 日，省（邦）议会和国家立法议会都举行了选举。结果，由于民盟抵制了这次投票，军方支持的联邦巩固与发展党（以下简称"巩发党"）以压倒性优势获胜，该党赢得了全国范围内接近80%的席位。所有的新国会议员在接下来的 1 月宣誓就职。2011 年 3 月，联席议会选举前将军吴登盛为缅甸总统。

这一路线图的改革进程在之后得到了继续。2012 年 4 月 1 日新议会举行了议员补选，填补因接受部长任命而辞职或因去世而空缺的议员席位。2011 年 12 月重新登记参加选举的民盟声称，在这次议员补选中欺诈和违反规则的现象普遍存在，但该党仍然在选举当天赢得了 45 个席位中的 43 个。其中一位成功当选议员的候选人是该党领导人昂山素季。2015 年 11 月 8 日，省（邦）议会和全国议会再次举行大选。根据各方面的报道，尽管有些瑕疵，这次大选是自由和公平的。结果，民盟获得了压倒性的胜利，在联盟级别的竞争中民盟获得了 491 个席位中的 390 个（占 79.4%）。民盟在两院的多数席位确保了它可以依法选举自己的新总统。根据 2008 年的宪法，昂山素季不能担任总统这个职位，因为她的两个儿子都是外国人，但议会为她特别设立了国务资政的职位。在选举之前，昂山素季就已经明确表示，如果不承认总统为最高职位，她会认为自己"凌驾于总统之上"，并充当缅甸事实上的领导者。

对"七步民主路线图"这个计划至关重要的是新宪法的颁布，该宪法为缅甸国防军在国家政治中继续发挥作用奠定了基础。省（邦）、全国议会中四分之一的议员席位被留作军官专用。这实际上赋予了国防军否决任何宪法修正案的权力。国防部、内政部和边境事务部的官员均由国防军总司令任命的高级军官担任。这意味着军事领导层不仅控制着国防军，还控制着警察部队、情报机构、国家官僚机构和移民政策。此外，国防军还控制着国防与安全委员会，这是一个潜在的强大机构。在某些情况下国防与安全委员会可以宣布国家进入紧急状态，让军队力量重新接管国家的控制权。在管理和运作方面，缅甸国防军完全独立于政府和议会。国防军成员还被宪法授予特殊的法律地位。

由于国防军的地位和权力得到了保护，将军们可以从日常的政府事务中退居幕后。他们自信地认为国家的强制机构仍然在自己的掌控之中，并且缅甸内政的安全和其他关键方面也仍然在他们的控制之下。所有这些安排意味着，即使过渡到"纪律繁荣的民主"时期，国防军仍然是缅甸最强大的政治机构。在不改变2008年宪法的情况下，文职行政部门不可能实质性削弱国防军的力量或它的正式作用。因为没有超过75%的联邦议会的同意，法案是不能通过的，而国防军掌握了至少25%的议会席位。正如罗伯特·泰勒（Robert Taylor）在2015年提到的："只有缅甸军队自己能终结自己在缅甸政治中的角色，可这一终结实现与否将取决于军队对平民政治精英管理未来能力的认知判断。"他或许还应该补充一句："并将军队作为一个国家机构加以保护"。

二 预期改变

在实践中，会有各种其他因素对"七步民主路线图"造成影响，这个过程并不像上面的简要提纲所计划的那样简单或顺利。即便如此，由于军队高层领导的构想、计划和最终掌控，缅甸政治格局在不到10年的时间里仍然发生了显著的转变。在这个过程中将军们如果有自己的其他意愿完全可以在民主改革的任何阶段进行干预并做出调整。例如，因为军队领导人的同意或默认而没有干涉选举的情况发生，2015 年的选举相对自由公正，结果也相对精确。这样的情况可能并不简单，军队高层可能也相信这么做不会有什么严重的后果。如果他们愿意的话，军队力量完全可以取消、推迟或操纵选举以产生不同的结果。毕竟，将军们之前就有过干预民意选举的先例，他们要么选择忽视，就像 1990 年民盟彻底赢得选举后那样；要么就是确保已经获得了想要的结果，就像 2008 年宪法全民公投的结果那样。

考虑到缅甸军事基地地理分布广泛、国防军强大的情报机构以及军事力量通过内政部下属的综合行政管理局（GAD）对内政的控制，国防军高层领导实际上在 2015 年的民意调查之前就已经知道，公平选举将使昂山素季和民盟取得决定性胜利。尽管最终的统计数字令人吃惊（在投票之前，一些受人尊敬的外国分析人士质疑民盟是否能取得压倒性胜利），但最终的选举结果是不容置疑的。在这种情况下，可以假定，在选举之前，由丹瑞领导的国防军其实已经集体决定接受选举结果。即缅甸虽然没有分享政治权力的政治传统，也不论昂山素季是否能成功当选缅甸总统，军队将军们都将面临与昂山素季一起协商国家未来治理责任的政治前景。

2015 年 11 月 8 日，缅甸民众对昂山素季和民盟的大力支持，给了他们巨大的道德权威和强势的谈判地位。尽管这符合缅甸国内外普遍的期望，但也并不能保证他们就能够自由组建政府、塑造国家的未来。根据前军事政权的安排，民盟只有与军队力量密切合作才可能做到这一点。国防军领导层和昂山素季都知道，他们不会从双方的直接对抗中获得任何好处。直接对抗导致的动乱只会是国家的歧途、人民的悲剧，并使缅甸在国际上受到谴责。如果这种冲突失去控制，将不可避免地减缓缅甸民主过渡的进程，甚至在某些情况下民主过渡的进程会因此完全停止。这种结果对任何人都没有好处，尤其是对昂山素季和民盟来说。

据了解，昂山素季在 2015 年选举后至少与高级将领敏昂莱举行了三次会议。讨论的主题尚未透露，但可以假定，其中就包括她是否想成为总统以及有关如何分享政治权力的安排。昂山素季的总统梦从一开始就注定要落空，但昂山素季和高级将领敏昂莱之间似乎达成了一种暂时的协议，允许他们两人的行动都能暂时向前推进。这样的安排是不会永远平等或让人满意的，可是考虑到双方都能因此恪守各自范围内的主要职责，这似乎又是一种成功的方式。不过，有一个现实不可回避：军队成功地在民主改革中留了后手。一位观察员在民盟上台一年后写道："民盟政府最令人失望的特点是，似乎它一次又一次地与军队的利益保持一致……要么是通过支持性的声明，要么是保持怯懦的沉默，而不是将他们的目标和利益与军政权之间作切割。"

即便如此，实施缅甸国防军的政治改革总体计划也有一定的风险。国防军的将军们不可能提前预料到一切。打个比喻，就好像一旦民主转型进程被绑定在火车上，它就会倾向于按照自己的轨道前进。正如法国政治哲学家托克维尔 1856 年所写的："一个糟糕的政府最危险的时刻是它开始改革的时候。"在缅甸的国情下，将军们可能没有料到吴登盛的改革计划能如此广泛或迅速地实施。在议长吴瑞曼的领导下，新的立法机构展示出极高的独立性。2016 年国务资政职位的设立似乎同样让将军们大吃一惊。有一种可能是，因为军队允许了一个更自由的政府出现，人们将有更大的对自由的诉求，并走上街头游行以获得这些自由。此外，有关缅甸更加开明的军事政权的政治预期可能并不能让国际社会有保留地接受一个受控制的、自上而下地过渡到准民主的缅甸，而是鼓励国际社会施加更大的压力给缅甸来实现全面的民主。

三　维持控制

民盟在全国议会中的压倒性席位数为其一系列计划的执行提供了可能性，并赋予其一定的处理公共关系的优势，但昂山素季的行动自由和行使权力杠杆的能力受到了严重限制。事实上，2008 年宪法正是在考虑到这一形势的情况下制定的。国防军领导层清楚地预料到，有朝一日国防军可能会面临一个潜在的敌对的议会。所以他们早就采取各种措施保护其地位和核心利益，并确保国防军在国家事务中继续发挥核心作用。正是因为如此，将军们如今也下决心要维护 2008 年宪法并视之为缅甸的"主要法律或母法"。综合以上考虑，缅甸国防军坚决反对民盟企图修改宪法的任何行动，特别是那些涉及总统职位和保证军队在所有议会中占 25% 议席的规定。

今后制定宪法修正案的可能还没有被完全排除，但国防军发言人一致表示，只有在缅甸民主"成熟"时，才会考虑这种可能。至于何时缅甸的民主能达到"成熟"的阶段将由将军们进行判断。面对这种情况，民盟试图找办法绕过宪法中具有限制性的相关条款。2008 年宪法是一份冗长而细致的文件，它清楚地写入了许多细节，试图涵盖所有的意外情况，但民盟仍设法找到了一些可以利用的漏洞。最显著的例子是，即使面对军人集团的强烈反对，民盟仍然利用议会多数席位设立了"国务资政"的职位。宪法特别规定，缅甸总统"优先于所有其他人"，所以昂山素季声称她的地位"高于总统"的说法，直接违反了宪法。这可能会导致她将面临宪法法庭的挑战，但宪法法庭是由吴廷觉总统（他是昂山素季忠诚的支持者）和议会两院按比例选举出来的，这两个议会现今由民盟控制。

昂山素季试图绕过国防军控制的另一个尝试是在 2017 年 1 月任命她自己的国家安全顾问。这一职位由前外交官吴当吞担任，"目的是通过从战略角度评估局势，就内部和外部威胁向总统和联合政府提供建议"。这些威胁的性质，以及国家安全顾问如何把其建议与国防军和外交部提供的战略情报评估进行协调都没有具体说明。另外，昂山素季还拒绝了巩发党和一些较小的政党要求召开国防与安全委员会会议的提议，它们要求讨论一系列具体的内部安全问题，尤其是缅甸北部省份和若开邦的激烈冲突问题。昂山素季之所以选择拒绝似乎源于一种怀疑：国防与安全委员会主要是军队成员，敏昂莱大将可以利用这样的会议来推动自己的议程，并声称自己的提议得到了国防与安全委员会的支持。

一些观察者甚至暗示，缅甸国防军可能会利用国防与安全委员会来接管政府。不过，如果将军们对民盟的任何政策有所不满，并想改变这些政策，他们并不需要直接干预。如果国防军的领导层有这样的意愿，他们完全可以通过其他方式影响事态发展，并对昂山素季政府施加压力。

缅甸共有 15 个政府机构：内比都的中央政府和 14 个省（邦）议会。也有一些特别行政区，涵盖了一些像佤族和那迦族这样的少数民族。但实际上，缅甸的行政管理权高度集中。宪法被设计成由少数官员总揽国家大权。例如，虽然各省（邦）都会选举自己的议会，但所有的首席部长都由总统直接任命，并且他们的职责十分有限。宪法还赋予国防军总司令广泛的权力。比如，总司令可以任命国防部部长、内政部部长和边境事务部部长。此外，通过 1972 年由奈温将军创建的综合行政管理局，总司令可以集中权力直接控制政府直至社会最底层的管理和运行。所有省（邦）的公务员也由综合行政管理局管理。这种情况给了国防军很大的空间来影响政府的政策和行动。

正如罗伯特·泰勒所观察到的一样，缅甸的公务员制度长期以来效率低下。因为经过几十年等级化指挥文化的熏陶，公务人员没有面对独裁政府时采取主动措施、质疑决策或报告决策失误的传统。许多公务人员缺乏专业的管理知识，整个公务系统不是按照既定的官僚程序而是通过个人关系来运作的。因此，整个官僚系统腐败盛行。此外，当民盟执政时，有超过 80% 的高级公务员的职位被前军人占据，这加大了他们在工作中因效忠对象不同而产生分裂的可能。正如热内·埃格勒托（Renaud Egreteau）所写的："几十年来，军人集团被社会化，认为自己是国家唯一且无争议的化身。"2015 年大选后，公务员高层承诺会支持民盟政府的工作，民盟政府也任命一些官员担任部长职务。可是整个官僚机构的改革仍存在巨大的阻力，军队力量仍有很大可能继续操纵官僚机构。

民盟上台后仍继续将很大一部分国家预算分配给国防部（2016 年约为 14%）。此外，缅甸国防军还会从一系列预算外来源获得资金。根据 2011 年的法律，国防军被允许使用其他方式来寻找履行其职责所需的资金。另外，如果民盟试图通过减少国防军在中央政府开支中所占的份额来对它施加压力，也势必遭到将军们的强烈回击。举例来说，国防军会以在缅甸西部和北部进行的军事行动产生了巨大的作战成本为理由拒绝减少预算。实际上，国防军已经做出了妥协，它放弃了部分行业的经营垄断权，并且其控制的两大集团——缅甸联合经济控股有限公司和缅甸经济公司也开始向政府纳税。总体来说，2011 年以来，国防军在缅甸国民经济中的作用就已经在逐渐减小。当然，如果国防军不愿意损失自己的经济利益，那么军队力量和它的"资本主义裙带关系"（他们中的大多数人位高权重）也完全可以通过其经济实力对政府施加相当大的压力。

由于缅甸国防军独立于国家的安全事务，因此军队还拥有另一个强大的筹码，可以用来向民盟政府施加压力。目前，民盟政府最需解决的议程之一是昂山素季所提倡的"21 世纪彬龙"和平进程，这一进程的目的在于与大约 20 个少数民族组织/武装（以下简称"民地武"）组织实现全面和平。然而，民盟政府如果没有武装力量的充分配合和支持就不可能与民地武之间达成停火协议，更不可能实现全国范围的和平。在过去的一年里，国防军对缅甸北部和东部地区的几个民地武多次发动了意在"镇压清剿"的军事行动。这一激烈的军事行为导致民盟政府与少数民族地区的关系更加紧张复杂。高级将领敏昂莱还在裁军、复员、军人重返社会和安全部门改革等问题上采取了强硬的立场。虽然国防军无法控制由多方参与的国家和平进程，但它可以对该进程的过程和结果产生显著影响。

民盟还受到国防军在若开邦地区行动的挟持。在 2016 年 10 月穆斯林武装分子袭击了三个边防警察局之后，军队和警察部队立即对罗兴亚地区展开了"地区清剿行动"。2017 年 8 月，穆斯林武装分子发动的进一步袭击引发了国防军更大规模的军事行动。此次行动造成了数百人甚至数千人伤亡，另有 60 多万名难民因战乱逃往孟加拉国。国防军在这次行动中的野蛮行为让昂山素季和民盟政府看起来软弱无能，甚至更糟。国际社会也严厉谴责了这一行为，同时昂山素季的诺贝尔奖获得者同伴也指责她未能通过人性最基本的考验。国家参赞为了回应这些指控并保护民盟政府的声誉，将在很大程度上依赖国防军缓和其行为的意愿。昂山素季多次拒绝批评安全部队就充分反映出将军们对政府的影响力。实际上，她一直在保护国防军。例如她拒绝联合国独立国际实况调查团访问缅甸，拒绝调查若开邦广泛侵犯人权指控的要求。

最后但并非不重要的是，国防军在缅甸拥有垄断使用国家武力的手段。军队总司令指挥着约 35 万人的陆军、海军和空军。近年来，海陆空三军都得到了现代化武器装备的加强，他们在进行包括联合作战在内的常规战争方面变得更加熟练。此外，总司令通过内政部部长（他任命的一名高级军官）可以部署大约 8.5 万人的强大的缅甸警察部队，该部队拥有 30 多个装备精良的安全营。这些部队中有许多是由退役士兵组成的，他们都曾接受过军事训练。在极端情况下，总司令甚至还可以调用所谓的其他"国防服务"部门，这些部门一般包括民兵部队和其他准军事力量、消防部门和缅甸红十字会。如果总司令选择行使这一权力，那么对于任何敢于挑战国防军的政治领导人或政府而言这都是无法抵抗的最终制裁。

通过所有这些手段，将军们无须直接干预就能够对缅甸内政产生强大的影响力。昂山素季和民盟在管理政府和考虑国家近期的规划时，需要适当考虑这一现实，并与军方领导人保持某种合作关系。拒绝采取这种行动将产生可怕的后果。正如貌昂妙（Maung Aung Myoe）所言："缅甸 2008 年宪法本质上是由军方为在缅甸政治中找到执政伙伴而设计。"军方从未打算将对政府的完全控制权拱手让给平民政治家，更不用说整个国家了。现政府为了发挥效力必须作为一个由军队和平民成员组成的联盟来运作。此外，正如昂山素季经常承认的那样，如果没有缅甸国防军的充分同意和积极合作，就不可能在缅甸建立一个真正民主的政府体制。

四　政变谣言

鉴于国防军在缅甸政治生活中的特殊地位、能对政府施加的巨大影响力，以及敏昂莱将军对昂山素季及其政府可能进行的控制，在可预见的未来似乎不太可能发生军事政变，由军方接管政权。即便如此，还是不时会有即将发生政变的传言，令国内外的评论员兴奋不已。

近年来，专业的缅甸观察者已经考虑过政变可能性，但他们更倾向于怀疑国防军是否具有直接控制政权的意图。例如，2013 年一些分析人士认为，缅甸在未来 5 年内发生军事政变的可能性高达 20%；另一些人则认为，虽然政变发生的可能性要小得多，但仍不排除有发生的可能。一些观察人士认为，尽管吴登盛出人意料地采取了独立的立场，并提出了基础广泛的改革计划，然而在 2011 年之后，缅甸实际上仍然处于军事控制之下，因此缅甸并没有政变发生。他们认为，2008 年宪法就像 1974 年之前的社会主义宪法一样，只是一种政治手段，允许将军们在准文人政府的表象下继续治理缅甸。在这些观察人士眼里，吴登盛政府所推行的民主改革其实是一场骗局。在现实中，军方领导人完全可以通过简单地操纵当前的体制就得到它想要的任何东西，完全没有发动政变行动的必要。

尽管这一观点既低估了缅甸政治当时发生变化的程度，也没有充分考虑到吴登盛总统和人民院议长吴瑞曼所表现出的独立性，但是考虑到这两位官员以及新政府中许多其他官员具有军方背景,更不用说巩发党在议会中还占据绝对主导地位,这种观点其实也颇有道理。2016年初昂山素季和民盟执政以来,缅甸的政治形势就更为复杂,政府已不再是缅甸国防军的傀儡。毫不奇怪,文人政府的掌权重新引起了人们对军事接管的担忧。事实上,随着国内安全问题的加剧、政府因缺乏执行力而饱受批评、民盟内部的紧张局势不断升级、昂山素季与敏昂莱将军关系日益紧张,政变传闻愈演愈烈。

在过去的一年里,各类事件的发生导致关于军事政变的谣言不断。例如,2016年11月敏昂莱将军公开提及宪法中关于紧急状态的条款,这被解释为含蓄地提及即将发生政变。同样,当国防军总司令在欧盟军事领导人首脑会议上阐述缅甸国防军的政治角色时对国防学院的学生说,国防军在缅甸的国家政治生活中将永远发挥作用,对此也有人提出了类似的担忧。2016年11月,仰光发生了三起恐怖主义爆炸事件,有报道称全国犯罪率上升,这也引发了军队力量可能会介入以恢复法律和秩序的传言。当巩发党与其他12个小党派一同呼吁吴廷觉总统召开国防与安全委员会会议时,一些观察人士也将其视为军事接管即将到来的信号。还有其他媒体报道称,政府不愿意或无力保护因缅北军事行动而流离失所的平民,这也加剧了人们对政变的担忧。

2017年1月,民盟著名律师和宪法改革派人物吴哥尼被谋杀是引发政变传闻的一个特殊事件。目前,这一事件尚未公布原因,但部分分析人士提出,为了保护2008年宪法并颠覆昂山素季政府,缅甸军队的相关人员准备采取极端措施。为了支持这一说法,这些评论人士指出,参与此次谋杀的一些嫌疑人具有军事背景。随即,拉里·贾根(Larry Jagan)指出内比都并没有达到民众的预期,并写道:"许多分析人士和外国企业家担心,近期发生的事件已经把缅甸推到了崩溃的边缘……也把军事政变推至风口浪尖。"几个月后,贾根又写道: "缅甸的军事领导人正在策划一场军事政变。"他说:"毫无疑问,军事高层已经制订好接管政权的应急计划,由于宪法赋予了他们特殊权力,只要条件充足他们就会行使这一权力。"

阴谋论者走得更远,他们认为缅甸国防军一直密谋如何推翻昂山素季政府,并建立一个新的军事政权。自民盟执政以来,军方就蓄意破坏,既拒绝新政府认可自己的机会，又说服缅甸民众相信只有强大的军事政权才能提供他们想要的稳定和预期的经济增长。这些人认为，将军们正在等待政府倒台，并制造安全危机使政府濒临崩溃。阴谋论者还认为，文人政府越无能，国家就越需要更果断高效的政权。这一观点表明，当文人政府出现失败迹象时，缅甸国防军就会在民众的支持下干涉并直接控制国家。

然而，这些观点并不能令人信服。因为阴谋论者并未认识到，民盟上台时面临的各种严峻挑战，正是将军们在其当政时期无法解决的问题。无论如何，国防军企图干扰政府的行为都将适得其反，因为这将破坏缅甸国防军的名声，使民众怀疑他们对安全和稳定的承诺。另外，暗杀事件已经引起了民众对警察和情报机构能力的质疑，而这些机构隶属军方领导的内政部。

正如玛丽·卡拉汉（Mary Callahan）所观察的那样，政变的谣言实际上被严重夸大了。敏昂莱将军发表的各种声明"与其说是恢复军事控制的借口，不如说是军队及其盟友对宪法做出的基本承诺，以确保民盟掌权并保护民盟的执政地位"。此外，正如卡拉汉所说，军队既需要与缅甸西部新的叛乱分子作战，又需要与北部地区的民地武战斗，国防军几乎没有精力去考虑接管政府。另外，还有一个问题：为什么将军们愿意再次承担昂山素季及其政府目前不得不应对的一系列复杂的政治、经济、社会和外交政策问题的"包袱"？缅甸国防军可能准备好了应急计划，但是他们只有在法律和秩序严重崩溃时才使用。实施紧急计划只能是一个必须相当谨慎的决定。

五 可能干预的诱因

然而，这并不代表在任何情况下，国防军都不会直接干预缅甸的国内事务。我们可以从国家、制度和个人层面分析国防军可能干涉内政的原因。

在国家层面，武装部队在判断是否需要进行军事干预时，首先考虑的是缅甸的主权、统一和内部稳定。这些目标包含在前军政府的三个"国家事业"中，并已被写入 2008 年宪法。当国家的发展在这些方面受到威胁时，军事领导层会予以关注并提高干预的可能性。2011 年以来，国际社会都或多或少地接受了吴登盛政府及其改革方案，这大大降低了缅甸面临的外部威胁。同样，民盟在 2015 年选举中受到了广泛欢迎，也进一步减少了来自国外的威胁。然而，缅甸在罗兴亚危机中受到了各界的强烈批评，而且缅甸目前仍有约 10 万名武装分子，他们不愿或者只是勉强承认内比都的政权。在这些武装分子中，有些人正积极发动对中央政府的游击战，有些人则武装起来，形成对政府的潜在威胁。

此外，缅甸还可能因各类问题而爆发内乱。正如国际危机组织所写，在佛教极端主义分子的煽动下，缅甸可能再次发生宗教暴力事件。民众对于土地所有权、法律改革、新闻自由、工资水平、工会会员资格、工作条件和生活费用增加等一系列有争议的问题也提出了抗议。同时，由于国内民众对其他国家的示威和罢工有了更多的认识，也由于电视和互联网的普及以及军政府消亡以来各类法律的放宽等，缅甸的罢工和示威活动不断增加。国内紧张局势的加剧还可能是由于民众对政府的不满与日俱增，国际社会对昂山素季和民盟的信心下降。随着国外直接投资的不断下滑，缅甸的经济增长率也不断下降。

在制度层面，武装部队将关注他们在国家事务中的特殊地位。因为不仅这一特殊地位在宪法中有明文规定，而且敏昂莱将军也在许多场合进行了重申。在缅甸，大多数军官有强烈的民族主义倾向，他们认真扮演着自己作为国家监护人的角色，并且认为如果有必要，他们将负有特殊的责任，即通过军事介入来"拯救"缅甸。当国防军自身受到威胁时，军事领导层也同样会采取行动。例如，如果政府或议会大幅减少国防预算，或者严格限制国防军的预算外收入来源，就可能会有麻烦。当然，国防军也特别关注其履行"维护宪法"的义务和应对内外部安全威胁所必需的人员和物资的权利是否被剥夺。也许高级司令部并不是杀害吴哥尼的幕后黑手，但针对它的指责主要基于民众的信念，即民众希望通过修改宪法等各种行动来削弱国防军对国家的控制权。

在个人层面，取消军事人员在前军政府时期侵犯人权免于起诉的权利这一宪法条款也会引起将军们的不满。昂山素季一再表示，她支持国防军作为一个机构存在，并提醒所有人，是她父亲创建了缅甸独立军。她拒绝沉湎于历史，也不愿为自己或者他人在过去受到的伤害寻求报复。昂山素季的这一行为得到了高级司令部的认同。或许初级军官可能经常受到舆论的攻击，但是如果民盟成员、国外活动人士或国际社会成员希望以过去的罪行去审判缅甸军事人员，将会引发强烈的反应。出于同样的原因，任何企图起诉高级警察或军官侵犯人权的行为，例如对国防军在若开邦罗兴亚地区"侵犯人权"的行为进行起诉，也都将受到强烈抵制。

上述一切都表明缅甸国防军已不再是曾经的那个机构，直接军事干预受到较大限制。无论是国内还是国外都不可避免地会对政变做出强烈反应，政变可能引发内部动荡，并带来外部威胁。因此，高级司令部一直希望通过民主过渡来减少政变的可能性。此外，鉴于2015年的选举结果，昂山素季和民盟在军队中仍然获得了相当大的支持。将军们不仅要认真考虑接管政权的好处，同时也要考虑接管后也许会导致军事纪律的严重崩溃。毫无疑问，虽然一些军事人员后悔失去了政治权力，但他们又从民盟目前所处的困境中得到满足。然而，从目前来看，将军们似乎满足于把治理国家的困难和混乱留给民盟，同时又密切关注自己在核心领域的利益，并从中获得回报。

六　展望未来

2011年以来，有一个问题经常被提及：国防军什么时候可以"回到军营"？这反映出民众普遍希望缅甸可以建立一个真正民主的文人政府。但它忽视了一个关键问题，即国防军从未将自己的军事和政治角色区分开来，其中军事角色优先于政治角色。相反，1948年缅甸重新获得独立以来，武装力量一直负责维系联盟的团结、抗击国内外敌人并使国家免于内乱，这样的观点深入人心。国防军还将自己视为在缅甸占主导地位的佛教文化的保护者。这形成了一种持久的信念，这种信念通过培训和灌输的方式得以加强，即"国家政治"比"政党政治"更为重要。这一观念还使人们相信，如果情况紧急，国防军将有权力和义务取代其他国家机构。

在可预见的未来，似乎极不可能发生针对昂山素季政府的政变。因为将军们不想再次统治缅甸，至少不是直接统治的方式。为此，将军们将继续依赖2008年宪法，以保护国防军及其在国家生活中的特权和中心地位。同时，他们还将对国家的统一、稳定和主权所面临的（他们认为的）任何重大挑战做出回应。前军政府政权的三个"国家事业"不只是一句口号，它反映了民地武领导人对某些核心政策和价值观的深刻承诺，也将被用来证明国防军对民地武和罗兴亚人采取进一步军事行动具有合理性。它们还将用来解释缅甸国防军将继续在政权中发挥作用的必要性。在文人政府和军事当局之间做出权宜之计并不容易，但总的来说，因为两者有许多共同的目标，所以将军们希望民盟政府取得成功。他们也希望缅甸成为强大、现代、繁荣、稳定、统一、独立和受到尊重的国家。

如果将军们像阴谋论者所建议的那样削弱甚至摧毁民盟政府，他们是有办法做到的。但是，目前唯一有证据的计划是帮助民盟上台，这基本上已经得到了实施。关于将军们希望看到民盟掌权之后失败，并以此证明文人政府无法管理缅甸，或者只是为了揭露昂山素季个人缺点的说法都是无法令人信服的。还有一种观点认为，将军们蓄意制造安全危机，试图削弱民盟政府的论点也同样不能令人信服，因为这违背第一个计划的目标。将军们的行为当然可以被指责为马基雅维利式的，但他们目前的主要目标是逐渐退出政府的日常管理，允许政府过渡到更民主的制度中，尽管在这个制度中，国防军仍然发挥着相当大的影响力。到目前为止，民盟政府的不佳表现无疑使将军们更加相信，他们决定谨慎行事并严格控制民主转型进程是相当正确的。

虽然国防军不会主动放弃其政治角色，但将军们希望他们可以摆脱常规政府的限制。这是需要时间的。2003年，当钦纽总理提出"七步民主路线图"时，他并没有具体说明时间表。不过，他设想的是，缅甸真正成为一个民主国家至少需要10～15年的时间。事实证明，这个设想是准确的。以此来看，缅甸实现真正的民主可能需要一段类似的时间。例如，敏昂莱将军在2014年武装力量日的演讲中谈道，随着缅甸的"民主走向成熟"，国防军需要"逐渐减少"其在国家中所扮演的政治角色。2016年昂山素季政府上台以来，敏昂莱将军多次重申了这一观点。他也曾在其他场合提议，缅甸可能还需要一到两个五年的议会任期才能达到权力完全移交给文人政府的阶段。

缅甸国防军所寻求的"政治成熟"的标准虽从来没有阐明，但显然"稳定与和解"是其首要关切点，这包括了与民地武达成全国范围内的停火协议。但任何此类协议达成的前提都是满足国防军对主权、统一和稳定的长期关切。

目前，这样的结果似乎遥遥无期。例如，将军们将缅甸北部地区民地武的行动看作对缅甸主权的挑战。他们不同意把缅甸建成一个联邦国家或者是一个可以容纳独立领地的联邦国家。将军们坚持要求所有的非国家武装组织必须在谈判之前放下武器，但大多数民地武的领导人无法接受这一要求。一些民地武提议建立一个国家轮番领导下的小型军事力量集团，这是缅甸国防军高级司令部所深恶痛绝的。将军们坚持认为缅甸必须是一个拥有强大的中央政府并由单一的国家军事组织保护的实体。同时，他们也意识到在国内冲突没有完全解决之前就移交权力是十分危险的。因为，将军们已经看到了其他国家在这种情况下的转型失败。他们不愿重蹈覆辙，因此他们为国家的持久和平以及完全过渡到民主制度设立了很高的标准。

同样，在缅甸国防军眼中，"罗兴亚救世军"（ARSA）被定性为一个由外国极端分子支持的恐怖组织，他们很有可能在缅甸的城市里发动攻击，引起种族、宗教方面的紧张局势。在这种情况下，将军们将很难进一步放开对政府的控制，更不用说将整个缅甸交给一个文人政府。事实上，通过直接攻击安全部队、进行更广泛的暴力活动，并引发外国对缅甸内政的干涉，"罗兴亚救世军"已经掌握在更为保守的军事统治集团手中。虽然罗兴亚冲突使缅甸国防军受到了来自国际社会的广泛谴责，在国内，罗兴亚冲突却提升了国防军的地位，巩固了它作为国家及佛教文化保护者的角色，并增强了其在国内政治中的影响力。

很难预测缅甸在未来会发生什么。然而，由于昂山素季和民盟政府在克服自身弱点和兑现改革承诺方面依然存在障碍，所以缅甸在未来几年的前景可能与之前颇为相似。政府与民地武在进行全国停火协议谈判等一些关键政策上也将继续受到阻碍，这些阻碍主要是由缅甸国防军所推行的强硬路线造成的。因为国防军将领在很大程度上决定了安全结果的产出，所以政府也很难满足国际社会对罗兴亚人困境的关注。无论未来如何，军队都将仍然是缅甸权力的最终仲裁者，只要这些问题和其他相关问题得不到解决，缅甸向全面民主的过渡仍然将只是一个遥远的愿望。

B.8　缅甸油气产业现状透析及前景展望

刘明明　贺　舒　廖亚辉 *

摘　要　随着2012年西方制裁的逐步取消，民选政府上台后积极进行油气领域的改革，通过一系列开放和优惠政策吸引外资，推进与周边国家的合作，并在内陆和近海油气区块多次成功举行国际招标。但缅甸油气产业在存在巨大发展潜力的同时，仍面临诸多挑战。从产业自身来看，仍存在原油无法自给、产业基础设施不完善和市场体系不健全等问题。此外，还受到国内族群冲突等社会问题和域外大国博弈的影响。因此，缅甸油气产业的未来发展仍存在很大的不确定性。

关键词　缅甸　油气产业　能源改革

一　缅甸油气产业现状

（一）油气资源储量

缅甸的石油和天然气主要分布在若开山脉和掸邦高原的地壳裂谷带盆地，从钦敦江上游一直延伸到安达曼海大陆架。油气生产区主要分为内陆和近海两大部分。缅甸电力与能源部将近海大陆架分成3大块，分别是若开沿海大陆架、马达班湾沿海大陆架和德林达依沿海大陆架。[1]

---

* 刘明明，云南大学国际关系研究院2016级硕士研究生，主要研究方向为东南亚政治；贺舒，云南大学外国语学院2016级硕士研究生，主要研究方向为缅甸语言文化；廖亚辉，云南师范大学西南对外开放与边疆安全研究中心副教授，主要研究方向为东南亚当代政治。

[1] 廖亚辉：《缅甸油气产业动荡中前行》，《中国石化》2013年第8期。

缅甸的油气储量在世界范围内来看并不多，但在东南亚国家中较为丰富。近海天然气的生产从 1998 年的耶德纳天然气田开始，继而是 2000 年开始生产的耶德贡天然气田、2013 年的瑞天然气田和 2014 年的若迪卡天然气田。关于缅甸油气储量的数据来源不一。据缅甸电力与能源部预测，缅甸石油储量达 2.069 亿桶，由于基础设施和开发能力有限，内陆油田日产石油只有 7500 桶。已探明的天然气储量为 0.33 万亿立方米（全球排名第 34），预计在未探明储量的近海地质沉积盆地中，天然气储量达到 12.68 万亿立方米。① 根据亚洲开发银行 2014 年的勘探，缅甸已探明的石油储量为 1.6 亿桶，在全球范围内排在第 78 位；天然气储量达到 20.11 万亿立方米，排在第 41 位。② 根据英国石油公司 2014 年世界能源统计报告，缅甸在 2013 年底拥有 2.83 亿立方米的探明天然气储量，未来还有可能发现更多天然气储量。③ 据泰国等东盟国家反映，缅甸石油储量高达 32 亿桶，天然气储量为 0.51 万亿立方米，是全球第十大天然气生产国。随着经济改革和国际制裁的放松，缅甸政府加快了石油和天然气勘探步伐，促进外国对石油和天然气部门的直接投资。根据缅甸中央统计组织的数据，缅甸每年生产约 600 万桶原油，2014～2015 年的天然气总产量超过 184.06 亿立方米，2015～2016 年的天然气总产量达到 198.22 亿立方米。④

（二）探明率与开采率情况

根据东盟能源中心（ASEAN Center for Energy，ACE）的数据，缅甸石油开采年限是 51 年，天然气开采年限为 209 年。缅甸的油气资源主要蕴藏在伊洛瓦底江两岸和沿海的大陆架地区。目前，已经开发了 18 个陆上油田，3 个近海和陆上天然气田。其中耶德纳是最大的近海天然气田，探明储量为

---

① 许勤华主编《中国能源国际合作报告——国际能源金融发展与中国（2012/2013）》，中国人民大学出版社，2013，第 155～156 页。

② 任琳、牛恒：《一带一路投资政治风险研究之缅甸》，中国网，2015 年 3 月 18 日，http://www.china.com.cn/opinion/think/2015 - 03/18/content_35084282.htm。

③ "Burma Country Commercial Guide：Burma-Energy"，July 25，2017，https://www.export.gov/article？id = Burma-Energy。

④ "Burma Country Commercial Guide：Burma-Oil and Gas"，July 25，2017，https://www.export.gov/article？id = Burma-energy-oil-and-gas。

0.18 万亿立方米，位于马达班湾附近的 M5、M6 区块。其次是近海的耶德贡天然气田，探明储量为 0.12 万亿立方米，位于德林达依的 M12、M13、M14 区块。耶德纳和耶德贡天然气田是缅甸天然气的主要出口来源，其他还有若开近海地区的三个天然气田，A1 区块的瑞气田、A3 区块的妙气田总探明储量达到 0.14 万亿~0.24 万亿立方米。[1] 2014 年 3 月，缅甸通过公开招标转让了 10 块浅海油气田和 10 块深海油气田的勘探权。2016 年 1 月 7 日，缅甸石油天然气公司和澳大利亚伍德赛德石油缅甸公司、法国道达尔公司（缅甸）合作，首次在缅甸若开的近海深水区发现了大型天然气层，带宽 129 米，产层厚度至少 15 米，位于伊洛瓦底省额韦桑海岸以西 48 千米深水区 A6 区块的 1 号井，井钻深度为 5306 米。[2]

在工作项目的实施上，电力与能源部计划在 2018~2019 财年 10 月开采 17 个新的石油与天然气井，并开挖 2.4 万米的深度进行勘探，预计 2018~2019 财年日均原油产量 5000 多桶。[3] 此外，电力与能源部预计未来缅甸每日的原油产量将达到 1 万桶。在天然气方面，电力与能源部预计 2018~2019 财年陆上天然气平均日产量能够达到 102 万立方米，近海天然气平均日产量为 57 万立方米。

（三）天然气管道网建设情况

目前，缅甸输送天然气的管道主要是输往中国的瑞天然气管道和输往泰国的耶德纳和耶德贡天然气管道。缅甸石油和天然气企业负责建造和运营国内石油和天然气管道，在缅甸各地铺设管道以扩大其全国管道网络。整个天然气网络为 4100 千米，主要通过陆上管道系统（直径 1.8~7.3 米）和从耶德纳到仰光的 410 千米长的、直径 7.3 米的近海管道系统分配。该管道目前每天运输 566 万立方米的天然气，如果国内市场吸收更多的天然气供

---

[1]　许勤华主编《中国能源国际合作报告——国际能源金融发展与中国（2012/2013）》，中国人民大学出版社，2013，第 158 页。

[2]　《缅甸首次发现近海深水区块天然气》，中国驻缅甸经济商务参赞处网站，2016 年 1 月 6 日，http://mm. mofcom. gov. cn/article/jmxw/201601/20160101227665. shtml。

[3]　《下财年将新开采 17 个油气井》，〔缅甸〕《金凤凰报》2018 年 8 月 23 日，http://www. mmg-pmedia. com/buz/27957 - 17 - 5。

应，通过压缩可将其运输增加到每天 707.9 万立方米。[①]

缅甸已经修建了 3000 多千米长的陆上天然气管道，未来天然气市场的目标是在国内天然气管道沿线修建合理数量的加气站。缅甸的工业和生活中主要使用的是压缩天然气，从 1986 年开始，缅甸陆续修建了 5 家加气站，其中 2 家位于仰光、2 家位于仁安羌、1 家位于稍埠，并改造了 587 辆使用汽油的公交车。[②] 直到 2004 年才大规模修建加气站，2004~2011 年，缅甸增加了 40 座加气站，其中仰光增加了 38 家、曼德勒新建了 2 家。为满足国内的天然气需求，2017 年仰光新增了 6 家 24 小时营业的压缩天然气加气站。

（四）天然气出口情况

缅甸于 20 世纪 90 年代发现丰富的近海天然气储量，但当时国内的天然气使用率较低，因此多用于出口。天然气是缅甸的主要出口项目，约占缅甸出口总收入的 60%。从 1998 年开始，缅甸就通过天然气管道向外输出天然气，2000 年成为亚太地区出口天然气最多的国家。[③] 中国和泰国是缅甸的主要天然气出口市场。对中国的出口从 2013 年的瑞天然气田开始，该气田位于若开邦近海区域，通过中国出资和运营的 870 千米长的天然气管道进行输送。向泰国的出口从 1998 年的耶德纳天然气田开始，该天然气田由法国道达尔公司（缅甸）经营，日出口量达到 0.15 亿~0.16 亿立方米。此外，近海的耶德贡天然气田，每天向泰国出口约 0.11 亿立方米天然气。位于马达班湾的若迪卡天然气田也主要向泰国输送天然气。据统计，2013 年缅甸向中国和泰国的天然气出口总量达到每天 13 亿立方米。[④]

目前，缅甸是东南亚第二大天然气出口国。2015 财年缅甸出口到中

---

① "Myanmar: Energy Assessment, Strategy, and Road Map", December 2016, https://www.adb.org/documents/myanmar-energy-assessment-strategy-road-map.

② "Myanma Oil & Gas Enterprise: About MOGE", http://www.energy.gov.mm/index.php/en/about-moe/menu-moge.

③ 卢光盛等：《地缘政治视野下的西南周边安全与区域合作研究》，人民出版社，2012，第346 页。

④ "Myanmar: Energy Assessment, Strategy, and Road Map", December 2016, https://www.adb.org/documents/myanmar-energy-assessment-strategy-road-map.

国和泰国的天然气收入超过 43 亿美元。2016 财年上半年天然气出口同比下降约 37%，主要受到全球原油价格降低的影响，一些国家和行业转向天然气的近似替代品石油，减少了对天然气的需求。① 据缅甸商务部数据，2017～2018 财年缅甸天然气出口创收总额达到 33.7 亿美元，比上财年有明显增长。缅甸日均天然气产量为 0.48 亿立方米，其中出口量约为 0.42 亿立方米，仅有 0.06 亿立方米天然气用于缅甸国内消费。据电力与能源部统计，截至 2017 年 6 月，耶德纳、耶德贡、若迪卡和瑞天然气田日均出口天然气分别为 0.18 亿立方米、0.07 亿立方米、0.07 亿立方米和 0.11 亿立方米。② 虽然对缅甸天然气的进一步勘探可能会发现更多实质性储备，但也存在很大程度的不确定性。目前，缅甸对国际勘探持开放态度，一些国际公司正在利用最新技术在缅进行大量投资以寻找新的天然气来源。

（五）新政府对油气产业的改革措施

缅甸的油气产业主要由电力与能源部负责，如石油和天然气的勘探、开发和提炼以及石油产品的生产、分配和运输等，其中能源规划司和缅甸石油天然气公司负责与外国公司的合作。但缅甸油气产业的国家垄断、收支不透明以及腐败现象，引发了西方国家以及国内反对派的不满。为表示改革的决心，吴登盛政府上台后加入"采掘业透明计划"（EITI），致力于改革缅甸油气产业、提高国内采掘业的透明度。该计划同时也为利益相关方提供了对话平台。2012 年 12 月，总统府部部长吴梭登被任命为该计划的负责人。③ 2013 年 1 月，缅甸成立了国家能源管理委员会，由电力与能源部、缅甸石油天然气公司和其他 10 个参与能源开发的政府机构组成，职能主要是精简缅甸的能源政策。2013 年 5 月，缅甸电力与能源部部长吴丹泰

---

① "Burma Country Commercial Guide: Burma-Oil and Gas", July 25, 2017, https://www. export. gov/ article? id = Burma-energy-oil-and-gas.

② 《上财年天然气创汇 33.7 亿美元》，〔缅甸〕《金凤凰报》2018 年 5 月 30 日，http://www. mmgpmedia. com/buz/27049 - 33 - 7。

③ "EITI: Myanmar Appoints EITI Lead", December 17, 2012, http://eiti. org/news/myanmar-ap-points-eiti-lead.

与美国国际能源事务协调员卡洛斯发布了关于"能源领域的良治与透明度"的联合声明，通过引进美国先进的技术和培训，促进缅甸油气产业安全、提升企业管理水平和收支透明度。[①]

2013 年 6 月，缅甸电力与能源部在第二十二届世界经济论坛东亚峰会上，发布了以能源改革为主题的《新能源架构报告》，首次提出缅甸能源改革的路径，反思了在过去 20 年中，能源领域缺乏明确的战略规划等问题。缅甸电力与能源部部长吴丹泰强调，缅甸的能源建设必须制定新的能源战略和相关政策，加强企业和相关机构的透明性和有效性管理，促进能源安全和可持续发展。[②] 此外，缅甸能源管理委员会于 2015 年 1 月 6 日颁布了新的国家能源政策，该政策以《缅甸能源部门政策草案工作文件》为基础，由国际和国家能源部门专家根据亚洲开发银行援助和对目前形势的战略分析，制定了各能源分部门的路线图，包括以下九点。第一，根据调查的潜在数据，实施短期和长期的综合能源发展计划，在对自然环境和社会的最低影响下，考虑国内能源资源的有效利用。第二，制定相关法律、规章和条例，以促进私营部门的参与和国家能源组织的私有化。第三，汇编关于缅甸不同能源资源的国内需求和供应的系统统计数据。第四，实施当地人口按比例享受该地区发现的能源储备的利益方案。第五，在广泛范围内利用风能、太阳能、水电、地热和生物能源等可再生能源，促进缅甸能源的可持续发展。第六，提高能源利用效率和节能。第七，建立能源的研究、开发、设计和传播机构，以便在能源资源勘探开发工作中与国际接轨，生产高质量产品并按照国际标准进行能源勘探工作。第八，促进能源方面的国际合作。第九，制定适当的能源产品定价政策，维护能源生产者和能源消费者的经济利益。[③]

---

① The Irrawaddy，"US to Help Burma with Energy Transparency"，May 22，2013，http://www.irrawaddy.org/archives/35204.

② The World Economic Forum on East Asia 2013，"New Energy Architecture：Myanmar"，June 6，2012，http://www.weforum.org/reports/new-energy-architecture-myanmar.

③ "Myanmar：Energy Assessment，Strategy，and Road Map"，December 2016，https://www.adb.org/documents/myanmar-energy-assessment-strategy-road-map.

二　油气产业吸引外国合作开发情况

（一）加强对外资的吸引

1989 年以来，随着缅甸油气产业的开放和一系列优惠政策的颁布，外国对缅甸油气产业的投资不断增加，油气产业成为缅甸吸引外资的主要领域。2000 年以后，外国在缅甸投资和参与开发趋势上升明显，大多集中在油气丰富的沿海地区。东南亚地区的主要投资国有泰国、新加坡、马来西亚、印度尼西亚和越南等。此外，中国、印度、韩国、日本等亚洲国家和英国、澳大利亚、加拿大等国家也积极投资和参与开发。作为在缅甸油气领域投资最多的国家之一，泰国国家石油公司于 2012 开始制订计划，不断扩展在缅甸的加油站和零售网络。2013 年 7 月 28 日，由中、缅、韩、印参与的"中缅油气管道"正式输气，于 2017 年 5 月 19 日正式输油。根据缅甸投资与公司管理局的数据，截至 2017 年 4 月，外国在缅直接投资累计超过 690 亿美元，其中石油和天然气领域的投资超过 224 亿美元，约占外国投资总额的 32%，成为吸引外资的重要领域之一。[1] 截至 2017 年 12 月底，缅甸石油及天然气领域的外国投资项目达 37 亿缅元（约 18 亿美元），成为各领域吸引外资最多的领域。

（二）加大油气产业开放力度

缅甸在与外国公司的合作中通常采取产品分成（PSC）的方式。缅甸的内陆和近海油气田被划分为 104 个区块，分别是 53 个内陆区块、51 个近海区块。根据缅甸石油天然气公司的数据，其中 26 个内陆区块由 17 家外国能源公司同缅甸石油天然气公司合作开采，37 个近海区块由 19 家外国能源公司同缅甸石油天然气公司共同开发。[2] 2013～2014 财年，缅甸政府共对 36

---

[1]　《缅甸油气行业吸收外资最多》，中国驻缅甸经济商务参赞处网站，2017 年 5 月 29 日，http://mm. mofcom. gov. cn/article/jmxw/201705/20170502583343. shtml。

[2]　《缅甸近海发现新天然气储备 商业潜力大》，〔缅甸〕《金凤凰报》2018 年 10 月 10 日，http://www. mmgpmedia. com/buz/28509－2018－10－10－07－00－34。

个内陆和近海油气田进行了招标，大部分已经签约。截至 2015 年 9 月底，外国企业在缅甸石油和天然气领域共投资了 152 个项目，投资额达到 196.43 亿美元，占外商在缅投资的 34.16%。在 2016 年招标开发的 26 个油气区块中，有 13 个内陆区块、9 个近海深水区块、4 个近海浅水区块。中国石油、北方石油以及泰国国家石油公司、韩国的大宇、法国的道达尔、越南石油等公司都已与缅甸签署油气勘探开发区块协议。外国对缅甸石油和天然气的竞争将会给缅甸在石油天然气定价方面创造优势，缅甸政府可以根据中国、印度、东盟等对缅甸能源的需求，合理要求各方照顾缅甸的经济利益。2016～2017 年，电力与能源部通过与外国公司合作，在 29 个地方进行了钻探，其中在 12 个地方成功钻探出石油和天然气。缅甸国内石油和天然气消耗从此前的每日消耗 4.25 万立方米到 5.66 万立方米不等，增加到每日消耗 0.7 亿立方米。[1] 目前，缅甸电力与能源部正计划对 31 个石油和天然气区块进行招标，并在 2018 年底前对其中 1 个近海区块进行招标。在用来招标的 31 个石油和天然气区块中，包括 18 个近海区块和 13 个远海区块。[2]

（三）继续推进与周边国家合作

在与周边国家的合作中。中缅在油气贸易领域和勘探开发领域的合作不断扩大，在能源管道建设方面，2013 年 7 月 28 日，中缅天然气管道向中国输气。2015 年 1 月 28 日，中缅原油管道缅甸段基本建成投产，1 月 30 日，首艘 30 万吨油轮在中缅原油管道起点马德岛原油罐区注油，马德岛港正式开港。[3] 2017 年 4 月 10 日，中缅双方签署《中缅原油管道运输协议》，同日，中缅原油管道工程正式投运。[4] 在油气勘探开发领域，2012 年，缅甸电力与能源部部长和缅甸马圭省省长出席了中国振华石油公司在缅甸马圭

[1] "Burma Country Commercial Guide: Burma-Energy", July 25, 2017, https://www.export.gov/article? id=Burma-Energy.

[2] 《缅甸将对 31 个油气区块进行招标》，中国驻曼德勒总领事馆经济商务室，2018 年 10 月 23 日，http://mandalay.mofcom.gov.cn/article/jmxw/201810/20181002798565.shtml。

[3] 许勤华主编《中国能源国际合作报告——"一带一路"能源投资（2015/2016）》，中国人民大学出版社，2016，第 130 页。

[4] 《中国石油与缅方签署中缅原油管道运输协议》，中国驻缅甸经济商务参赞处网站，2017 年 4 月 12 日，http://mm.mofcom.gov.cn/article/ddfg/201704/20170402556305.shtml。

省稍埠油田的开钻仪式。印缅的合作主要是在油气开发领域，并不断深化。缅甸作为唯一与印度接壤的东南亚国家，近年来，在印度"向东看"政策支持下，被认为是其通向东南亚的便利通道。印度政府也大力推进与缅甸的合作，在石油和天然气领域进行投资。2017 年 2 月，印度石油部部长访问缅甸，寻求两国在油气领域，包括石油勘探、炼化和石油产品销售等方面的投资合作机会，并就铺设从印度东北部到缅甸的油气管道进行商谈。[1]在缅孟两国的合作方面，2012 年海域争端的和平解决，为两国在相关海域的天然气勘探合作提供了机会。且随着缅甸民主和平进程的推进，双方关系总体良好，在罗兴亚难民遣返以及能源合作等方面展开了积极对话。孟加拉国也一直对从缅甸进口油气以及在水电领域的合作有极大的兴趣。2014年 3 月，孟加拉国哈西娜总理对缅甸进行了访问，双方就孟、中、印、缅经济走廊建设等问题进行了商讨，并就可能的合作项目进行了规划。

三　缅甸油气产业发展面临的挑战

虽然缅甸油气产业的贸易和勘探、开采在过去的 30 年中发展较快，但随着国内经济的总体提升以及对石油、天然气需求的增加，仍然存在原油无法自给、油气产业市场体系不完善、炼油厂不能满足国民经济发展的需要、天然气运输网络不足和缺乏油气立法等问题，阻碍了缅甸油气产业的发展。因此，缅甸油气产业的未来仍面临诸多挑战。

（一）供需不平衡

1988 年以来，缅甸的油气产量逐年增加。年原油产量由 1988 年的 483万桶增加到 2007 年的 762 万桶，20 年内年原油产量增加了 58%。2012 年，缅甸原油仍然维持着日产 2 万桶的水平[2]，2017 年下降到日产 1.3 万桶[3]。

① 任佳等：《孟中印缅毗邻地区的互联互通研究》，中国社会科学出版社，2015，第 116 页。
② "U. S. Energy Information Administration：Country Overview：Myanmar"，May 30，2013，http://www. eia. gov/countries/country-data. cfm？fips = BM#pet.
③ "Analysis-Energy Sector Highlights：Myanmar"，August 2016，https://www. eia. gov/beta/international/country. php？iso = MMR.

但与此同时，缅甸的石油需求量也在逐年增加。缅甸的汽油、柴油等燃料油的需求量也从1988年的244万桶增加到2007年的882万桶。[1] 柴油进口量占国内市场消费量的一半以上，政府不得不承担燃油国际市场价格和国内市场价格之间的差价补贴。

缅央行数据显示，2016～2017财年缅甸经济增长率达到5.9%，2017～2018财年国内生产总值（GDP）增长率约为6.8%。2017年缅甸的国内生产总值为693.22亿美元，据国际货币基金组织（IMF）估计，到2030年将达到2000亿美元，国内对石油和天然气的需求将随着经济增长而增长，国内原油需求量将达到每天32万桶，天然气需求量将达到每天0.5亿立方米。[2] 与天然气相比，缅甸国家原油储量并不丰富。缅甸的石油消耗量在东盟国家中是最少的，每月液化石油气的消耗量仅6000吨左右，而泰国的消耗量是缅甸的40倍。由于国内经济的发展，自2012年以来，在制裁取消和能源部门改革后，缅甸经济规模开始扩大，需要更多的石油产品来满足不断增长的运输和工业需求。但缅甸有限的生产和炼油能力不足以满足国内（特别是运输部门）日益增长的原油和石油产品的消费需求，导致该国成为石油净进口国。[3] 根据电力与能源部2018年的数据，缅甸的两个液化石油气工厂良栋和明布每天生产20多吨液化石油气，仍无法满足国内的需求量，每年还需进口约10万吨的石油。[4] 因此，目前缅甸还没有做到原油自给自足，国内生产的成品油无法满足国内所需。

（二）产业基础设施不完善

1. 炼油厂不能满足国民经济发展的需要

由于缅甸能源需求的不断增长，尤其是工业和汽车领域的发展，当地

---

[1] 祝湘辉：《缅甸的石油天然气产业》，载《缅甸国情报告（2011—2012）》，2013，社会科学文献出版社。

[2] "Burma Country Commercial Guide： Burma-Oil and Gas"，July 25，2017，https：//www. export. gov/article? id = Burma-energy-oil-and-gas.

[3] "U. S. Energy Information Administration：Country Overview：Myanmar"，August 2016，https：//www. eia. gov/beta/international/analysis. php? iso = MMR.

[4] 《缅甸将以招标形式出售国产液化石油气》，中国商务部网站，2018年7月24日，http：//www. mofcom. gov. cn/article/i/jshz/new/201807/20180702769252. shtml。

炼油厂的运营和产能远无法满足国内需求，导致石油产品的进口增加。缅甸国内所需的原油和石油产品几乎全部依赖进口。据缅甸商务部数据，缅甸每年的燃油进口量都是上一年的近2倍。2016年和2017年，分别进口了200万吨和400万吨燃油。缅甸仅有的三家国有炼油厂分别是位于仰光丁茵镇的丁茵炼油厂和位于马圭省的稍埠炼油厂、丹布亚甘炼油厂，由于基础设施老化，不能满负荷运转，使用率低于40%。① 截至2015年，缅甸每天的炼油产能不足5万桶。缅甸政府也计划能够修建新的炼油厂，其实在中缅油气管道的建设中，为满足管道每年200万吨原油的提炼需求，中国已经规划在曼德勒建造新的炼油厂，建成后可达到日炼油5.6万桶，以提炼缅甸油田所产的原油和从中东等地运输来的原油，也可以通过管道将加工过的石油运往当地市场。在缅甸国内建造炼油厂，一方面能满足国内需求，另一方面能够降低国际运输石油的成本和风险。因此，缅甸政府一直希望加强本土炼油厂的建设。

2.天然气运输网络不足

缅甸的天然气储量相对丰富，但历史上缅甸国内的天然气消费水平一直落后于生产水平。随着缅甸经济的发展，尤其是国内电力、化肥和运输行业需求的增加，带动了天然气的消费和使用。2014年，缅甸国内天然气消费量达到3.96亿立方米。天然气产量也从2012年的约12.74亿立方米增加到2015年的19.60亿立方米，主要来自耶德纳、耶德贡、若迪卡和瑞四个近海天然气开采区块。据缅甸商务部统计，2017~2018财年前11个月，缅甸天然气出口约24亿美元，比上年同期增长了约1.9亿美元。从国内来看，缅甸的天然气主要用于发电，但预计从2020年开始天然气产能会有所下降，新的天然气田最早于2023年前后投产。

因此，随着国内消费和出口的增加，有必要扩大天然气输送网络。对于现有天然气输送网络，一是需要提升现有天然气管道的对外输送能力，在天然气出口方面，增加与国外企业的资金技术合作，建设完善的跨境输气网络和相关基础设施，如中缅天然气管道和缅泰天然气管道。二是在国

---

① "U. S. Energy Information Administration：Country Overview：Myanmar", August 2016, https：//www. eia. gov/beta/international/analysis. php？iso＝MMR.

内天然气供应方面，随着经济的发展和天然气需求的增加，在现有天然气一级、二级供应网络的基础上，进行有规划的扩建，并在未来实现天然气在缅甸大中城市的入户工程。[①] 考虑到现有的扩大天然气输送网络的计划，除了天然气需求的预测外，缅甸国内现有的天然气管道仍存在许多问题。天然气管道系统的泄漏数量越来越多，据估计有 100 多个管道检测到泄漏，占天然气总产量的 1.5%，并在 2013 年造成了 100 万美元的损失。过时的天然气管道、炼油厂和尿素化肥厂在政府规定的预算水平上效率低下。石油和天然气分部门的所有业务都由政府（石油和天然气企业、石化企业和石油产品企业）管理，其技术、管理和谈判技巧相较同领域的国际公司要低得多。[②]

（三）产业体制不健全

1. 油气产业市场体系存在缺陷

缅甸油气市场体系中存在的市场准入限制和分割、垄断现象影响了市场机制作用的正常发挥，成品油生产优先向国有企业供应，造成企业积极性下降、经营效率低下，不利于油气市场的正常发展。2010 年之前，石油产品（汽油和柴油）的销售被 100% 控制在政府手中。随着缅甸实行国有资产私有化，民营企业购买了大部分加油站。从 2010 年 6 月开始，政府允许私营部门进口汽油和经营汽油零售店，在全国 269 家零售店中，政府经营的网点只有 3 家。继 2010 年的新政策之后，柴油销量呈指数级增长，从 2009 年的 1.5 亿加仑增加到 2010 年的 4.5 亿加仑以上。

从 2012 年开始，私人企业获准经营油气进口、仓储和销售业务，并且可以建造新的油气销售站、仓储库和油气码头。[③]受到石油市场需求增加的影响，截至 2014 年，缅甸汽油和柴油的出口数量增加了两倍，进口也翻了一番，全国已有 1281 家零售店。2018 年 7 月，电力与能源部宣布缅甸私营

---

① 廖亚辉：《缅甸油气产业动荡中前行》，《中国石化》2013 年第 8 期，第 72～74 页。

② "Myanmar: Energy Assessment, Strategy, and Road Map", December 2016, https://www. adb. org/documents/myanmar-energy-assessment-strategy-road-map.

③ 《缅甸私企获准经营油气业务》，中国商务部网站，2012 年 2 月 7 日，http://www. mofcom. gov. cn/aarticle/i/jyjl/j/201202/20120207955368. html。

企业可以申请同国外企业合作开采油气，开采项目的批准将按照产量分成方式或其他合同方式进行，鼓励国内油气开发行业学习国外的先进技术和生产经验。但当局的改革措施目前仍不足以打破缅甸油气行业的垄断局面，想要达到市场体系的有效运转和产品、服务的良性竞争仍是一个艰难漫长的过程。

2. 缺乏油气立法

缅甸在能源领域缺乏统一的相关法规，在油气开采领域的法制建设仍不完善。外国在缅甸能源产业的投资主要根据 1988 年 11 月 30 日颁布的《外国投资法》（2012 年 11 月 2 日后为新的《外国投资法》），1988 年 12 月 7 日颁布的《外国投资法实施细则》（2013 年 1 月 31 日后为新的《外国投资法实施细则》），1991 年 9 月 23 日颁布的《缅甸联邦贸易部关于国内外合资企业的规定》《外国对缅甸联邦投资程序及优惠政策》，1990 年 3 月 31 日颁布的《商业税法》及 1991 年 3 月 29 日颁布的《商业税法修正案》等法律法规来执行。油气领域的投资经营缺乏具体的法律法规，只能以相关主管部门的法规为依据。尽管缅甸政府也制定了几项与石油和天然气有关的法律，但这些法律主要基于独立前的印度法案[①]，已经完全落后于产业发展的需要。尤其在 2012 年缅甸允许私营企业进入油气产业后，民间资本无法得到有效的法律保障。

因此，为推动包括油气产业在内的能源领域改革，2013 年，缅甸政府建立了国家能源管理委员会和能源开发委员会。[②] 2013 年 3 月，国家能源管理委员会提出国家相关部门的工作重点是出台符合时代需要的新法律法规，以建立统一的能源法律框架。此外，缅甸石油天然气公司与相关外国投资者之间签订了生产分成合同。对于内陆区块的勘探，签订了改进的石油回收合同，其中三个项目是在 2013 年国际竞标中获得。在不与现行法律冲突的情况下，此类合同的条款和条件将适用于外国投资者的权利和义务。审查和批准生产分成合同所需的政府实体包括：缅甸石油天然气公司、国家

---

① "Frontier Myanmar: A New Deal for Oil and Gas", June 18, 2018, https://frontiermyanmar.net/en/a-new-deal-for-oil-and-gas.

② The World Economic Forum on East Asia 2013, "New Energy Architecture: Myanmar", June 6, 2012, http://www.weforum.org/reports/new-energy-architecture-myanmar.

计划和经济发展部、司法部部长办公室合同司、财政部、缅甸投资委员会等。① 此外，2016 年 10 月 18 日，缅甸联邦议会通过了新的《投资法》，增加了所得税减免条款。

（四）国内社会环境不稳定

缅甸的国内局势也影响着油气产业的发展。随着近年来族群冲突的增加，缅甸地区的稳定性受到破坏。2018 年，南掸邦军和德昂民族解放军在掸邦北部发生冲突，冲突地点南渡镇就位于中国石油天然气集团公司和缅甸石油天然气公司合资修建的中缅天然气和石油管道沿线，冲突加大了管道的运输风险。② 2017 年 8 月以来，发生在若开邦北部的罗兴亚危机，导致了前所未有的人道主义危机，影响到该地区的石油和天然气勘探。受到国际舆论的影响，一些西方公司不愿增加对若开地区石油和天然气区块的投资和业务，并放弃了在 2014 年招标中获得的区块和下一阶段的勘探，如壳牌公司、印度信实工业公司和挪威国家石油公司。若开邦的动荡对缅甸石油和天然气部门的影响越来越明显。在国际压力下，越来越多的投资者将若开邦局势纳入风险评估。2017 年 8 月，来自罗马尼亚国际运动组织的一个宣传组织的请愿书呼吁马来西亚国家石油公司（Petronas）于 2018 年 1 月停止在缅甸开展业务。10 月 31 日，投资者组织致函六大石油公司的高管，呼吁终止缅甸的"一切照旧"。③ 尽管前景相对黯淡，但投资者并未完全退出缅甸油气行业。像澳大利亚的伍德赛德公司和壳牌公司仍在较小程度上推进 2018 年开始的钻探计划。但前期的撤资表明投资者迫切需要缅甸政府的积极信息，如承诺结束人道主义危机或放宽财政条款，以帮助投资者恢复对该行业的信心。

---

① "Frontier Myanmar: A New Deal for Oil and Gas", June 18, 2018, https://frontiermyanmar. net/en/a-new-deal-for-oil-and-gas.

② "Understanding Inter-ethnic Conflict in Myanmar", September 28, 2018, https://www. acledata. com/2018/09/28/understanding-inter-ethnic-conflict-in-myanmar/.

③ "Rohingya Refugee Crisis: What Next for Oil and Gas Players?", April 10, 2018, http://country. eiu. com/article. aspx? articleid = 186600602.

（五）受域外大国博弈影响

缅甸油气产业的前景也受到域外大国博弈的影响。在推动缅甸民主改革的进程中，美国政府和一些非政府组织一直为昂山素季领导下的民盟提供资金支持，并推动缅甸新政府的建立。2012～2014 年，奥巴马政府向缅甸提供了 3.75 亿美元。此外，索罗斯的开放社会基金会也曾参与过缅甸的"民主促进"，在罗兴亚危机期间，试图迫使瑞天然气和石油管道的印度股东放弃该项目。昂山素季上台后，美国对缅甸的投资急剧增加，截至 2017 年 8 月，在昂山素季执政后，美国公司已在缅甸投资 2.5 亿美元，与之前的中国和韩国在缅甸的投资地位形成竞争。随着制裁的逐步取消，美国和西方的石油天然气公司被允许在缅甸投资，并与缅甸签订了更多利润丰厚的合约，特别是壳牌公司和康菲石油公司。[①] 另外，罗兴亚危机的升级加大了域外大国在缅甸的博弈，昂山素季一方面维持甚至加强了缅甸与中国的关系，另一方面不排除寻求美国军事援助的可能性，这将在很大程度上使美国在缅甸获得新的军事立足点，并主导缅甸石油和天然气领域的开采。

四　对缅甸油气产业的展望

随着缅甸民主改革的推进和西方制裁的逐步取消，缅甸油气产业重新成为国际投资的热点领域。缅甸政府借此机会，积极出台政策吸引外资进入油气勘探和开发领域，以弥补本国在技术和资金方面的不足和完善基础设施。缅甸油气产业的发展不仅能够促进国家经济水平的总体提升和民生改善，而且会带动教育、医疗等领域的投资。国际投资在缅甸油气领域的机会主要在环境和社会影响评估、基础设施和设备、风险管理和法律咨询服务以及人力资源能力建设等领域。从地震和钻井解决方案的技术知识到服务需求，缅甸石油和天然气部门还有许多事情要做，此外，勘探活动也

[①]　"Oil, Gas, Geopolitics Guide US Hand in Playing the Rohingya Crisis", September 20, 2017, https://www.mintpressnews.com/oil-gas-geopolitics-us-rohingya-crisis/232145/.

将会增加。① 由于缅甸的石油和天然气行业处于早期增长阶段，因此对监管和合规、物流和保险等领域专业知识的需求量也很大。目前，印度、俄罗斯和泰国等国家就油气领域的开发与缅甸政府进行了积极的谈判，其中，泰国国家石油公司计划投资 20 亿~30 亿美元。此外，英国和澳大利亚等西方国家的石油公司，如康菲石油、壳牌、伍德赛德等也纷纷将目光投向缅甸油气市场。随着未来更多油田、天然气田储藏的发现和中缅油气管道投入运营，缅甸的油气产业将迎来快速发展期。

但缅甸油气产业仍面临一系列挑战。一方面，随着缅甸经济的发展，缅甸本国的油气需求不断增加。另一方面，除了港口、运输等设施不健全和电力供应不足等基础设施问题，缅甸的族群冲突和教派冲突等问题并未得到妥善解决，影响着国家的安全稳定和经济的发展运行。此外，缅甸政治民主转型使公民社会的空间增大，一些政治活动家和民间组织有更多机会发声，他们不断指责缅甸政府出卖自然资源、收支不透明、政策未能惠及民众。这些都给缅甸油气产业的发展带来很大的不确定性。

---

① "Burma Country Commercial Guide: Burma-Oil and Gas", July 25, 2017, https://www.export.gov/article? id = Burma-energy-oil-and-gas.

B.9 政治转型以来缅甸的法制建设

李堂英 *

摘 要 2011 年 3 月 30 日，吴登盛总统宣誓就职，缅甸联邦新政府正式成立，和平与发展委员会行使的立法、司法和行政权力转交联邦政府。具体来说，新政府的立法权由联邦议会、省议会和邦议会，以及民族自治地方行使；行政权分别授予联邦、各省和邦、民族自治地方；司法权由包括联邦最高法院、省高等法院、邦高等法院和民族自治地方法院在内的各级法院行使。2016 年 3 月 30 日，民盟政府上台后，吴廷觉总统和昂山素季都强调，实现法治社会是新一届政府的责任之一。缅甸自政治转型以来，加强了立法工作，联邦议会制定和修订了一系列法律法规，为实现民主转型、改善民生、实现经济发展提供了法律保障。同时，缅甸自 2011 年政治转型以来的法制建设也存在诸多不足，亟须完善。

关键词 缅甸 政治转型 法制建设

"法制"一词有两种含义。一是静态意义上的法律和制度，或简称法律制度。这里讲的法律和制度主要是指法律和制度的条文规定，少数是指惯例。二是动态意义上的法律，即由立法、执法、司法、守法、对法律实施的监督等各个环节构成的一个系统。[1] 本文所涉及的"法制"包含了上述两种含义，并重在分析静态意义上的法制。

缅甸自 2011 年 3 月政治转型以来，新政府推行了一系列的改革措施，按照"七步民主路线图"，致力于建设一个现代化的发达的民主国家。建设

---

* 李堂英，云南大学外国语学院缅甸语讲师。

[1] 沈宗灵：《法理学》，北京大学出版社，2014，第 138 页。

这样的民主国家，需要有与民主政治发展及市场经济相适应的法律制度建设。因此，缅甸新政府加强了法制建设。

一　政治转型以来缅甸新政府加强法制建设的背景和目的

（一）加强法制建设的背景

从 1962 年 3 月以奈温为首的国防军接管政权至 2010 年民选政府执政前，是缅甸长达 48 年的军人统治时期。这一时期处于内忧外患时期。政治上，军人掌权、体制僵化、腐败问题严重、政治现代化和民主发展进程屡遭挫折。经济上，沦为亚洲最贫穷的国家，贫困人口基数大、基础设施落后、能源短缺、工业基础薄弱、财政赤字严重、汇率严重扭曲。[①] 外交上，自 1988 年 9 月新军人集团接管政权后，缅甸与以美国为首的西方国家的关系严重恶化，西方国家不断谴责缅甸的民主、人权及毒品问题，对缅甸实行经济制裁和封锁。在这近半个世纪的时期里，缅甸民众生活在军人政权的高压统治之下，缺乏民主和自由，公共言论和意识形态受到严格控制。法律制度形同虚设，只为军人集团服务，缅甸完全处于"军治"而非"法治"的社会。

2011 年吴登盛政府上台后，民主问题成为缅甸现代化建设需要解决的主要问题之一。而民主和法制是密不可分的，一个国家民主和法制的完善程度，是这个国家文明发展程度的一个重要标志。[②] 一个国家的成功转型以及现代化建设需要更健全的法制为其提供制度保障。目前缅甸法治不彰，自 2002 年以来，在世界银行治理指数排名中缅甸在法治方面一直排在 213 个国家中最后 5% 的国家之列。一方面，缅甸法律体系不完备，适应市场经济和民主建设需要的法律缺失，一些不适应时代要求的法律需要修改；另一方面，缅甸缺乏独立、公正、有效的司法体系，而这不仅是向民主过渡

---

① 钟智翔：《缅甸概论》，世界图书出版公司，2012，第 236～238 页。
② 郭道晖：《民主、法制、法律意识》，人民出版社，1988，第 16 页。

所必需的，也是维护法制所必需的。① 缅甸仍在执行的法律部分源于英国殖民时期，尽管已修改了两三次，但早已不合时宜，实际执行起来很困难。如《土地征用（矿山）法》（1985）、《笞刑条例》（1909）、《外交关系法》（1932 年印度条例法字第 12 号）、《农产品市场条例》（1941）、《可动产托管条例》（1945）。部分法律与缅甸当前的民主化建设完全不相符，如在新军人政府时期颁布的《戒严法》（1989）、《电视与视频法》（1996）、《计算机科学与发展法》（1996）、《互联网法》（2000）、《电子交易法》（2004）等，要求媒体的言论须符合政府的意志，成为限制新闻媒体自由的法律依据，为政府管控意识形态提供了条件。这些法律法规显然与目前转型中的缅甸不相适应，甚至阻碍了经济社会的发展。

（二）加强法制建设的目的

法律是国家权力的标志。法律确认国家政权和国家制度的合法性，它把根据统治阶级利益和要求制定的行为规范，变为全社会共同遵守的行为规范。所以，任何革命在夺取政权后的第一步就是废除旧宪法和旧法律，制定新宪法和新法律，以便通过法律把本阶级的意志与利益变为国家的意志与利益，保证统治阶级系统地行使国家权力，促进国家职能的运行。法律也是巩固国家政权和国家制度，保障统治阶级所需要的社会秩序的手段。② 这种观点同样适用于目前改革中的缅甸，尽管缅甸新政府的成立是按照前军政府制定的"七步民主路线图"进行的，其国家转型是按照军政府的设想一步步推进的，没有通过革命夺取政权，而是一个和平演进的过程，但是，从形式上看，缅甸的国家政治体制和国家机构都发生了根本的变化，政治改革对法制建设提出了新要求。离开了法制，改革是不可能深化的，因此，新政府的运行和发展需要由一系列新的法律制度来支撑。

1. 通过加强法制建设，推进政治改革、民主转型，创建国内和平稳定的局面

民主政治要求现代法制，现代法制是民主政治的根本保障。1962～2010年，以军人为主体的集权制政治扮演了一种现代化的角色。在现代法治社

---

① 何桂全：《缅甸吴登盛政府改革评析》，《国际问题研究》2012 年第 6 期，第 105 页。
② 郭道晖：《民主、法制、法律意识》，人民出版社，1988，第 93 页。

会，法律的基本作用被认为是约束与限制权力。在集权制政治中，其政权主要来源于领袖或一党制中的政党的威望或影响。在政治学中，这种威望或影响被称作权威，只要这种权威没有从根本上被动摇，社会环境包括法律制度对这种权力系统的影响可以说是微乎其微。在本质上，集权制政治与现代法律制度是不相容的。① 健全的、成熟的法治社会，将是一个政治清明、民主法治、社会公正、充满活力、平安有序的社会。在这样一个社会中，全社会对法律充满敬仰，社会生活法治化、规范化，人民群众的合法权益获得切实尊重和保障。目前缅甸离法治社会还很遥远，因此，吴登盛政府及民盟政府上台后，都强调民主和法制，加强法制建设，颁布了一系列法律法规，以推进政治改革、民主转型，创建国内和平稳定的局面。

2. 通过加强法制建设，促进经济体制改革、增强经济活力、改善民生

1962 年 3 月，奈温执政后，推行"缅甸式社会主义"发展道路，实行高度集权的计划经济体制，限制私营企业发展，对外实行闭关锁国政策，严重制约了缅甸经济的发展。再加上长期形成的复杂民族问题的干扰，以致多年来工农业发展缓慢。1987 年 12 月缅甸被联合国列为世界上最不发达国家之一。② 1988 年，新军人集团执政后，建立市场经济体制，积极发展私营经济，实行对外开放政策，并陆续废除了 1962～1970 年的相关法律、规章和制度，把"建立市场经济制度"作为其发展经济的方向和重要目标。③ 1990 年军政府制定了《私营企业法》，鼓励私人投资项目。同时，为加大对外开放力度、鼓励外国投资，军政府于 1988 年颁布了《外国投资法》，1989 年出台了《外国投资项目条例》，1991 年制定了《关于国内外合资企业的规定》。

通过改革，缅甸经济状况有所改善。但仍面临通货膨胀、财政赤字严重、汇率扭曲、基础设施落后、资金和技术缺乏等困境。同时，来自国外的不利因素加剧了经济形势的恶化，《外国投资法》的诸多限制规定也不利

---

① 方海波：《集权政治与现代化法制之关系研究》，《盐城工学院学报》（社会科学版），2002 年第 3 期，第 6 页。
② 朱振明：《缅甸经济艰难缓慢的发展》，《东南亚之窗》2003 年第 8 期，第 33 页。
③ 贺胜达：《新军人集团执政以来缅甸的经济改革和经济发展（1988—2008）》，《南洋问题研究》2009 年第 3 期，第 2 页。

于吸引外资。为了改造旧的经济基础，促进经济体制改革，2011 年以来，两届政府都重视法制建设，制定经济领域法律法规、完善财税法制建设、推进预算制度透明化，以促进国家经济发展、改善人民生活质量、提高人民生活水平，在国内改革上赢得民心。

3. 通过加强法制建设，提升国家形象、融入国际社会、扩大对外开放

缅甸长期处于军人集权统治之下，军人政权实行严格的社会管制，剥夺民众言论、结社、集会等权利，残酷镇压抗议活动，导致民族矛盾突出、经济极度落后，因而饱受国际社会诟病。尤其因压制民主党派、虐待政治犯而遭到西方国家的制裁。吴登盛政府上台后，主动减少了对政治领域和社会层面的控制。呼吁流亡国外的民主人士回国帮助重建经济；重新批准国际红十字会人员到缅甸监狱进行探视；吴登盛总统签署减刑令和大赦令，释放大批政治犯；颁布了《劳工组织法》《和平集会与游行法》等保障公民权益的相关法律。更为重要的是，联邦议会修改了《政党注册法》，使得全国民主联盟有资格申请注册，成为合法政党，昂山素季得以重返政坛。昂山素季作为西方国家眼中的民主旗帜、缅甸民众心中的精神领袖，有举足轻重的地位。正因如此，吴登盛总统领导的新政府面对政治现实，修改了《政党注册法》，迎合西方国家的需要，通过昂山素季提升国际形象，融入国际社会。此外，通过制定新的《外国投资法》，放宽相关规定，积极吸引外资，促进对外开放。民盟执政后，不断完善法律法规，更加注重反腐、改善民生，努力以惠民务实的方式提升国家形象。

二　政治转型以来缅甸新政府法制建设的发展进程与特点

（一）法制建设的发展进程

按照 2003 年 8 月制定的国家前进的七步民主路线图，缅甸于 2008 年 2 月完成新宪法的起草工作，5 月经过全民公决，并以 92.48% 的高支持率通过《缅甸联邦共和国宪法》（2008），尽管其投票率和赞成率遭到质疑，新宪法的颁布仍然对缅甸的发展产生了重大影响，进一步推动了缅甸的政治民主化进程。2010 年 3 月，国家和平与发展委员会颁布了《联邦选举委员会法》、《人民院选举法》、《民族院选举法》、《省或邦议会选举法》和《政党注册法》等五部大选法律，这些法律为 20 年来的首次选举制定了较详细的架构。2010 年 11 月 17 日，联邦选举委员会公布由吴登盛领导的巩发党获得联邦议会和省（邦）议会 76.4% 的议席。2011 年 1 月，根据新宪法举行联邦议会和省（邦）议会会议，并推选出人民院和民族院议长。2011 年 2 月 4 日，联邦议会选举吴登盛为总统，丁昂敏乌和赛茂康为副总统，3 月 30 日，和平与发展委员会宣布正式解散，吴登盛政府宣誓就职。自此，缅甸开启了民主化的改革之路。

吴登盛政府上台后，重视法制在民主化建设中的作用。吴登盛在 2011 年 3 月 31 日的就职演讲中强调，要将缅甸建设成一个发达的、现代化的民主国家，必须建立法治社会。只有建立公正、严格的法律制度，才能将缅甸真正建设成一个法治和守纪的民主国家。

根据《缅甸联邦共和国宪法》，国家立法权由联邦议会行使，联邦议会实行两院制，即人民院和民族院。2011 年 3 月 2 日，民族院建立了法律起草委员会。6 月 24 日，人民院议长吴瑞曼在议会会议上强调，议会担负着立法的职责，要制定新的法律必须由人民代表提案，并与各界专家、精英合作进行。法律保护国家和人民的利益，要对现行法律是否能够起到维护国家和人民利益、是否符合宪法的基本章程进行审核，并对现行法律进行梳理。截至 2010 年 12 月，缅甸各时期颁布的基本法律共有 566 部，其中 176 部已停止执行。目前，相关部委管理和执行的法律共有 390 部。566 部法律颁布于不同时期。分别是缅甸独立以前至议会民主制度时期的 1954 年的法律 214 部（缅甸法律汇编 1~13 卷）；议会民主制时期（1955 年至 1962 年 3 月）的 56 部；革命委员会时期（1962 年 3 月至 1974 年 3 月）的 78 部；纲领党（人民议会）时期（1974 年 3 月至 1988 年 9 月 17 日）的 60 部；治安建设委员会时期（1988 年 9 月 18 日至 1997 年 11 月 14 日）的 84 部；国家和平与发展委员会时期（1997 年 11 月 15 日至 2011 年 3 月 30 日）的 74 部。①

---

① 《目前缅甸各部委在执行的法律共有 390 部》，中国商务部网站，2011 年 7 月 28 日，http://www.mofcom.gov.cn/aarticle/i/jyjl/j/201107/20110707668115.html。

在对原有法律进行梳理后，联邦议会于 2011 年 9 月起陆续颁布、修订和废除了一系列法律法规。这些法律法规涉及政治、经济、金融、国际贸易与投资、社会保障及教育、行政等方面。根据笔者的统计，2011 年（9 月 1 日至 12 月 31 日）通过了 15 部法律，其中废除 2 部、修改 9 部、新制定 4 部；2012 年通过法律 24 部，其中废除 4 部、修改 2 部、新制定 18 部；2013 年通过法律 37 部，其中废除 4 部、修改 15 部、新制定 18 部；2014 年通过法律 55 部，其中废除 4 部、修改 27 部、新制定 24 部；2015 年通过法律 72 部，其中废除 3 部、修改 39 部、新制定 30 部；2016 年通过法律 43 部，其中废除 6 部、修改 18 部、新制定 19 部；2017 年通过法律 28 部，其中废除 1 部、修改 14 部、新制定 13 部；2018 年（截至 8 月 2 日）通过法律 20 部，其中废除 2 部、修改 7 部、新制定 11 部。共计 294 部。

2011 年 10 月至 2018 年 8 月，联邦议会共颁布了宪法相关法律 37 部，其中新制定法律 9 部、修改法律 28 部。在修改的法律中有 3 部已修改 4 次，分别为《民族院选举法》、《人民院选举法》和《省或邦议会选举法》。其中，关于民主选举的修正案居多，体现了政治转型以来，两届政府对大选自由、公正、公平的重视程度（见表 1）。①

表 1 2011～2018 年颁布的宪法相关法律

序号	颁布时间	法律名称
1	2011 年 10 月	《联邦选举委员会法修正案》
2	2011 年 10 月	《民族院选举法修正案》
3	2011 年 10 月	《省或邦议会选举法修正案》
4	2011 年 10 月	《人民院选举法修正案》
5	2011 年 11 月	《政党注册法修正案》
6	2011 年 12 月	《和平集会与游行法》
7	2012 年 3 月	《联邦选举委员会法》
8	2012 年 11 月	《人民院法》
9	2012 年 11 月	《民族院法》

① 由于每个国家法律部门的分类有差异，故本文除表 1 和表 12 外，其余表格的法律分类均根据 2008 年《缅甸联邦共和国宪法》附表一"联邦立法事项"进行分类。

序号	颁布时间	法律名称
10	2013 年 1 月	《宪法法院法修正案》
11	2013 年 7 月	《藐视法庭法》
12	2013 年 8 月	《省或邦议会法》
13	2014 年 1 月	《联邦议会法修正案》
14	2014 年 6 月	《和平集会与游行法修正案》
15	2014 年 9 月	《政党注册法第二次修正案》
16	2014 年 11 月	《宪法法院法第二次修正案》
17	2015 年 2 月	《缅甸联邦共和国宪法（2008）修正案草案全国表决会法》
18	2015 年 2 月	《少数民族权利保护法》
19	2015 年 6 月	《民族院选举法第二次修正案》
20	2015 年 6 月	《人民院选举法第二次修正案》
21	2015 年 6 月	《省或邦议会选举法第二次修正案》
22	2015 年 6 月	《缅甸联邦共和国宪法（2008）修正案草案全国表决会法修正案》
23	2015 年 6 月	《民族院法修正案》
24	2015 年 7 月	《联邦选举委员会法修正案》
25	2015 年 7 月	《缅甸联邦共和国宪法修正案》
26	2015 年 8 月	《缅甸总统与副总统选举法修正案》
27	2015 年 9 月	《人民院法修正案》
28	2015 年 12 月	《联邦议会法第二次修正案》
29	2016 年 1 月	《民族院选举法第三次修正案》
30	2016 年 1 月	《人民院选举法第三次修正案》
31	2016 年 1 月	《省或邦议会选举法第三次修正案》
32	2016 年 6 月	《民族院选举法第四次修正案》
33	2016 年 6 月	《人民院选举法第四次修正案》
34	2016 年 6 月	《省或邦议会选举法第四次修正案》
35	2016 年 10 月	《和平集会与游行法第二次修正案》
36	2017 年 2 月	《联邦选举委员会法第二次修正案》

序号	颁布时间	法律名称
37	2017 年 3 月	《公民人身自由与人身安全保护法》

资料来源：笔者根据缅甸联邦共和国联邦议会网站翻译整理，https：//pyidaungsu. hluttaw. mm/enactment。

缅甸自政治转型以来，在国防与国家安全领域共颁布了 4 部新法律。随着国际及国内暴力恐怖活动的增多，为维护国家安全、社会秩序和人民群众的生命财产安全，联邦议会颁布了《反恐怖主义法》。此外还颁布了涉及安全和领海的法律（见表 2）。

表 2　2011～2018 年颁布的国防与安全领域法律

序号	颁布时间	法律名称
1	2014 年 6 月	《反恐怖主义法》
2	2016 年 1 月	《前总统安全法》
3	2016 年 4 月	《国务资政法》
4	2017 年 7 月	《领海与海域法》

资料来源：笔者根据缅甸联邦共和国联邦议会网站翻译整理，https：//pyidaungsu. hluttaw. mm/enactment。

2011 年起，联邦议会共颁布了 3 部外交领域法律，其中 2 部为修正案、1 部为新制定法律（见表 3）。

表 3　2011～2018 年颁布的外交领域法律

序号	颁布时间	法律名称
1	2015 年 2 月	《联合国组织（权利与豁免权）条例修正案》
2	2015 年 2 月	《使馆及领事馆外交官（忠诚与工资）条例修正案》
3	2017 年 7 月	《引渡法》

资料来源：笔者根据缅甸联邦共和国联邦议会网站翻译整理，https：//pyidaungsu. hluttaw. mm/enactment。

2011～2018 年，联邦议会共颁布了财政、计划与经济领域法律 76 部，其中新制定法律 49 部、修改法律 27 部，是近四年所颁布的法律中数量最多的一类。新政府加强了经济法律制度建设，制定和完善了财政税收、财政预算、金融、投资、证券交易及企业发展等方面的法律法规，涉及范围广泛，进一步完善了经济体制建设，有利于促进缅甸经济的发展（见表4）。

表4　2011～2018年颁布的财政、计划与经济领域法律

序号	颁布时间	法律名称
1	2011年9月	《商业税法修正案》
2	2011年9月	《所得税法修正案》
3	2011年9月	《印花税票条例修正案》
4	2011年9月	《印花税条例修正案》
5	2011年11月	《小型金融业法》
6	2012年2月	《2012年联邦追加财政分配使用法》
7	2012年3月	《2012年联邦财政预算法》
8	2012年3月	《2012—2013财年国家计划法》
9	2012年8月	《外汇管理法》
10	2012年8月	《重要商品和服务法》
11	2012年9月	《进出口商品法》
12	2012年11月	《2012—2013财年联邦追加财政分配使用法》
13	2012年11月	《外国投资法》
14	2013年1月	《联邦审计法修正案》
15	2013年3月	《2013—2014财年国家计划法》
16	2013年3月	《2013年联邦财政预算法》
17	2013年7月	《中央银行法》
18	2013年7月	《公民投资法》
19	2013年7月	《证券交易法》
20	2013年8月	《国民消费法修正案》
21	2013年11月	《2013—2014财年联邦追加财政分配使用法》
22	2014年1月	《2014年缅甸经济特区法》
23	2014年2月	《电子交易法修正案》
24	2014年3月	《联邦议会发展基金法》
25	2014年3月	《消费者保护法》
26	2014年3月	《反洗钱法》
27	2014年3月	《印花税条例修正案》

序号	颁布时间	法律名称
28	2014 年 3 月	《商业税法修正案》
29	2014 年 3 月	《所得税法修正案》
30	2014 年 3 月	《2014—2015 财年国家计划法》
31	2014 年 3 月	《2014 年联邦税收法》
32	2014 年 3 月	《2014 年联邦财政预算法》
33	2014 年 3 月	《印花税票条例修正案》
34	2014 年 10 月	《联邦审计法修正案（2014）》
35	2014 年 11 月	《2014—2015 财年联邦追加财政分配使用法》
36	2014 年 11 月	《联邦议会发展基金法修正案》
37	2015 年 2 月	《竞争法》
38	2015 年 3 月	《土地与税收条例修正案》
39	2015 年 3 月	《海洋运输税条例修正案》
40	2015 年 3 月	《陆路运输税条例修正案》
41	2015 年 4 月	《2015 年联邦税收法》
42	2015 年 4 月	《商业税法修正案》
43	2015 年 4 月	《2015—2016 财年国家计划法》
44	2015 年 4 月	《2015 年联邦财政预算法》
45	2015 年 4 月	《小中型企业发展法》
46	2015 年 6 月	《会计委员会法》
47	2015 年 7 月	《联邦财政预算制定呈报法》
48	2015 年 12 月	《2015—2016 财年联邦追加财政分配使用法》
49	2015 年 12 月	《外汇管理法修正案》
50	2015 年 12 月	《外国投资法修正案》
51	2015 年 12 月	《公民投资法修正案》
52	2015 年 12 月	《保险许可法修正案》
53	2015 年 12 月	《储蓄银行法修正案》
54	2016 年 1 月	《公共债务管理法》
55	2016 年 1 月	《特殊商品税法》

续表

序号	颁布时间	法律名称
56	2016 年 1 月	《2016 年联邦财政预算法》
57	2016 年 1 月	《2016 年联邦税收法》
58	2016 年 1 月	《2016 年商店与企业法》
59	2016 年 1 月	《2016—2017 财年国家计划法》
60	2016 年 1 月	《金融体系法》
61	2016 年 8 月	《2016 年联邦财政预算法修正案》
62	2016 年 8 月	《所得税法修正案》
63	2016 年 10 月	《投资法》
64	2016 年 12 月	《2016—2017 财年联邦追加财政分配使用法》
65	2017 年 3 月	《2017 年联邦税收法》
66	2017 年 3 月	《2017—2018 财年国家计划法》
67	2017 年 3 月	《2017 年联邦财政预算法》
68	2017 年 7 月	《2017 年水税和堤坝税法》
69	2017 年 7 月	《特殊商品税法修正案》
70	2017 年 8 月	《印花税票条例修正案（2017）》
71	2017 年 12 月	《公司法》
72	2018 年 1 月	《联邦审计法修正案（2018）》
73	2018 年 1 月	《统计法》
74	2018 年 3 月	《2018 年 4 月—9 月国家计划法》
75	2018 年 3 月	《2018 年联邦财政预算法》
76	2018 年 3 月	《2018 年联邦税收法》

资料来源：笔者根据缅甸联邦共和国联邦议会网站翻译整理，https://pyidaungsu. hluttaw. mm/enactment。

长期以来，农业一直是缅甸国民经济的支柱产业，土地是保障农业生产的基础，是农民的一项财产。为规范、发展农业和畜牧业，联邦议会颁布了 9 部农业和畜牧业领域法律，其中新制定法律 6 部、修改法律 3 部（见表 5）。

表5　2011～2018年颁布的农业和畜牧业领域法律

序号	颁布时间	法律名称
1	2012年3月	《空地、闲地和荒地管理法》
2	2012年3月	《农业土地法》
3	2015年2月	《种子法修正案》
4	2015年6月	《城镇与农村土地条例修正案》
5	2015年12月	《兽医学委员会法修正案》
6	2016年1月	《杀虫剂法》
7	2016年1月	《植物新品种保护法》
8	2017年8月	《堤坝法》
9	2017年12月	《灌溉法》

资料来源：笔者根据缅甸联邦共和国联邦议会网站翻译整理，https://pyidaungsu.hluttaw.mm/enactment。

2011年政治转型以来，缅甸加快工业和私营企业的发展、加大对外开放力度，以消除贫困。但缅甸的电力发展落后，电力供应主要集中在城市地区，农村地区尤其是边远农村地区的电力供应不足。因此，联邦议会颁布了相关法规，保障电力行业的发展。同时，缅甸在发展经济过程中十分注重对生态环境的保护，对矿产资源的开发要求也十分严格。联邦议会共颁布了能源、环境、电力与矿产领域法律10部，其中新制定法律6部、修改法律4部（见表6）。

表6　2011～2018年颁布的能源、环境、电力与矿产领域法律

序号	颁布时间	法律名称
1	2012年3月	《环境保护法》
2	2013年7月	《自然灾害管控法》
3	2014年7月	《珍珠业法修正案》
4	2014年10月	《电力法》
5	2015年12月	《矿业法修正案》
6	2016年1月	《玉石珠宝法第二次修正案》
7	2017年7月	《浅油井法》
8	2017年7月	《水源及河流保护法修正案》

序号	颁布时间	法律名称
9	2017 年 8 月	《石油与石化产品法》
10	2018 年 5 月	《生物多样性与自然保护区保护法》

资料来源：笔者根据缅甸联邦共和国联邦议会网站翻译整理，https：//pyidaungsu. hluttaw. mm/ enactment。

工业领域共颁布了 5 部法律，其中新制定法律 3 部、修改法律 2 部（见表 7）。《标准化法》与《科学、技术与创新法》的颁布，体现了缅甸政府对科技、创新及科学系统性的重视。

表 7　2011~2018 年颁布的工业领域法律

序号	颁布时间	法律名称
1	2013 年 10 月	《商标条例修正案》
2	2014 年 7 月	《标准化法》
3	2015 年 7 月	《锅炉法》
4	2016 年 1 月	《工厂条例修正案》
5	2018 年 6 月	《科学、技术与创新法》

资料来源：笔者根据缅甸联邦共和国联邦议会网站翻译整理，https：//pyidaungsu. hluttaw. mm/ enactment。

缅甸在政治转型初期，基础设施发展严重滞后，交通落后，运输能力弱，通信设备差，手机卡价格高昂，电话普及率非常低。为改变现状，新政府采取了相应措施，制定了相关法律。联邦议会共颁布了运输、通信和建筑领域法律 29 部，其中新制定法律 15 部、修改法律 14 部。涉及国内水路运输、陆路运输、航空运输、公路建设、机动车辆、建筑、电子通信、电视及广播等方面（见表 8）。

表 8　2011~2018 年颁布的运输、通信和建筑领域法律

序号	颁布时间	法律名称
1	2013 年 8 月	《水路组织条例修正案》
2	2013 年 8 月	《峡河交通法修正案》
3	2013 年 10 月	《电信法》

续表

序号	颁布时间	法律名称
4	2013 年 10 月	《航空条例修正案》
5	2014 年 1 月	《综合运输法》
6	2014 年 6 月	《公路与桥梁使用法修正案》
7	2014 年 7 月	《公路法修正案》
8	2014 年 8 月	《国际利益相关之飞机设备法》
9	2014 年 9 月	《建筑委员会法》
10	2014 年 12 月	《内河运输组织法》
11	2014 年 12 月	《国民航空法》
12	2015 年 3 月	《沿海及内河运输业运营权法》
13	2015 年 4 月	《高速公路法》
14	2015 年 4 月	《港口权限法》
15	2015 年 5 月	《国内水运船舶法》
16	2015 年 8 月	《电视与广播法》
17	2015 年 9 月	《机动车辆法》
18	2015 年 11 月	《高速公路法修正案》
19	2015 年 11 月	《公路法第二次修正案》
20	2015 年 11 月	《公路与桥梁使用法第二次修正案》
21	2015 年 12 月	《综合运输法修正案》
22	2016 年 1 月	《陆路运输企业法》
23	2016 年 1 月	《灯塔条例修正案》
24	2016 年 1 月	《铁路运输企业法》
25	2017 年 7 月	《沿海及内河运输业运营权法修正案》
26	2017 年 7 月	《内河航运法》
27	2017 年 8 月	《电信法修正案》
28	2018 年 6 月	《电视与广播法修正案》
29	2018 年 6 月	《电视与视频法修正案》

资料来源：笔者根据缅甸联邦共和国联邦议会网站翻译整理，https://pyidaungsu.hluttaw.mm/enactment。

2011 年 10 月至 2018 年 8 月，联邦议会共颁布了社会领域法律 33 部，其中新制定法律 22 部、修改法律 11 部。包括社会福利、劳工纠纷、国民教育、国民健康、儿童保护、弱势群体照顾、农民权益保护、消防部队、文物保护等（见表9）。缅甸两届政府通过颁布相关法规，致力于保护公民权利、创造就业机会、保障工资体系、提高缅甸民众生活水平。

表 9　2011～2018 年颁布的社会领域法律

序号	颁布时间	法律名称
1	2011 年 10 月	《劳工组织法》
2	2011 年 12 月	《私立学校注册法》
3	2012 年 3 月	《解决劳工纠纷法》
4	2012 年 3 月	《残疾军人、因公牺牲军人及烈士家属抚恤优待法》
5	2012 年 8 月	《社会福利法》
6	2013 年 3 月	《最低工资法》
7	2013 年 6 月	《妇女儿童照顾协会法修正案》
8	2013 年 6 月	《私立医院法修正案》
9	2013 年 8 月	《化学药品及相关制品安全隐患防治法》
10	2013 年 8 月	《捐献眼球法修正案》
11	2013 年 8 月	《职业与技能发展法》
12	2013 年 10 月	《保护农民权利及增加利益法》
13	2014 年 2 月	《儿童早期培育与发展法》
14	2014 年 2 月	《毒药条例修正案》
15	2014 年 2 月	《传统医药法修正案》
16	2014 年 7 月	《假日、公休日条例修正案》
17	2014 年 9 月	《国民教育法》
18	2014 年 9 月	《劳工纠纷解决法修正案》
19	2014 年 12 月	《紧急受伤病人护理法》
20	2015 年 3 月	《国家纪念物（限制装饰）条例修正案》
21	2015 年 3 月	《消防队法》
22	2015 年 6 月	《国民教育法修正案》
23	2015 年 7 月	《古文物保护法》
24	2015 年 8 月	《转变宗教信仰法》
25	2015 年 8 月	《古建筑保护法》
26	2015 年 8 月	《红十字会法》

序号	颁布时间	法律名称
27	2015 年 11 月	《血液及血液相关材料法》
28	2015 年 11 月	《人体器官捐赠法》
29	2015 年 11 月	《退休条例修正案》
30	2016 年 1 月	《工资法》
31	2016 年 12 月	《老年人法》
32	2017 年 3 月	《考试委员会法第三次修正案》
33	2018 年 6 月	《工作场所易爆物品法》

资料来源：笔者根据缅甸联邦共和国联邦议会网站翻译整理，https://pyidaungsu.hluttaw.mm/enactment。

2011～2018 年联邦议会共颁布了管理领域法律 44 部，其中新制定法律 18 部、修改法律 26 部。这些法律涉及国家行政区域的管理、公务员行为规范、各级政府官员费用制度、人口管理、打击腐败等领域（见表 10）。这些法律的颁布，有效地促进了依法行政，有利于维护公共利益。

表 10　2011～2018 年颁布的管理领域法律

序号	颁布时间	法律名称
1	2012 年 2 月	《街区和村组行政管理法》
2	2012 年 3 月	《街区和村组行政管理法修正案》
3	2012 年 8 月	《政府住房（驱逐）条例修正案》
4	2013 年 1 月	《国药委员会法修正案》
5	2013 年 3 月	《省或邦级官员奖金、费用和荣誉法修正案》
6	2013 年 3 月	《国家公务员法》
7	2013 年 7 月	《人口、房屋和户口法》
8	2013 年 8 月	《反腐败法》
9	2013 年 10 月	《海事大学法修正案》
10	2013 年 11 月	《工程委员会法》
11	2014 年 3 月	《人权委员会法》
12	2014 年 3 月	《印刷与出版业法》
13	2014 年 3 月	《新闻媒体法》

续表

序号	颁布时间	法律名称
14	2014 年 6 月	《法令申请法》
15	2014 年 7 月	《反腐败法修正案》
16	2014 年 7 月	《协会、团体注册法》
17	2014 年 7 月	《限定时期条例修正案》
18	2014 年 10 月	《军人职务及军衔限制法修正案》
19	2014 年 12 月	《联邦级官员奖金、费用和荣誉法修正案》
20	2014 年 12 月	《内比都委员会主席及委员奖金、费用和荣誉法修正案》
21	2014 年 12 月	《省或邦级官员奖金、费用和荣誉法第二次修正案》
22	2014 年 12 月	《自治州或自治县主席及执行委员会成员津贴、费用和荣誉法修正案》
23	2015 年 1 月	《人民院、民族院、省或邦议员及自治州或自治县官员奖金、费用和荣誉法修正案》
24	2015 年 4 月	《法律翻译委员会法》
25	2015 年 4 月	《药物委员会法》
26	2015 年 5 月	《护理与生育委员会法》
27	2015 年 5 月	《人口控制保健法》
28	2015 年 7 月	《边境与少数民族发展法第二次修正案》
29	2015 年 7 月	《联邦公务员任免委员会法修正案》
30	2015 年 12 月	《麻醉品条例修正案》
31	2016 年 1 月	《街区和村组行政管理法第二次修正案》
32	2016 年 7 月	《反腐败法第二次修正案》
33	2016 年 12 月	《街区和村组行政管理法第三次修正案》
34	2016 年 12 月	《国家公务员法修正案》
35	2017 年 2 月	《法律翻译委员会法修正案》
36	2017 年 8 月	《反腐败法第三次修正案》
37	2018 年 2 月	《议会组织法》
38	2018 年 3 月	《文件登记法》
39	2018 年 4 月	《消除种姓无能力法修正案》
40	2018 年 6 月	《历史协会法》
41	2018 年 6 月	《国家公务员法第二次修正案》

序号	颁布时间	法律名称
42	2018 年 6 月	《反腐败法第四次修正案》
43	2018 年 6 月	《红十字会法修正案》
44	2018 年 8 月	《税务上诉审判委员会法》

资料来源：笔者根据缅甸联邦共和国联邦议会网站翻译整理，https://pyidaungsu.hluttaw.mm/enactment。

2011～2018 年联邦议会共颁布了司法领域法律 18 部，其中新制定法律 4 部、修改法律 14 部。虽然该领域新制定的法律较少，但体现了缅甸政府重视法制建设，体现了尊重与公平（见表 11）。

表 11 2011～2018 年颁布的司法领域法律

序号	颁布时间	法律名称
1	2013 年 3 月	《财产移交条例修正案》
2	2013 年 10 月	《联邦审判法修正案》
3	2014 年 7 月	《民法修正案》
4	2014 年 7 月	《联邦审判法第二次修正案》
5	2015 年 2 月	《罪犯拘禁与保释条例修正案》
6	2015 年 7 月	《联邦审判法第三次修正案》
7	2015 年 8 月	《一夫一妻制法》
8	2015 年 8 月	《佛教徒女性特殊婚姻法》
9	2015 年 12 月	《证据条例修正案》
10	2016 年 1 月	《仲裁法》
11	2016 年 1 月	《刑法修正案》
12	2016 年 1 月	《法律援助法》
13	2016 年 1 月	《刑事诉讼法修正案》
14	2017 年 5 月	《法律援助法修正案》
15	2017 年 8 月	《佛教徒女性特殊婚姻法修正案》
16	2017 年 8 月	《夫妻离婚条例修正案》
17	2017 年 8 月	《基督教徒婚姻条例修正案》
18	2017 年 8 月	《监护人与被监护人条例修正案》

资料来源：笔者根据缅甸联邦共和国联邦议会网站翻译整理，https://pyidaungsu.hluttaw.mm/enactment。

自 2011 年 3 月政治转型以来，联邦议会废除了已不合时宜的法律 14 部、条例 12 部（见表 12）。

表 12　2011～2018 年废除的法律

序号	颁布时间	法律名称
1	2011 年 9 月	《利润税法》
2	2011 年 11 月	《劳工基本权利与义务法》
3	2012 年 8 月	《外交关系法》
4	2012 年 11 月	《五星轮船公司法》
5	2012 年 11 月	《土地征用（矿山）法》
6	2012 年 11 月	《国民服务业保护条例》
7	2013 年 1 月	《防止扰乱和平移交国家职责与顺利执行国民大会事务法》
8	2013 年 3 月	《可动产托管条例》
9	2013 年 3 月	《国家粮食购销协会条例》
10	2013 年 6 月	《特殊时期规定及延长期限限定条例》
11	2014 年 2 月	《辅警队法》
12	2014 年 7 月	《笞刑条例》
13	2014 年 11 月	《农村经济发展基金条例》
14	2014 年 11 月	《要求下达命令（紧急条款）条例》
15	2015 年 2 月	《农产品市场条例》
16	2015 年 4 月	《市政建设委员会法》
17	2015 年 11 月	《退休金法》
18	2016 年 5 月	《保卫国家，防止不法分子破坏法》
19	2016 年 5 月	《国家委员会法》
20	2016 年 5 月	《人民委员会法》
21	2016 年 7 月	《曼德勒市政委员会法》
22	2016 年 7 月	《仰光市政委员会法》
23	2016 年 10 月	《紧急措施条例》
24	2017 年 7 月	《会计师渎职条例》
25	2018 年 1 月	《市政法》
26	2018 年 2 月	《码头工人工作管理条例》

资料来源：笔者根据缅甸联邦共和国联邦议会网站翻译整理，https://pyidaungsu. hluttaw. mm/ enactment。

（二）法制建设的特点

1. 基本已摆脱立法、行政和司法集中的独裁体制

2008 年宪法规定了国家的立法、行政和司法权尽可能地分开行使，并相互制衡。国家的立法权分别授予联邦议会、省议会和邦议会，授予民族自治地方本宪法规定的立法权。行政权分别授予联邦、各省和邦，授予民族自治地方本宪法规定的自治权。司法权由包括联邦最高法院、省高等法院、邦高等法院和民族自治地方法院在内的各级法院行使。根据宪法，缅甸实行三权分立的原则。

国家的行政权分别授予联邦、各省和邦，民族自治地方依据本宪法享有自治权。联邦政府的组成人员包括总统、副总统若干人、联邦部长若干人和联邦总检察长。总统是国家政府首脑，联邦政府所有的行政行为以总统的名义实施。在不违背宪法规定的前提下，联邦行政权涵盖联邦议会有立法权的行政事务。

国家司法机构由联邦最高法院、省高等法院、邦高等法院、自治州法院、自治县法院、县法院、镇区法院、依法成立的其他法院、军事法院和宪法法院组成。联邦最高法院为国家最高司法机关，但不干涉宪法法院和军事法院的司法权。联邦最高法院监督和管理国家的所有法院。联邦最高法院负责人为联邦首席大法官，联邦首席大法官由总统提名并由联邦议会批准。军事法院负责对军人的审判。宪法法院由包括院长在内的九名成员组成，其职责为解释宪法；审核联邦议会、省或邦议会、自治州或自治县政府制定的法律是否违宪；履行宪法所赋予的其他职责等。

由此可见，缅甸新宪法强调"法治"，与过去长期的"军治"是有明显区别的。它强调实行多党民主制以及公民享有宪法规定的平等、自由和公正的权利。2012 年 9 月 6 日，总统办公室宣布吴登盛接受了宪法法院全体成员的辞职，从而结束了议会与宪法法院之争，进一步加强了联邦议会对于政府的制衡力。2012 年 9 月 27 日，吴登盛总统在联合国大会一般性辩论中表示，缅甸已摆脱了行政、立法和司法集中的独裁体制，建立了一个民主政府和一个遵循制衡原则的可行的议会。缅甸政治进程正在使国家的政治合法性得到提高。这对于基本的政治稳定大有助益，为经济和社会转型、提高人民生活水平铺平了道路。[①]

2. 新颁布的法律量大、涉及面广，修改法律比重大

2011 年 9 月至 2018 年 8 月，缅甸联邦议会共颁布了 294 部法律。这一数据远远超过了以往的议会民主制时期、革命委员会时期、纲领党（人民议会）时期、治安建设委员会时期和国家和平与发展委员会时期任一时期颁布的法律数量，可见新政府对缅甸改革的决心。

新颁布的法律涉及领域广泛。有宪法相关法律，国防与安全领域法律，外交领域法律、管理领域法律，财政、计划与经济领域法律，社会领域法律，运输、通信和建筑领域法律，能源环境、电力与矿产领域法律，农业和畜牧业领域法律，工业领域法律，司法领域法律等。涵盖了 2008 年宪法附录一"联邦立法事项"中的大部分领域，其中有关经济方面的法律比重较大。颁布了包括《小型金融业法》、《证券交易法》、《电信法》、《电力法》和《高速公路法》等在内的一系列新法律，这些法律对于改善缅甸的基础设施建设、发展缅甸经济提供了法律依据和保障。

随着缅甸政治、经济和社会状况的深刻变化，为适应新形势的需要，联邦议会补充、修正了 131 部法律，在颁布的 294 部法律中占 44%，为更好地保护公民权利、完善法律体系起到了重要作用。其中宪法领域法律修正案 28 部，占所修改法律的 21%；管理领域法律修正案 26 部，占所修改法律的 20%；财政、计划与经济领域法律修正案 27 部，占所修改法律的 21%。修正后的法律在体例上没有很大变化，但用词更加精确和详细。如《政府住房（驱逐）条例修正案》第三条：《政府住房（驱逐）条例》中第二条第一款中的"政府"一词修改为"联邦政府组织或相关联邦政府部门"。《联邦审判法修正案》第四条：将《联邦审判法》第六十七条中的"有权到监狱、看守所、拘留所视察"修改为"应至少一年一次到监狱、看守所、拘留所视察"。为适应经济社会的发展，部分法律修改了缅币的数额。《国药委员会法修正案》第五条：将《国药委员会法》第二十四条第一款中的"1 万缅元以下罚款"修改为"10 万缅元以下罚款"。此外，部分修正案增加或删除了个别条款。

---

① 联合国新闻，http://www.un.org/chinese/News/story.asp? NewsID = 18513。

3. 在不同的阶段对法制建设的侧重点不同

缅甸政治转型后，吴登盛政府在国内的改革呈现"先政治、后发展"的特点。因此，在法制建设过程中，不同的阶段其侧重点不相同。2011年，民选政府刚刚上任，面临对新的联邦议会和政府机构的完善及通过政治改革提升国家形象的任务。因此，法制建设在重视政治与经济领域的同时侧重于政治领域，其中修正案居多，主要对国家和平与发展委员会颁布的相关选举法进行了修改。2011年10月颁布的《联邦选举委员会法修正案》，规定了选举委员会的最少成员为5名，并修改了委员会主席及成员的任职资格。2011年10月颁布的《民族院选举法修正案》和《省或邦议会选举法修正案》都对取消议会代表的任职资格及竞选下届议会代表的资格进行了修订。2011年11月颁布的《政党注册法修正案》则成为缅甸新政府法制建设中具有特殊意义的一部法律。该修正案取消了对政党注册以及参选人背景的一些限制，将《政党注册法》第六条第三款中的"保护和维护《缅甸联邦共和国宪法》"修改为"尊重和遵守《缅甸联邦共和国宪法》"，并删除了第十条"拟发展党员必须符合的条件"之第五款"非正在服刑的人员"。为民盟重新合法注册和昂山素季参与政治活动扫除了法律上的障碍，被视为缅甸政治改革进步、缓和国内矛盾的重要一步。2011年12月颁布的《和平集会与游行法》规定公民或团体可以举行和平集会和游行表达自己的意愿，但须在集会游行前至少5天向相关警察局递交申请书。相关警察局局长可发出准许令或拒绝令，但发出拒绝令时须说明原因；申请者在接到拒绝令后的7日内，可向相关省或邦警察局局长提出申诉。这部法律的出台，让过去缅甸残暴而专制的形象，成为历史。

2012~2013年，缅甸法制建设主要偏向于财政、计划与经济和社会领域；着重建立和平的生活环境，为经济发展创造有利条件；利用法律手段加强对国家和社会经济活动的监督、管理，提高经济效益。经济领域如2012年3月颁布的《2012年联邦财政预算法》，8月颁布的《外汇管理法》和《重要商品和服务法》，11月颁布的《外国投资法》，2013年7月颁布的《中央银行法》、《公民投资法》以及《证券交易法》等，这些法律的颁布有助于促进缅甸经济改革及开放，为经济发展提供更加良好的环境。此外，还颁布了一系列社会领域的法律，如2012年3月颁布的《解决劳工纠纷法》，8 月颁布的《社会福利法》，2013 年 3 月颁布的《最低工资法》，8 月颁布的《职业与技能发展法》等，这些法律的颁布对于完善劳动争议处理体制、协调劳动关系，保障社会安定以及促进经济建设等具有重要的作用。

2014 年 1 月至 2016 年 1 月，缅甸政府的重点是为大选做准备，修宪问题成为这一阶段的主要议题。因此，法制建设主要偏向于政治、管理领域。从 2014 年 1 月至 2015 年 12 月，联邦议会共颁布了宪法相关法律 16 部，占近 7 年所有颁布的宪法相关法律的 43%。2014 年 6 月颁布的《和平集会与游行法修正案》，在《和平集会与游行法》第五条"镇区警察局局长在接到公民或团体的申请时可发出准许令或拒绝令"的表述中，删除了"或拒绝令"。同时，删除了第六条中的"拒绝令"及后面所有涉及拒绝令的程序。这意味着，警方须批准所有公民或团体关于和平集会与游行的申请。另外，减轻了对非法举行集会和游行者的惩罚。2014 年 1 月颁布的《联邦议会法修正案》对原《联邦议会法》第八条"议会代表的职责"进行了补充，具体内容为："议会代表在不违背宪法的前提下，应与相关权力机构和个人联合协商关于国家及选区发展事宜；向选民重新解释议会情况；向议会提交选民的意见。"该法律修改幅度较大，共修改了 48 处，其中补充内容较多。2015 年 2 月颁布《缅甸联邦共和国宪法（2008）修正案草案全国表决会法》，该法共 12 章，包括名称与释义、全国表决会的举行、委员会及委员会分会的组建、全国表决委员会及分会的义务和权利、制作选票表、投票、投票活动的延期与取消、计票、宣布票数、罪行与责罚、获得财政支持、总则等内容。2015 年 6 月，颁布了《缅甸联邦共和国宪法（2008）修正案草案全国表决会法修正案》，对原法律中第十一条第一款进行修改，删除了原有权参与全民公决的"持临时证件者"。2015 年 7 月颁布《缅甸联邦共和国宪法修正案》，主要放宽了省和邦的立法范围及征收税项，共补充 54 处内容。在原宪法附录二"省或邦立法事项"的"财政与计划领域"，增加了 7 项可立法的内容；在"经济领域"增加了 2 项可立法的内容，"农业和畜牧业领域"增加了 5 项；"能源、电力、矿产、环境领域"增加了 6 项；"工业领域"增加了 1 项；"运输、通信和建筑领域"增加了 5 项；"社会领域"增加了 6 项；"管理领域"增加了 2 项。在附录五"省或邦可以征收的税项"部分共增加了 20 项。

2016 年 3 月民盟执政后继续修改、完善了许多法律，同时重视经济、民生、环境及科学技术领域相关法律的制定。民盟执政后，新颁布了一部《国务资政法》，并废除和修改了一些法律，接着颁布了《投资法》及《老年人法》。

三 政治转型以来缅甸新政府法制建设的主要成就

法制建设和法制进步是政治文明的重要内容，是实现政治文明的重要手段，是经济发展的前提和保障。缅甸政治转型以来，法制建设的成就主要体现在以下几个方面。

1. 立法制度进一步完善，民主立法、科学立法的水平不断提高

目前，缅甸的立法权分别由联邦议会、省议会和邦议会以及民族自治地方行使，联邦议会由人民院和民族院组成。人民院代表 440 名，由按各镇区人口比例分配名额选举的 330 名人民院代表加上国防军总司令提名的 110 名军队人民院代表组成。民族院代表 224 名，由各个省、邦（含联邦直辖区）选举的 12 名代表，共计 168 名民族院代表，加上国防军总司令在每个省、邦（含联邦直辖区）提名的 4 名代表，共计 56 名民族院代表组成。其中，军人议员占 25%。但和过去不一样的是，他们在立法过程中参与程度非常低。2011 年以来，军人议员只提交了少量的法律草案，其中大部分是在早期议会会议中制定的。军方指定的议员被证明远非议会中积极的"立法"力量，他们作为 2008 年宪法的守护者，只是听候指令，执行他们传统的"守护"功能（宪法第 20 条第 6 款）。他们在未来一段时间不会超越这一基本功能，除非议会的格局发生剧变，局势变得日益不稳定。虽然军人议员从未成为有效的立法者，但他们在议会中发出声音并聆听声音，至少军队现在不会采取大的动议或领导立法进程。甚至吴登盛和国防军总司令敏昂莱大将也承认这种军人议员在议会中的过渡性。[①] 这说明缅甸立法制度有所进步，军人议员并未过多地干预立法。同时更加注重公众参与立法，

---

① 热内·埃格勒托：《缅甸立法机构中的军人议员：他们在做什么？他们未来将做什么？》，《南洋资料译丛》2015 年第 3 期，第 35～36 页。

如宪法中重要条款的修改须征求民意、经过全民公决；在涉及制定其他法律的过程中，允许相关领域人士参与。

随着新政府改革力度的不断加大，缅甸的立法更加民主和科学。吴瑞曼成立了监督委员会，并鼓励反对党议员提出议案。① 2014 年 3 月颁布的《新闻媒体法》第四条第一款规定，新闻媒体从业人员在宪法规定范围内有权对立法、行政及司法事务进行自由评论，并提出建议。这说明新政府能更加客观、理性、公正地处理问题。同时，从 2013 年开始，美国国际开发署援助缅甸，支持其进行政治和经济改革，推进法制建设，改善议会的功能（重点帮助特定的委员会通过有效、透明的方式来执行他们的立法、预算和监督工作）以及加强民主政党的执政能力。② 2016 年 2 月，新议会人民院成立法律事务与特别事务评估委员会，协助联邦议会行使立法权。议会还定期要求政府部长和官员就议会正在审议的事项提供证词，对行政部门进行监督。此外，在法律信息系统建设方面也做出了努力，2018 年 5 月，缅甸联邦总检察长办公室启动了"缅甸法律信息系统网站"，提供了较为齐全的法律信息，民众可通过该网站查询相关法律。

2. 司法体制改革不断深化，司法机构和司法队伍建设不断完善

司法独立是法治的核心内容之一，也是衡量一个国家是否确立法治的重要标准。③ 缅甸几十年的军人独裁统治削弱了司法的独立性。1962 年 3 月 2 日，革命委员会接管国家权力后，由该委员会行使立法权和行政权。1974 年宪法规定人民司法委员会为国家最高司法机关，中央法院为最终上诉法院。目前，缅甸的司法制度是根据 2008 年宪法和 2010 年《联邦审判法》制定的。《联邦审判法》规定审判原则如下：依法独立审判；公开审判（除法律规定的特殊情况外）；在案件中依法享有辩护权和上诉权；保护公民的合法权益，推进国家法治化进程，促进国家和平安宁等。因此，缅甸的司

---

① Dominic J. Nardi, Jr., "Finding Justice Scalia in Burma: Constitutional Interpretation and the Impeachment of Myanmar's Constitutional Tribunal", *2014 Pacific Rim Law & Policy Journal*, Vol. 23, No. 3, June 2014, p. 654.

② Burma Democracy, Human Rights, and Rule of Law (2013), https://www.usaid.gov/burma/our-work/democracy-human-rights-and-rule-law.

③ 黄佳：《"社会主义法治理念"的发展与实践——从司法改革看法制建设新成就》，《长春师范大学学报》（人文社会科学版）2014 年第 3 期，第 20 页。

法权由司法机关（法院）行使，不受行政机关和立法机关的干预。

随着国内改革的深化，缅甸司法体制改革势在必行。缅甸联邦法院也致力于不断提高司法独立性。2014 年 2 月 10 日至 11 日，缅甸联邦最高法院、联合国开发计划署和国际法学家委员会在内比都联合召开了以"司法独立和司法公正在促进法制建设中的作用"为主题的研讨会，集中讨论了缅甸司法系统及司法独立。联邦最高法院首席大法官吴吞吞乌在发言中强调，要保证司法独立和公正，以建立公众信任的、维护法制的司法系统。① 2016 年 1 月 18 日，联邦议会颁布了《法律援助法》，使司法更具公平性、正义性。2018 年 1 月 30 日，联邦最高法院宣布了《司法战略计划（2018—2022）》②，由此可看出民盟执政后加强司法体制改革的决心。尽管司法体制改革不可能一蹴而就，但缅甸的司法机构迈出了重要的一步，独立于政府的其他机构。此外，缅甸正努力完善司法队伍建设，培训法官和法院工作人员，旨在确保尊重公民、诉讼当事人和被告，实现司法公正和平等。

3. 以法律形式促进民主与自由，放松社会管制、维护和保障人权

民主是法制的前提和基础，法制则是民主的体现和保障。法律是保障民主权利不受侵犯的有力武器。在缅甸军政府时期，"独裁统治""政治压迫""军人专政"等词语是世界各国贴给缅甸的标签，以美国为首的西方国家更以缅甸缺乏民主和人权为由对其实行长期制裁。自新的民选政府上台后，通过制定一系列的法律法规，不断促进缅甸的民主化进程，社会自由度迅速提高，进一步维护和保障了人权。

2011 年 11 月 4 日，联邦议会颁布了《政党注册法修正案》，通过立法使政治环境更加开放。民盟重新注册为政党，昂山素季在 2012 年 4 月 1 日的议会补选中顺利当选议员，使缅甸国内和国际社会都更为看好缅甸的民主化进程。2011 年 12 月 2 日颁布的《和平集会与游行法》，使这项宪法上规定的基本权利不再流于形式，不仅仅是口号，而是通过具体的法律尊重

---

① "Myanmar's Court Officials Discuss Judicial Independence & Integrity with International Experts", February 13, 2014, http://www.mm.undp.org/content/myanmar/en/home/presscenter/articles/2014/02/justiceworkshop.html.

② 《联邦最高法院举行〈司法战略计划（2018—2022）〉发布会》，《缅甸之光》（缅文版）2018 年 1 月 31 日，第 32 版。

和保障公民合法集会和游行的权利。使公民能够通过公开的方式表达自己的意见，引起社会的广泛关注，促请有关部门解决问题，疏通解决问题的通道，从而有效减少社会矛盾。

从 2011 年开始，缅甸新闻检查部开始逐渐放宽政策，2012 年 3 月底，缅甸政府批准美联社、路透社、法新社、日本放送协会四家外国媒体常驻仰光，2012 年 8 月 20 日缅甸宣传部宣布从即日起废除出版物"预审"制度，2013 年 4 月 1 日，缅甸允许私营日报发行。2014 年 3 月 14 日通过的《印刷与出版业法》规定，需要在缅甸开设新闻代理处的国内外机构、公司或组织，须向宣传部提交完整而真实的材料，申请给予印刷出版权。根据该法律，缅甸放松了对印刷出版的管制，外国日报可在缅甸印刷出版发行，表明缅甸媒体改革进入一个新阶段。该法还废除了有期徒刑的处罚，取而代之的是罚款。同日通过的《新闻媒体法》，涉及新闻媒体从业人员的权利、应承担的责任和义务、建立新闻媒体业务、成立媒体委员会及其职责等方面。《新闻媒体法》在一定程度上保障了媒体人的新闻言论自由，废除了 1962 年《印刷和出版人注册法》中一些带有压迫性的法律条款。该法律的制定，为缅甸新闻界走上自由、法制的轨道提供了可能性，从而使缅甸新闻界能够更加体现其公共理性精神。

2015 年 8 月 28 日通过的《电视与广播法》旨在开辟全国性的媒体行业，并鼓励新业务的发展。该法规定联邦政府组建电视与广播事业发展协会，同时成立一个委员会，每届任期五年，成员须具备电视与广播、通信与信息技术、法律、经济、教育、文化和社会发展等领域的某项专业知识。该法还涉及电视与广播运营执照，公共服务、营利性行业以及非营利性行业的广播类执照年限为 7 年，电视类执照年限为 10 年，电视与广播节目推广服务领域执照年限为 15 年。电视或广播节目在出现播错内容的情况下可进行更正，被拒绝更正的个人或机构可向委员会提出上诉。该法为创建更多私营电视台开了绿灯，使缅甸媒体事业在法律保障下迅速发展。

此前，联合国人权专家一直关注缅甸人权状况。2011 年 8 月 25 日，联合国缅甸人权事务特别报告员昆塔纳在结束对缅甸访问之际表示，缅甸在改善人权状况方面有积极进展。他对时任缅甸总统吴登盛的承诺表示欢迎，其中包括通过修改现行法律、良好施政和尊重法制来保护基本人权和自由。[①] 2011 年 9 月 5 日，缅甸成立了人权委员会，由 15 名退休的官员和学者组成，政府表示该组织将独立运作。2014 年 3 月 28 日，《人权委员会法》颁布，旨在保护缅甸宪法中的基本权益，尊重和维护《世界人权宣言》，有效提升和保护《国际人权公约》、地区人权协定及声明。该法规定缅甸人权委员会主席职务级别等同于联邦部长，副主席及委员级别等同于联邦副部长，并规定了委员会的职责与权力、可调查的事项等。

2016 年 10 月联邦议会废除了侵犯人权的法律——《紧急措施条例》，该法生效于 1950 年，当时国家刚获独立，又发生内战，为了国家安全，缅甸议会通过了该法。该法中的条款措辞严肃，触犯该法第二、三、四条中诸如破坏或意图破坏国家武装部队活动、组织暴动或有意参与暴动等都将被判处死刑或终身监禁。尽管条款规定没有特别的问题，但有时以"国家安全"为由侵犯了人权。尽管缅甸人权改善进程缓慢，有些问题尚未解决，但也必须肯定其在保护和促进人权领域所取得的进展。

4. 推进经济法制建设，完善经济法律体系

2008 年宪法规定，国家实行市场经济制度。2011 年以来，缅甸在经济领域的立法取得了一定的成就，为市场经济的建立和发展提供了重要的法律依据和保障。

在建立和维护市场经济秩序方面，制定了一系列法律法规。2012 年 8 月 10 日联邦议会颁布了《外汇管理法》和《重要商品和服务法》，9 月 7 日颁布了《进出口商品法》，2013 年 7 月 11 日颁布了《中央银行法》，8 月 13 日颁布了《国民消费法修正案》，2014 年 3 月 14 日颁布了《消费者保护法》和《反洗钱法》。其中《中央银行法》的主要目标为稳定货币和金融政策、巩固和发展支付和清算制度、支持政府经济政策及经济发展。该法明确规定了中央银行的职责与权力，赋予中央银行制定并执行货币政策、稳定汇率、独立干预货币市场、设立机构监督金融和外汇市场、开展海外支付和结算等职权。此前，缅甸汇率市场混乱、汇率难以管控，该法的出台将更

---

① 《联合国人权官员认为缅甸政府正改善人权》，新华网，2011 年 8 月 26 日，http://news.xinhuanet.com/world/2011 - 08/26/c_121912128.htm。

有效地稳定汇率，同时推动建立更好的支付系统。《消费者保护法》规定消费者有权选择商品和服务，有权知悉关于产品及服务的全面正确信息，有权就商品及服务问题进行投诉并获得完满的解决。该法规定成立消费者权益保护中央委员会，承担解决消费纠纷、开展调研、通报禁售危险货品等职责，并规定对违反本法相关条款的商家处以 3 年以下的刑罚和 500 万缅元以下的罚款。

在加强宏观调控方面，缅甸联邦先后制定和修改了一系列法律，包括《商业税法修正案》、《所得税法修正案》、《印花税票条例修正案》、《印花税条例修正案》、各年度《联邦追加财政分配使用法》、各年度《联邦财政预算法》、各年度《国家计划法》以及《税收法》等。其中，《商业税法修正案》、《所得税法修正案》、《印花税票条例修正案》和《联邦审计法修正案》分别进行了三次修改。通过颁布和修订财税法律，促进财税法制体系建设，保障财税宏观调控的建立健全。2012 年 2 月 1 日，在联邦议会第三次会议上，对《国家计划法草案》《财政分配补充法草案》《联邦财政预算法草案》等做了说明。这是 1988 年以来缅甸首次公开讨论政府的预算。①自此，为便于联邦政府和各省邦政府安排财政开支，缅甸联邦议会每年都颁布《联邦财政预算法》和《国家计划法》，便于缅甸民众了解国家财政预算。预算法作为组织财政收入和合理安排财政支出的重要根据，是关系国家预算权责的划分和预算工作的法律程序的重要内容。它对保证国家职能所需要的财力和物力，以及所需要的足够的资金运转具有决定性作用。因此，联邦议会近年来颁布的一系列相关预算法律，不仅丰富、完善了经济法律体系，同时也是缅甸不断走向民主，使财政预算公开透明的表现。

在金融及投资领域，缅甸联邦议会于 2011 年 11 月 30 日颁布了《小型金融业法》，2012 年 11 月 2 日颁布了《外国投资法》，2013 年 7 月 29 日颁布了《公民投资法》，7 月 31 颁布了《证券交易法》，2014 年 1 月 23 日颁布了《2014 年缅甸经济特区法》，2016 年 1 月 25 日颁布了《金融体系法》，10 月 18 日颁布《投资法》，2017 年 12 月 6 日颁布了《公司法》。其中，《小型金融业法》扶持新的小型经济企业发展，发展和扩大家庭经济事业，

---

① 李晨阳主编《缅甸国情报告（2011—2012）》，社会科学文献出版社，2013，第 38 页。

帮助基层民众发展种植业和养殖业以外的其他创收途径，减少基层民众的贫困。同时，引进和推广国内外先进技术。《证券交易法》的颁布，有利于市场经济体制的顺利发展，有助于适应国家经济发展需要的可融资证券市场的发展，促进国家和私营融资业务的发展，也有助于保护证券市场，鼓励广大民众投资，从而促进经济的全面发展。2014 年 12 月 23 日，日本帮助缅甸设立了第一家证券交易所，致力于缅甸资本市场的开放。

受外界关注的 2012 年《外国投资法》的颁布，使原先封闭的缅甸国门得以开放，给国外投资者带来了更大的商机。该法规定的可投资项目比 1988 年《外国投资法》更多，允许外国投资者以独资或合资方式开展商业活动，包括银行、金融、交通基础设施、市政建设、电力开发、能源开发、通信网络建设、酒店及房地产开发、学校、医院和工厂建设等。在放宽投资政策的同时，规定了投资人启用缅甸员工的比例，从而有利于在发展本国经济的同时增加国民就业机会，促进人力资源的发展，解决社会矛盾。

2017 年颁布的《公司法》于 2018 年 8 月 1 日正式生效。根据该法，所有在缅注册公司须在生效之日起 6 个月内重新完成注册，注册方式有两种，一是通过全新上线的缅甸公司在线注册系统（MyCO）进行注册，二是通过缅甸投资与公司管理局（DICA）办公室领取纸质表格注册。新《公司法》规定外国投资者最多可持有本地公司 35% 的股份，超过 35% 才被定义为外国公司，这有利于加强本国商人与外国投资者的合作，促进更多外资进入缅甸。另外，新《公司法》还允许外国人进入进出口行业、保险业和证券交易市场。① 一系列经济法律法规的制定促进了国家经济及金融业的有序发展。

5. 加快公用事业法律制度建设，促进基础设施发展

公用事业是指电信、供电和公共交通等为公众提供产品和服务的基础设施行业，同时又是具有明显公益性的行业。此前，缅甸的公用事业发展落后，基础设施条件较差，成为阻碍经济发展的一大因素。缅甸联邦政府

---

① 《缅甸新公司法正式生效》，缅华网，2018 年 8 月 2 日，http://www.mhwmm.com/Ch/News-View.asp？ID＝32808。

提高民众生活水平，实现社会协调发展，加快了公用事业法律制度建设。

联邦议会于 2013 年 10 月 8 日颁布了《电信法》，10 月 15 日颁布了《航空条例修正案》，2014 年 1 月 31 日颁布了《综合运输法》，6 月 17 日颁布了《公路与桥梁使用法修正案》，7 月 24 日颁布了《公路法修正案》，10 月 27 日颁布了《电力法》，12 月 5 日颁布了《国民航空法》，2015 年 4 月 9 日颁布了《高速公路法》和《港口权限法》。其中，《电信法》旨在推动缅甸电信业快速发展。该法规定，要以现代电信技术大力发展国家电信业，允许更多私营公司参与电信业的发展，还可以向外国电信公司依法办理电信营业执照。①《电信法》的颁布改变了缅甸民众的生活，2011 年之前，缅甸是全球手机普及率最低的国家之一，而到 2015 年 11 月，缅甸手机用户达到 3378.7 万人，占人口总数的 64%，网络用户超过了 2700 万人。②

《电力法》规定，为满足国家的电力发展需求，除联邦管理的大型电力业务外，支持在各省邦开发中小型电力业务，推广国家电力使用范围，鼓励更多的国内外企业投资电力行业。《高速公路法》的颁布，旨在维修和扩建高速公路，使乘客和货物运输更加快捷，提高国民生活水平，通过将国内高速公路与区域内国家的高速公路连成高速公路网，加快经济发展速度。该法规定，建设部制定相关政策，实施长短期计划，在政府的同意下，修建同邻国连接的高速公路。就高速公路事宜同国际机构、区域机构以及其他国家进行合作。世界银行报告统计显示，2012 年缅甸道路基础设施位居全球最差国家之列。③由于缅甸缺乏资金及技术，多年来道路设施基本无变化。该法的颁布，有利于国外资金进入缅甸，帮助其修建、加宽高速公路，从而使高速公路成为真正惠及公民的民生工程。

6. 建立社会保障法律制度，不断改善民生，实现经济社会协调发展

社会保障制度是实现社会公平和正义，促进社会稳定和发展的重要保

---

① 《缅甸联邦议会通过新〈电信法〉》，2013 年 8 月 28 日，http://world.xinhua08.com/a/20130828/1238004.shtml。
② 《缅甸手机用户超过 3300 万》，2015 年 11 月 4 日，http://mm.mofcom.gov.cn/article/jmxw/201511/20151101155556.shtml。
③ 《缅甸道路基础设施亟待升级》，2013 年 12 月 6 日，http://www.rtsac.org/Html/2013_12_06/2_2645_2013_12_06_25159.html。

障。缅甸正积极建立社会保障体系。2012 年 6 月 25 日，由联合国儿童基金会与缅甸政府联合举办的缅甸社会保障会议在内比都开幕。时任缅甸总统吴登盛在开幕式上表示，缅甸欢迎国际社会在发展经济、消除贫困、提升社会保障水平等方面给予缅甸帮助。吴登盛表示，社会保障对于像缅甸这样的发展中国家来说是一个巨大挑战，但缅甸必须建立社会保障体系。缅甸非常需要包括联合国在内的国际组织、非政府组织提供帮助和支持。①

在建立社会保障法律制度、改善民生方面，联邦议会先后颁布了《劳工组织法》、《解决劳工纠纷法》、《残疾军人、因公牺牲军人及烈士家属抚恤优待法》、《社会福利法》、《最低工资法》、《职业与技能发展法》、《儿童早期培育与发展法》、《红十字会法》和《老年人法》等法律。

《劳工组织法》的颁布，结束了长期以来缅甸罢工活动受到严重限制的局面，从法律形式上保障了缅甸工人罢工的合法性。2012 年《社会福利法》旨在鼓励公民自愿投保，享受更多的社会安全保障和医疗保障，使工人享有医疗保险、无劳动能力保险、生育保险、伤亡保险、退休医疗保险、家庭资助保险、失业保险等相关权益。2013 年《最低工资法》规定成立国民委员会，其职责为制定国家级的最低工资政策；组建联邦委员会、省（邦）委员会，并赋予其研究、提供关于最低工资标准的相关建议的权力；审查相关调查材料，并制定关于最低工资标准的计划书。该法规定雇主不得为工人支付低于最低工资标准的工资，不得随意克扣工资。缅甸最低工资制定委员会规定，根据 2013 年《最低工资法》，自 2015 年 9 月 1 日起，全国不分地区和工种，最低工资标准统一为日薪 3600 缅元。

《儿童早期培育与发展法》规定，要全面发展儿童的德、智、体等各方面能力。发展全国托儿所、幼儿园、乡村基础教育、家庭基础教育，并为其提供相关知识与技能，以促进儿童健康成长。同时，通过与联合国、非政府组织联合，开办托儿所、幼儿园，以促进国家人力资源发展。2014 年 1 月，缅甸全国儿童权利委员会承诺将为确保该国儿童的权利做出努力。该

---

① 《缅甸欢迎国际社会协助其建立社会保障体系》，搜狐网，2012 年 6 月 25 日，http://news.sohu.com/20120625/n346463195.shtml。

委员会主席杜妙妙翁钦女士强调，政府一直在努力保障缅甸儿童的生存权，保障他们免受不良影响、免受虐待和剥削。[①] 2014 年 2 月 6 日，缅甸正式加入联合国儿童基金会的"加强营养行动"，以改善当地儿童营养不良的情况。2016 年 12 月颁布的《老年人法》规定，国家根据年龄层次划分老年人群体，并发放养老金，颁发老年证，为老年人提供方便的活动场所，鼓励老年人融入各种社会组织。缅甸政府从多个层面改善民生问题，以实现经济、社会的协调发展。

7. 成立反腐机构，颁布《反腐败法》，打造廉洁政府

缅甸是世界上贪污腐败最为严重的国家之一。在"透明国际"组织公布的 2012 年《贪污腐败印象指数》中，缅甸在全球 176 个国家和地区的廉洁程度中排倒数第五位（172）。[②] 2012 年 12 月底，吴登盛在发表全国讲话时严厉斥责高层官员，指责政府内部腐败猖獗、行贿受贿和效率低下，将拖累国内改革进程，明确提出将打击贪污腐败和提高政府效率作为政府工作的第三阶段战略。2013 年 1 月 8 日，吴登盛政府成立了 9 人制的反腐行动委员会，该委员会由副总统赛貌康博士担任主席，成员包括内政部部长、总统府及其他相关部门的领导。

2013 年 1 月，缅甸政府特别调查局对通信和信息技术部的一系列腐败案展开调查。1 月 16 日，缅甸官方电视台突然宣布缅甸通信和信息技术部部长吴登吞辞职。总部设在泰国北部的缅甸杂志《伊洛瓦底》披露内幕称，吴登吞由于拒绝下调手机 SIM 卡价格而被迫下台。报道称，缅甸总统吴登盛要求将手机的 SIM 卡价格下调，然而吴登吞表示反对，认为价格如果下降，通信和信息技术部将损失一半的基础设施投资。缅甸电信业目前仍由缅甸通信和信息技术部垄断，该部门主要由军政府时期的军人控制。[③] 此前，缅甸国内手机 SIM 卡价格曾高达 300 多万缅元，经过一系列

---

① 《缅甸承诺努力保障儿童权利》，国际在线，2014 年 1 月 22 日，http://news.163.com/14/0122/17/199J79HTBL00/45B5.html。

② 《缅甸成立首个反腐机构促改》，《东方早报》2013 年 1 月 10 日，http://www.ynxxb.com/content/2013 - 1/11/N20102404196。

③ 《缅甸开查电信腐败案》，新华网，2013 年 1 月 25 日，http://news.xinhuanet.com/world/2013 - 01/25/c_124279798.htm。

价格调控，2010 年 SIM 卡价格开始下降，但对大部分缅甸国民而言仍然是奢侈品。吴登吞拒绝下调手机 SIM 卡价格严重阻碍了国内电信业的发展，同时也暴露了缅甸电信业存在严重腐败问题。吴登盛政府对通信和信息技术部展开调查只是缅甸反腐败的第一步，表明其打击腐败的决心。在查处通信和信息技术部腐败的同时，新政府着手打破行业垄断，于 2013 年 5 月实施全国范围的电信招标，以消除滋生腐败的土壤。

2013 年 8 月 27 日，联邦议会通过了《反腐败法》。其目标为：将打击行贿受贿作为一项国家战略任务来实施；打造清廉政府，制定良好的行政制度；提升公共管理部门的声誉和责任心；保护国家资产、社会组织和公民的权利、利益不受行贿受贿的侵害；有效惩处行贿受贿罪犯；使法治和行政更加透明，通过吸引国内外投资来发展国家经济。该法规定组建委员会，由总统、人民院议长和民族院议长选择符合条件的 5 名委员，委员会向总统负责。委员会组建预审小组和调查小组，并督促两个小组调查行贿受贿案。在罪行处罚中，最重的刑罚为 15 年，并可处罚金。

缅甸腐败现象在政府部门中已根深蒂固。缅甸政府明确表示，将采取各种实际措施，努力达到《联合国反腐败公约》中所规定的相应标准。时任国家总统经济顾问苏乌博士于 2014 年 12 月 16 日至 17 日在内比都举行的东盟高级座谈会上表示，缅甸反腐败委员会将参考其他国家在反腐败工作中的经验、面临的挑战和困难，制定反腐措施。[1] 两届政府都重视反腐败问题，2014～2017 年，联邦议会修改了三次《反腐败法》。2018 年 1 月，缅甸重组反腐败委员会，并于 2018 年初宣布将启动"两年期计划"，以系统地打击腐败。查案方面，民盟强化对党员和政府官员的处理。过去两年民盟处理了 20 多名党员。政府层面反腐力度更大，民盟执政仅一年半，单林业局就惩处约 2000 名腐败官员。吴温敏总统上台后，更是加大反腐力度，查处对象小至实皆省副镇长吴登佐乌等基层官员，大至食品与药物监督管理局局长吴丹图、计划与财政部部长吴觉温等高官，甚至对涉贪腐的法官

---

① 《缅甸将研究如何开展反腐工作》，2014 年 12 月 18 日，http://www.mhwmm.com/Ch/News-View.asp?ID=8332。

和律师也严惩不贷。①

四　法制建设存在的不足及未来发展趋势

（一）法制建设存在的不足

任何政府的改革都需要一个循序渐进的过程，不可能在短时期内解决所有问题。自 2011 年政治转型以来，缅甸的法制建设虽然取得了一定的成效，但仍存在不足，主要体现在以下几个方面。

1. 议员缺乏民主实践的经验，议会内部缺少研究、分析立法事项的专家，导致缺乏统一的法律体系

联邦议会的立法过程受到立法者本身经验缺乏以及机制缺陷的制约。立法者对民主实践几乎毫无经验，也鲜有来自机构的支持。议会代表们既没有办公室或办公人员的协助，也没有政策和研究机构的帮助，再加上委员会内部也缺少可以对立法事项进行研究和分析的专家，因此要进行有效而有力的立法是很难的。② 联邦议会过度关注立法和立法职能，近几年，许多新法律匆匆被议会通过，他们希望尽快废除英国殖民时期的法律，然而，这将减缓法制建设的进程。此外，行政控制立法议程，尤其是许多法律的起草并未经过法律起草委员会，而是由政府部门的特别顾问执行。因此，法律体系缺乏统一性。

吴登盛政府上台后制定或修订的法律数量较多，有的法律短时间内修改频繁，如 2012 年 2 月 24 日，联邦议会颁布《街区和村组行政管理法》，仅一个月后，联邦议会于 3 月 28 日颁布了《街区和村组行政管理法修正案》；《人民院选举法》《民族院选举法》《省或邦议会选举法》分别修改了四次。频繁修改法律会影响法律的公信力，容易导致法无常态、民不知法、政不依法的后果。此外，有的法律法规存在内容陈旧、规定宽泛、可操作

---

① 宋清润、张添：《民盟执政后的缅甸政治发展与挑战》，《当代世界》2018 年第 7 期。
② 《并非橡皮图章：缅甸转型时期的议会》，2013 年 12 月 13 日，http：//www.crisisgroup.org/en/regions/asia/south-east-asia/myanmar/b142 – not-a-rubber-stamp-myanmar-s-legislature-in-a-time-of-transition. aspx？alt_lang = zh-CN。

性不强的问题。

2. 司法与立法部门缺乏协调，军方力量仍未全部退出司法领域，难以实现真正的司法公正

独立的司法部门对建立法制至关重要。司法部门仍然是新政府机构的"短板"，这既是一个结构性问题，也是军人政权数十年来滥用司法权力的结果。在结构方面，与大部分国家，包括美国的司法体系不同，缅甸首席大法官与法院系统分离，这两个部门在改革上互不配合。立法的机构和执法的法院没有良好的合作，很难实现法治化。此外，新成立的宪法法院难以独立做出裁决，成为行政和立法部门相互竞争的牺牲品。这些机构的割裂性给发展司法公正、建立法制增添了困难。① 军方力量仍未全部退出司法领域，缅甸政府任命退役军官在联邦最高法院任职。按 2008 年宪法第三百零一条对联邦最高法院法官资格的规定，联邦最高法院法官应至少担任省、邦法院法官满 5 年，或者在省、邦级以上的司法机构任职满 10 年，或者从事律师职业满 20 年，或者被总统认为是著名的有声望的法律专家。退役军官只符合第四项"被总统认为是著名的有声望的法律专家"。未具备法律专业知识的退役军官到司法部门任职，势必会对司法领域造成破坏，很难实现司法的透明与公正。

2015 年 9 月中旬，缅甸律师在仰光和曼德勒市佩戴黄丝带抗议退役军官在司法部门任职，反对缅甸"司法军事化"。亚洲人权委员会也发表声明，呼吁缅甸结束将军官任命为法官的做法。

缺乏司法公正容易导致一系列社会问题，如腐败问题、民族和宗教问题、农民土地与赔偿问题等，从而使公众对司法机关失去信任。2015 年《缅甸亚洲民主动态调查》显示，缅甸军队、警察和司法不受信任。与其他地区和国家相比，缅甸军方的信任度最低，只有 46%，越南、柬埔寨、印度尼西亚和泰国分别为 94%、89%、84% 和 71%；缅甸警察的信任度只有 28%，越南为 87%，菲律宾为 56%，印度尼西亚为 64%，泰国为 59%，柬埔寨为 73%；缅甸司法部门信任度也很低，为 32%，越南为 78%、菲律宾

---

① 普莉西拉·克莱普，苏珊娜·迪马乔：《维系缅甸转型：十大关键挑战》，《东南亚南亚研究》2013 年第 3 期，第 31 页。

为 45%、印度尼西亚为 51%、泰国为 61%、柬埔寨为 62%。此外，在关于司法机构是否监督国家领导人的调查中，47% 的受访者表示"没有"，31% 的表示"有"。这意味着他们几乎不信任法院和司法部门。① 与军政府时期相比，缅甸在完善司法管理体制和司法权力运行机制方面取得了一定的进步，但目前司法系统仍然在政府管控之下。因此，缅甸在保证公正司法，提高司法公信力的道路上仍任重道远。

3. 律师未能充分发挥其在社会改革进程中的影响和作用

律师制度对司法公正具有制度性的保障作用，律师在构建法律秩序、保证社会公正以及维护民主人权的过程中扮演着非常重要的角色。2011 年以来，吴登盛和昂山素季都强调法治对缅甸发展的重要性，缅甸律师业也取得了一定的进展。如律师职业更具独立性，当局减少了对律师在诉讼程序中的干扰、恐吓和迫害行为。但律师业的发展仍面临重重困难，在涉及敏感政治和刑事案件中，国家和安全机构会施加不当的压力。另外，长期以来存在的一系列问题制约了律师业的发展，包括落后的法律教育体系、对律师执业证的限制、律师执业权利未受保障等。

律师在保障公民权利及帮助公民排除不法侵害方面负有重要职责，律师应受到尊重和保护。然而，由于长期的法治缺位、政治压迫和腐败，缅甸律师的司法地位、社会地位低，导致律师职业素质普遍较低，执业风险较大，公民权益未能获得充分的保障，司法公正得不到维护，阻碍了法治进程。

4. 缺乏对民众的普法宣传及教育，全民法律意识普遍较低

法律知识的普及和法制观念的培养是加强民主法制建设的一项基础工程。只有加强法制宣传教育，才能在全社会牢固树立法律面前人人平等的观念、维护法律权威的观念，才能使公民懂法、守法、用法、护法，推动社会管理走上法治化的轨道。当前，缅甸法制宣传教育工作还存在很多问题。亚洲基金会 2014 年的缅甸调查显示，民众缺乏对联邦议会及省、邦议会立法功能的认识。全国只有 15% 的受访者表示知道联邦议会为立法机构，

---

① "Myanmar Has the Lowest Level of Trust in Military, Police and Courts: ABS", http://www. elevenmyanmar. com/politics/myanmar-has-lowest-level-trust-military-police-and-courts-abs.

这一数据因受访地区不同而有所差异。如克钦邦18%的受访者知道缅甸的立法机构，而克耶邦只有1%，孟邦为2%。①

普法教育工作薄弱，导致缅甸民众特别是边远农村民众因不知法而犯法。2015年8月31日，缅甸联邦议会通过了《一夫一妻制法》，该法规定，依据法律、宗教信仰或风俗习惯，已结婚的公民不得重婚或非法同居，违法者将被判处7年以下有期徒刑，并可处罚金。由于不知该法，在颁布该法的18天后，一名37岁的男子在已婚的情况下与另一位女子同居，面临被判处7年以下有期徒刑的刑罚。因此，缅甸政府应把法制教育纳入国民教育体系，健全普法宣传教育机制，提高全民法制意识。

5. 人权改善未获实质性成效，某些法律针对特定种族制定，可能会加剧种族间紧张形势

2011年以来，缅甸在改善人权、实现民主转型道路上迈出了一大步，但是并未获得实质性成效，罗兴亚人的身份未获法律保护，处境堪忧。缅甸原军政府于2010年引入"白卡"制度，让罗兴亚人和其他少数民族居民在大选中投票，吴登盛也一直致力于推动联邦议会通过"白卡"持有人投票权法案。然而，由于僧人们不满"白卡"持有人投票权法案等同于让非公民融入国家，宪法法院撤销了持"白卡"的罗兴亚人在宪法公投中的投票权。联合国缅甸人权特使李亮喜于2015年3月9日发布报告称，缅甸政府在改革道路上"开倒车"，没有信守承诺保护人权，恐惧、猜忌和敌视正在缅甸国内不断蔓延，使整个国家陷入冲突纷乱之中。

2015年5月19日，联邦议会颁布了《人口控制保健法》，8月26日，通过了《佛教徒女性特殊婚姻法》和《转变宗教信仰法》，8月31日颁布了《一夫一妻制法》。《人口控制保健法》要求女性在生育之后隔3年才能再次生育；《佛教徒女性特殊婚姻法》和《转变宗教信仰法》分别对女信徒申请结婚和改换宗教信仰程序做出规定；《一夫一妻制法》对重婚者或已婚后与他人同居者处以重刑，该法案的颁布，使缅甸原实行一夫多妻制的占

---

① The Asia Foundation，"MYANMAR 2014：Civic Knowledge and Values in a Changing Society"，December，2014，https://asiafoundation.org/wp-content/uploads/2014/12/Myanmar-2014_survey.pdf，p.33.

缅甸人口总数5%的穆斯林必须遵守本法。昂山素季领导的民盟对一夫一妻制法案投了反对票，民盟发言人称担心相关法案侵犯人权。有评论称，这四部法律的目的在于进一步强化世俗佛教徒的道德品行。相关规定侵犯了妇女的生育权，损害了穆斯林族群权益，宗教色彩十分浓厚。多个妇女权益团体和国际人权组织也对这套法案提出了异议。人权观察组织认为，这套法律带有显著的种族歧视倾向，这种违宪行为不会得到国际社会的认可。

（二）未来发展趋势

从总体上看，2011年3月政治转型以来，缅甸有了一个比军政府时期更加完善的立法系统，法制建设效果显著，数量可观，但远未达到最佳状态，还须继续努力改进。2015年11月6日，在即将迎来2015年大选之际，时任缅甸总统吴登盛明确表示，政府和军方将会尊重自由公平选举的结果，呼吁各方合作，确保大选后社会稳定和平稳过渡。8日，缅甸举行了被认为是该国25年来最为自由和广泛的选举，也是缅甸自2011年逐步民主化以来的首次大选。此次大选共邀请了1000多名国际观察员和近万名国内观察员，在全国范围进行监督。9日下午，缅甸选举委员会公布首批计票结果，民盟赢得70%以上的选票，执政党——巩发党承认败给昂山素季领导的民盟。实际上，无论哪个政党获胜，缅甸民主改革的脚步都不会停止，只是速度和效果会有所不同。昂山素季自2012年4月出任人民院法治和稳定委员会主席起，一直强调要解决国内问题，必须建立法制。民盟对此前联邦议会通过的一些涉及侵犯人权的法案投了反对票，表明昂山素季及其领导的民盟是真正想通过加强法制建设来解决缅甸国内民主、民生、经济等诸多问题。

与吴登盛政府时期大规模颁布法律相比，民盟政府目前显得比较低调和谨慎，更强调严肃党内议员的纪律和提高其素质。民盟将会进一步推进法制建设，解决经济、民主、宗教及腐败等问题。2018年1月，联邦最高法院宣布了《司法战略计划（2018—2022）》，由此可看出民盟执政后加强法制建设，为实现民主化国家提供制度保障的决心。此外，现任总统吴温敏曾从事律师工作，精通法律，曾任人民院议长，他的专业表现令人称赞，相信作为法律专业人士的吴温敏总统将对缅甸未来的法制建设产生积极作用。但目前缅甸还需要一批具有精深法律专业知识的立法人员，加强立法权力的机构化和职业化，提高效率。同时，强化与媒体及公众的联系，推动议会立法程序的透明化，从而推进民主法制建设。

结　语

缅甸自政治转型以来，两届政府都致力于通过法制建设推进民主转型、政治改革和经济发展。吴登盛曾在全国广播电视讲话中表示，其领导的政府在过去 30 个月的主要工作是努力为法制建设、建立和平生活环境和促进社会经济发展打下民主改革的基础。剩余 30 个月的工作将重点放在满足民生的基本需求，努力使经济社会条件得到明显改善。特别注重改善农业生产、电力及信息制度等问题，创造更多就业机会，继续实施以教育和卫生工作为主的改革。回顾其 5 年的执政成效，应给予肯定。民盟执政两年来，除依据法律严厉打击腐败外，还废除了两部侵犯人权的、具有镇压性的法律。"民主、自由、法治"是缅甸新政府及缅甸民众热切希望实现的目标，法制建设是民主政治建设的关键所在，民主政治的转型要以现代法制建设为前提。

2011 年以来，缅甸新政府组建议会，重新建立司法机构，颁布了一系列法律法规，为缅甸的政治、经济和社会发展提供了法律依据，民众获得了一定的政治民主和自由，社会更加开放，经济得到发展。

附 录

B.10　缅甸可持续发展计划
（2018—2030）

缅甸联邦共和国计划与财政部*　　彭丽颖　张泽亮　杨舒淇 译**

前　言

《缅甸可持续发展计划》（MSDP）表达了我们国家的发展愿景———一个在全球可持续发展议程中找到共鸣的愿景。目前，缅甸制定了非常多的部门级、部委级、次国家级、次部门级的计划，但是只有当所有这些计划都统合在同一个国家战略之下时，缅甸才会迎来真正的发展。《缅甸可持续发展计划》就是这样一个战略，为所有部门和省邦间的协调与合作提供一个总体框架，其目标是为一个民主、和平与繁荣的缅甸奠定基础。

和平与稳定是《缅甸可持续发展计划》的三大支柱之一，也是维持和

---

*　本计划由缅甸政府于2018年8月颁布。

**　彭丽颖，云南大学国际关系研究院2017级硕士研究生，主要研究方向为缅甸政治文化；张泽亮、杨舒淇，云南大学国际关系研究院2018级硕士研究生，主要研究方向为缅甸政治经济。

平的基础。而且，公平的和可持续的发展能够促进和平与稳定。在《缅甸可持续发展计划》的指导下，我们将能协调平衡多个领域的发展。按照新方法，对所有职能部委和省邦的重大项目进行审查和调整，使之与《缅甸可持续发展计划》保持战略性一致。此外，还应设立项目银行，促进这些项目高效地、透明地实施。

目前，项目的选择主要取决于预算。虽然预算很重要，但是选择国家真正需要的项目并优先实施更重要。我们应该选择和实施那些能为国民带来最大利益的项目。总之，国家项目的选择与设计应兼顾整体需求和国家福利。国家的规划（包括已实施的项目）都应特别注重发展的可持续性和协调合作。如果我们要满足自己的目标以及国家的需求，那么我们所有人都必须在思想上和行动上保持战略性。

在努力实现《缅甸可持续发展计划》目标的过程中，我们热烈欢迎所有朋友的支持。私营部门的企业家精神与人民的活力对我们而言至关重要，因为它们是实现包容性可持续发展的重要动力。

我邀请全体人民，根据这个战略计划，携手合作，努力实现自己的全部潜力，共同为一个多元化和繁荣的国家创造更加光明的未来。

国务资政
昂山素季

缅甸可持续发展计划

缅甸是东南亚地区内陆面积最大的陆路国家，拥有5300万人口，位于中国与印度之间，地理位置重要。东南亚是世界上发展最快的地区之一，缅甸的政治、经济和地理在该地区发挥了十分重要的作用。在过去的近60年里，缅甸一直处于孤立、封闭的状态，如今，缅甸正处于民主转型的关键时期，面临许多机遇和挑战。近年来，缅甸的经济快速增长，成为世界上发展最快的经济体之一。但是，周期性发展不平衡的问题出现了，需要我们警惕并且实施反通货膨胀和其他反周期性经济政策。现在，缅甸正处于史上最低通货膨胀率时期，财政金融稳定，外债水平在该地区最低。

随着缅甸的开放，投资和贸易大幅增长。我们依据自身对区域和全球的义务和自由主义原则已经调整并将继续调整贸易政策。同样的，我们调整了投资政策，旨在确保所有投资者能够公平地竞争，并在缅甸创造一个友好的、有利的、可预测的投资环境。

在金融领域，缅甸促进贸易和投资，手机移动金融服务的出现更使该领域的"后来者"获得明显的优势。因为移动金融服务不仅迎合了已开通银行账户人口的需求，还极大地扩展了对迄今"未开通银行账户者"的金融包容。与此同时，在该行业内部也发生了变化——使用安全的在线系统进行实时结算和证券交易，并逐步实施《巴塞尔协定》等国际审慎银行条例。

随着经济的快速发展，缅甸政府更加重视政治和经济稳定——政治方面是和平与民族和解，经济方面是强有力的宏观经济管理和良好的治理。尽管在改革过程中基础设施建设非常重要，但是缅甸政府坚持遵循审慎的财政原则，将财政赤字维持在国内生产总值（GDP）的5%以下，同时努力减少对中央银行贷款的依赖。

缅甸政府一直鼓励公平、包容的私营部门发展（真正可靠的增长引擎），并通过公私合作（PPP）的方式发展基础设施项目，促进私营部门的发展。缅甸政府鼓励国有企业转型为非预算单位，再转变为法人单位，并最终与私营部门联系在一起。因为缅甸政府更注重其自身的监管角色而非企业经营者的角色。在这方面，缅甸政府认识到要大力提升能力建设水平，以取得实际成果。缅甸政府努力在经济和社会发展、环境保护和可持续发展之间达到平衡。缅甸政府还寻求通过强化各种形式的人身安全来保障全体人民的安全，并通过硬件设施和软件设施发展并举的方式，来减少农村与城市人口在进入市场，获取信息、技术、金融、教育、基础设施和医疗等公共服务方面的差距。

缅甸政府致力于在全国范围内减轻贫困，不仅通过刺激经济增长来解决贫困问题，还制定了全面的政策。经过不懈努力，贫困人口占全国总人口的比例已经从2005年的近1/3下降到2009年的1/4，到2015年则下降到了20%以下。但是，城乡差距依旧明显——2015年，农村贫困率高达23%，城市贫困率仅为9%。虽然减贫和其他诸多领域一样，依然任重道远，但是随着贫困人口的稳步减少，缅甸应对经济冲击的能力已经有所提高。

人口迁徙对农村发展和减少贫困发挥了重要作用，因此缅甸政府努力拓展合法、便利、优惠且安全的迁徙渠道。这样，不仅移民本人，他们在农村的家人和社区也能从中受益。

概　述

《缅甸可持续发展计划》创造了一个长远的愿景——一个民主、繁荣和和平的国家。为使政策与机制协调一致以实现真正包容的转型期经济增长，《缅甸可持续发展计划》重振改革、推进大胆行动。

《缅甸可持续发展计划》是缅甸多个机构、个人以及无数利益攸关方积极协商后的产物，是为解决发展问题提供切实可行途径的活文件，它也在最大程度上为缅甸人民提供机会，展现他们作为个体和公民的全部潜力。

《缅甸可持续发展计划》最大限度地利用现有的行业和专门计划、政策以及目前正在起草的方案。在这方面，《缅甸可持续发展计划》旨在提供一个全面的政府发展框架，使这些现有的战略文件连贯起来，并确保它们以符合国家发展大局的优先次序来实施。因此，《缅甸可持续发展计划》是现有计划和优先项目的集成和升华。此外，《缅甸可持续发展计划》将其行动计划与全球可持续发展（SDG）目标相结合，使地区发展需求符合全球可持续发展议程。

另外，与以往战略不同的是，《缅甸可持续发展计划》旨在通过公共机构、非营利部门以及私营部门之间的协同努力来实现其目标。我们国家的公民社会、社区、其他基层组织和网络充满活力，他们的不懈努力和热情工作将是成功实施《缅甸可持续发展计划》的关键。

《缅甸可持续发展计划》中的有些行动计划只需几个月就能完成，有些却需要花费好几年的时间。同样，随着一些行动计划的完成，还会有别的行动计划出现并被优先考虑，这将反映在之后的《缅甸可持续发展计划》修正案里。

跨领域主题

平等与包容

缅甸政府致力于创造"双重红利"，即投资妇女和青年，带来人口和民主双丰收。这样做有利于创造一个有利的环境，使我们的人口中有更多的人能够为国家的繁荣做贡献。正是由于这些原因，有关青年、性别赋权、平等和包容的问题应被视为跨领域的问题，并被纳入《缅甸可持续发展计划》执行的方方面面。

可持续发展的形式

丰富的自然资源在给缅甸带来了诸多好处的同时也带来了风险。缅甸政府意识到，缅甸的自然环境是缅甸社会、文化、经济可持续发展的基础。因此，缅甸政府承诺使国家的发展框架符合环境的可持续性原则，即系统地将环境因素纳入政策和项目的设计和实施过程中。

《缅甸可持续发展计划》基于这样一个理念：如果没有良好的环境治理，快速的经济发展就会加剧环境问题，如砍伐森林、红树林损失、非法贩卖野生动物、非法开采矿物、空气和水污染、垃圾增加和气候变化。

缅甸特别容易受到气候变化的威胁，发生过诸如沿海风暴、洪水和干旱等自然灾害。我们国家的发展战略必须对这些自然灾害更加敏锐，使我们的社会、经济和文化生活尽可能不受气候变化的影响。

如上所述，缅甸政府致力于实现可持续发展目标，是为了确保经济、社会、环境协调发展。正是因为如此，可持续发展的所有形式才会是跨领域的，才能贯穿于《缅甸可持续发展计划》实施的方方面面。我们将利用《2030年可持续发展议程》的时间表来指导缅甸实现可持续发展目标。

防止冲突的方法

缅甸走上了民族和解和实现全国和平的道路，《缅甸可持续发展计划》

的各方面都推动着缅甸在这条道路上前进。考虑到发展对和平进程可能产生的潜在影响，我们要求所有的利益攸关方参与所有倡议的设计、实施、管理和监督的过程，应防止产生冲突。正是由于这些原因，保持冲突敏感性和防止冲突的方法也同样应该被纳入《缅甸可持续发展计划》实施的方方面面。

民主原则

《缅甸可持续发展计划》内所有战略和行动计划的基础是认识到国家的民主政体带来经济红利。毋庸置疑，民主带来的结果是人类历史上已知的最强大的经济增长引擎。民主以个人权利和自由为基础，民主制度及其附属制度激励、允许人们自发解决问题，促进技术进步和按需提供公共服务，扩大选择范围和创造机会。简言之，民主和重视个人权利与法治既是政策的最终目标，又是缅甸摆脱贫困、实现国家繁荣的工具。正是由于这些原因，自由民主的准则和原则也应被纳入《缅甸可持续发展计划》执行的所有方面。

框架

《缅甸可持续发展计划》包含 3 个支柱、5 个目标、28 个战略和 251 个行动计划。它们和可持续发展目标、12 项国家经济政策、大湄公河次区域（GMS）战略框架下的各种区域性义务以及东盟经济共同体（AEC）等倡议保持一致。

表一：缅甸可持续发展计划总框架

一个和平、繁荣和民主的缅甸

目标 1 和平、民族和解、 安全与善治	目标 2 经济稳定和 强有力的宏 观经济管理	目标 3 创造由就业和 私营部门主 导的经济增长	目标 4 21 世纪 人力资源与 社会发展	目标 5 以自然资源和 环境为基础的 国家繁荣
支柱 1 和平与稳定		支柱 2 繁荣与伙伴关系	支柱 3 人类与地球	

5 个目标都发展出相应的战略，每个战略下又对应详细的行动计划。行动计划是跨领域性质的，因此要成功落实行动计划就需要广泛利益攸关者的参与，包括各类部委和行政部门。

行动计划需要通过完成各种各样的项目、工程和活动来取得进展。因此，每个行动计划都需要负责任的利益攸关方之间强有力的协作，以确保取得成功的进展。行动计划还最大限度地将现有计划和战略涵盖其中。这些支柱、目标、战略和行动计划结合起来形成了《缅甸可持续发展计划》实施矩阵。

缅甸经济政策①

《缅甸经济政策》于 2016 年 7 月启动，包含指导缅甸经济和社会发展的总体框架。《缅甸可持续发展计划》与这个《缅甸经济政策》的框架完全一致。

愿景

《缅甸经济政策》以人为中心，旨在实现包容性和持续性发展。它旨在建立一个支持民族和解的经济框架，其基础是可持续的自然资源在国家各省邦之间公正平衡地调动与分配。

目标

1. 支持民族和解和建立一个统一的民主联邦。
2. 实现各省邦经济平衡发展。
3. 为培养有能力、有技能的新一代创造机会，以实现国家利益。
4. 通过全体公民的参与、创新和努力，建立一个能够促进积极发展并维持发展成果的经济体制。

政策

1. 通过透明和有效的公共财政管理来扩大我们的财政资源。

---

① 缅甸经济政策又称"12 项国家经济政策"。——译者注

2. 改进国有企业的经营，将有改革潜力的国有企业私有化，同时促进和扶持中小型企业成为就业和增长的发动机。

3. 培养现代发达经济体所需的人力资源，改善和扩大职业教育与培训。

4. 优先快速发展最基本的经济基础设施建设，如发电厂、道路和港口、建立身份证数据系统、数字政府战略和电子政务系统。

5. 为包括回国人员在内的所有公民创造就业机会，并在短期内给予创造许多就业机会的经济企业更高的地位。

6. 建立一个平衡农业和工业，支持农业、畜牧业和工业部门整体发展的经济模式，以实现国家全面发展、粮食安全和出口增长。

7. 维护个人自主追求经济机会的权利，使私营部门的增长符合市场经济体制；制定具体的政策吸引外商投资；加强产权和法治。

8. 通过建立支持家庭、农民和企业长期可持续发展的金融体系来实现金融稳定。

9. 建设环境可持续的城市，提升公共服务和公共事业发展水平，扩大公共空间，并更加努力地保护我们的文化遗产。

10. 建立公平、有效的税收制度，通过制定法律法规来增加政府收入，保护个人权利。

11. 建立技术体系和程序以支持知识产权，鼓励创新和发展先进技术。

12. 评估东盟和其他地区变化中和发展中的营商环境，使我们自己的企业能够利用潜在的机会。

战略与行动计划

支柱 1： 和平与稳定

实现持久和平是缅甸迈向包容的可持续发展过程不可或缺的一部分。但是，《缅甸可持续发展计划》认识到，要实现公正和可持续的和平就要求同时解决政治和经济方面的问题。

从支柱 1 我们认识到，冲突的产生和延续是由于群体之间的不信任，缺乏透明、负责任的公共机构来表达和处理民众的不满，将民众排除在决策进程之外，以及资源分配不均、宏观经济不稳定和应对冲击的脆弱性导致民众普遍感到社会不公。它同样认识到，要实现并维护持久的和平就要增强国力来确保安全和稳定、在集团之间公平分配资源、加强法治、使各群体具有成立一个政治的联邦的共同愿景和一个稳健的宏观经济环境。

基于这些认识，《缅甸可持续发展计划》在思考和回应脆弱群体所面临的具体挑战时，制定了针对缅甸和平与民族和解的具体战略。这些脆弱群体包括但不限于儿童、青年、妇女、老年人、少数民族和其他受武装冲突和族群冲突影响的群体。

目标 1： 和平、 民族和解、 安全与善治

目标 1 集中于政治方面——实现和巩固全国和平与稳定。目标 1 认识到，开放、包容和管理良好的机构，遵循法治，尊重人权和在社会经济发展和服务条款中运用包容的和冲突敏感的方法（尤其是在边缘化和脆弱的群体中）作为通向信任、社会团结乃至和平的桥梁，发挥着重要的作用。子行动计划是标准政策发展和执行过程的一部分，它通过提供一个明确的框架来支持一个更高效、更现代、更透明的公共部门与所有利益攸关群体展开持续的实质性对话。

指导文件：
- 《2017—2020 年缅甸公务员改革战略行动计划》
- 《2018 年缅甸国家药物管制政策》
- 《2018—2022 年司法战略计划》
- 《2015—2019 年法治战略计划》
- 《2014—2018 年缅甸选举委员会战略计划》

战略 1.1： 维护并进一步促进全国和平

缅甸是一个多民族的社会，长期处于不同少数民族武装组织（EAOs）与政府军之间的内战。近年来，这些组织中的许多已经成为《全国停火协议》（NCA）的签约方。尽管最近在扩大《全国停火协议》的范围方面取得了一些成功，但是要使其余的非签约方都签署《全国停火协议》依然任重

道远。

随着联邦和平大会——21 世纪彬龙会议在 2016 年举行，缅甸开启了一个包容的政治对话框架，使和平进程中的所有利益攸关者都可以朝着建立一个民主联邦的共同愿景迈进。这种政治对话的继续和扩大将促进缔结一项《联邦和平协议》的进程，以便每个遭受 60 多年武装冲突影响的人都能够享受到和平带来的红利。

缅甸社会和硬件基础设施不发达、公共机构公信力不足和限制公共服务进入缅甸许多受冲突影响的地区，对缅甸政府的减贫工作和追求全面、可持续发展的努力构成了严峻的挑战。

除非实现持久的全国和平，否则要使《缅甸可持续发展计划》中所描述的发展措施真正到达那些受冲突影响的、最脆弱的地区将相当困难。

已确定的行动计划具有最高优先权——没有这些计划，其他战略和行动计划就会被否定。这些行动计划对于确保受冲突影响最严重地区的人能够积极地参与和平进程至关重要，这些人包括但不限于妇女、青年和因武装冲突而流离失所的人。

我们已经确定了以下行动计划来实现这一战略。

参考号	行动计划	战略成果	相关机构	12 项国家经济政策	相关的可持续发展目标（SDG）
支柱 1	和平与稳定				
目标 1	和平、民族和解、安全与善治				
战略 1.1	维护并进一步促进全国和平				
1.1.1	举行联邦和平大会——21 世纪彬龙会议	巩固和平进程	民族和解与和平中心，联邦和平对话联合委员会，国务资政府部，省邦政府	目标 1	SDG 16.1
1.1.2	在国家层面和次国家层面，与所有利益攸关方开展政治对话	更加包容和可持续的和平对话与和平进程	民族和解与和平中心，联邦和平对话联合委员会，国务资政府部，省邦政府	目标 1	SDG 16.1

参考号	行动计划	战略成果	相关机构	12 项国家经济政策	相关的可持续发展目标（SDG）
1.1.3	进一步将未签署《全国停火协议》的少数民族武装组织纳入和平进程，并朝签署《全国停火协议》的方向努力；此外，还须增加其他利益攸关方的参与，并明确他们的具体角色和职责	更加包容和可持续的和平对话与和平进程	民族和解与和平中心，联邦和平对话联合委员会，国务资政府部，省邦政府	目标 1	SDG 16.1
1.1.4	确保国家在和平进程中的所有权和主导权	更加包容和可持续的和平对话与和平进程	民族和解与和平中心，联邦和平对话联合委员会，国务资政府部，省邦政府	目标 1	SDG 16.7
1.1.5	争取至少有 30% 的女性参与政治对话	更加包容和可持续的和平对话与和平进程	民族和解与和平中心，联邦和平对话联合委员会，国务资政府部，省邦政府	目标 1	SDG 16.7
1.1.6	基于政治对话的成果，就建立一个联邦制民主国家的重要原则达成一致	更加包容和可持续的和平对话与和平进程	民族和解与和平中心，联邦和平对话联合委员会，国务资政府部，省邦政府	目标 1	SDG 16.1 SDG 16.6
1.1.7	遵循并执行《全国停火协议》的条款	更加包容和可持续的和平对话与和平进程	民族和解与和平中心，联邦和平对话联合委员会，国务资政府部，省邦政府	目标 1	SDG 16.1

战略 1.2： 促进所有省邦地区社会经济平等、 冲突敏感的发展

和平与发展须携手并进，因为持久的和平离不开包容的发展，持续的发展也离不开包容的和平。因此，努力实现真正的转型经济增长与努力维

持和促进持久、广泛、包容的国家和平必须同时进行。

同样的，财政联邦制的关键原则必须在《缅甸可持续发展计划》的框架下和宪法的范围内得到充分执行。这些关键原则包括在缅甸各省邦之间保持支付和财政转移平衡，以及地方分权的自然资源管理。

通过加强与现有少数民族服务供应商和当地社区的合作，提供基本的基础设施、公共服务和互联互通设施。基础设施优先项目在这个语境下包括教育和医疗服务，电力、电信联通和连接市场、主要城市的道路。缅甸政府坚定地认为，通过协商和充分接触少数民族的领导人和社区，使用透明、负责任的社区反馈机制，可以加强社会凝聚力。

地方力量参与边远少数民族地区的基础设施建设，为提高农业和其他产业的生产力、培养民众的所有权意识和伙伴意识奠定了坚实的基础。

此外，确保在社会与经济发展的过程中运用冲突敏感方法，并重点关注那些最脆弱和最边远的地区，将有助于良好地管理和减轻不平等加剧或造成损害的危险。它还将激发创新和帮助扩大接触金融、市场、技术和信息的途径，进一步增加生活的选择。

已经确定了以下行动计划来实现这一战略。

参考号	行动计划	战略成果	相关机构	12 项国家经济政策	相关的可持续发展目标（SDG）
支柱 1	和平与稳定				
目标 1	和平、民族和解、安全与善治				
战略 1.2	促进所有省邦地区社会经济平等、冲突敏感的发展				
1.2.1	下放发展项目和发展活动的管理权，尤其是在冲突后和受冲突影响的地区，能够加强社会凝聚力。例如，发展国内流离失所者安置计划来促进流离失所的民众安全、自愿和有尊严地返回	将决策权授予当地的行政机构，在发生过冲突的地区进行社会经济战后重建时，促进社会凝聚力并提供有效的服务	计划与财政部，内政部，农业、畜牧和灌溉部，劳工、移民与人口部，少数民族事务部，省邦政府	经济政策 5，经济政策 6	SDG 16.6 SDG 16.7

续表

参考号	行动计划	战略成果	相关机构	12 项国家经济政策	相关的可持续发展目标（SDG）
1.2.2	制订和实施次国家层面的社会经济发展计划和资源调配计划	在次国家层面有效地提供公共服务	所有的职能部委，省邦政府	经济政策 4，经济政策 6	SDG 10.1 SDG 16.6
1.2.3	优先促进经历冲突后和受冲突影响地区的包容性增长和创造就业	平衡各省邦地区的经济发展（经济政策，目标 2）	计划与财政部，商务部，建设部，劳工、移民与人口部，工业部，农业、畜牧和灌溉部，少数民族事务部	经济政策 4，经济政策 5，经济政策 6，经济政策 7	SDG 8.3 SDG 10.1 SDG 16.6
1.2.4	促进缅甸具有人口中心和增长中心的落后地区的社会、经济和设施联通	平衡各省邦地区的经济发展（经济政策，目标 2）	计划与财政部，内政部，交通与通信部，建设部，劳工、移民与人口部，农业、畜牧和灌溉部，电力与能源部，省邦政府	经济政策 4，经济政策 5	SDG 10.1
1.2.5	提高政府间财政转移至省邦地区的效率和分配公平，增强次国家层面国家公共机构的财政能力	平衡各省邦地区的经济发展（经济政策，目标 2）	计划与财政部，内政部，省邦政府	经济政策 1	SDG 10.1
1.2.6	充分实施若开邦顾问委员会提交的最终报告中所提出的建议	促进若开邦社会经济的发展	计划与财政部，内政部，若开邦政府，若开邦人道主义援助、安置和发展企业联盟，若开邦问题建议执行委员会	经济政策 4，经济政策 5，经济政策 6	无
1.2.7	充分执行貌多地区调查委员会和其他军方或安全性调查机构提出的建议	促进貌多地区社会经济的发展	计划与财政部，内政部，若开邦政府，若开邦人道主义援助、安置与发展计划委员会，若开邦问题建议执行委员会	经济政策 4，经济政策 5，经济政策 6	无

参考号	行动计划	战略成果	相关机构	12 项国家经济政策	相关的可持续发展目标（SDG）
1. 2. 8	优先审查和通过受冲突影响的省邦的发展援助和投资项目	平衡各省邦地区的经济发展（经济政策，目标2）	发展援助协调小组，计划与财政部，缅甸投资委员会	经济政策4，经济政策7	SDG 10. 1

战略1.3：　促进获得正义的机会、个人权利和遵守法制

法治是巩固民主治理的根本原则。在缅甸，法治的缺陷给我们的人民，特别是那些贫穷和脆弱的人民，带来了沉重的负担，并为实现持久的和平、稳定和可持续发展的其他目标造成了制度障碍。

在执行这项战略时，《缅甸可持续发展计划》力求使法律更加透明和更具协商性，以产生符合全体人民利益的法律，公平公正地管理国家，尊重人权，禁止歧视，使任何人都不能凌驾于法律之上，任何人都可以平等地受益于法律的管理。

要做到这一点，我们的法庭必须独立，审判必须公开公正，还必须采取措施加强社区一级的法治，使人们的生活免受不公正的影响。在这方面，缅甸政府注意到公民社会组织在促进正义和法治方面所发挥的重要作用和在提高公众互信和公民意识上所做出的贡献。

我们还将采取措施，提高执法机构的能力，保障个人安全，尤其是保障脆弱群体的安全。通过使用新的和创新的方法，如社区警务和其他跨国合作，来提高执法能力。为此，我们将进一步采取措施预防犯罪，包括采取先进的措施减轻毒品的危害，摧毁犯罪网络，以保护社区和家庭的社会资本。

同样极其重要的是，我们采取具体步骤将法治带到受冲突影响的地区，保障发展的努力能够以基于权利的方式有效开展。

我们已经确定了以下行动计划来实现这一战略。

参考号	行动计划	战略成果	相关机构	12项国家经济政策	相关的可持续发展目标（SDG）
支柱1	和平与稳定				
目标1	和平、民族和解、安全与善治				
战略1.3	促进获得正义的机会、个人权利和遵守法制				
1.3.1	提高修订、审查、起草、实施和执行协议和法律的效率和效力	保护个人的合法权益与国家利益	联邦总检察长办公室，联邦最高法院，所有的职能部委	经济政策7	SDG 16.3
1.3.2	审查现行法律援助体系；制定一项能够涵盖更多受益人的法律援助政策	保护个人的合法权益与国家利益	联邦总检察长办公室，法律援助联盟委员会	经济政策7	SDG 16.3
1.3.3	在刑事检控中加强遵守公平审判的标准	提高公众对司法系统的信任和信心	联邦总检察长办公室	经济政策7	SDG 16.4
1.3.4	确保更好地理解和获得正义与法治，包括个人权利、正当的法律程序和法律服务	提高公众对司法系统的信任和信心	联邦总检察长办公室，教育部	经济政策7	SDG 16.5
1.3.5	发展一个强健、独立的律师公会，改革律师公会法	提高公众对司法系统的信任和信心	联邦总检察长办公室	经济政策7	SDG 16.6
1.3.6	提高司法和司法机构的独立性、效力和行政能力，同时确保其专业性、问责制和正直	保护个人的合法权益与国家利益	联邦总检察长办公室，联邦最高法院	经济政策7	SDG 16.7
1.3.7	制定全面的司法部门改革战略	保护个人的合法权益与国家利益	联邦总检察长办公室，联邦法制中心与司法事务部门协调机构	经济政策7	SDG 16.8
1.3.8	支持安全部门有效地履行为人民服务和保障社区乃至全国范围内的和平与安全的职责	保护个人的合法权益与国家利益	内政部	经济政策7	SDG 16.9

战略 1.4： 加强善治、 提高制度绩效和各级行政决策的效率

要充分实施《缅甸可持续发展计划》，同时达到高水平的行政和制度绩效，只有通过加强各级政府机制，并实施支持服务有效交付的透明、负责的制度，才有可能实现。缅甸政府认识到，改善政策的制定、加强政策的实施（通过改善治理机制）、强化制度绩效管理和监督体系都是实现善治的关键因素。而且，缅甸政府必须形成一个中央平台，如此任何长期的发展进程都能获得坚实的基础。所以，与时俱进的、现代化的、明确的规章、政策和程序，以及更有效的权威代表将促进制度能力的发展。

随着电子政务系统的引入，以及通过在线软件来实现信息共享、决策和批准，制度绩效将进一步提高。在公务员人力资源发展方面的强劲投资和引进新的公共部门管理方法也会促进制度能力的发展。《缅甸可持续发展计划》强调加强公共服务和引入新的公共部门管理方法。透明度、问责制和完整性也应作为推动提高体制绩效最重要的因素。

已经确定了以下行动计划来实现这一战略。

参考号	行动计划	战略成果	相关机构	12 项国家经济政策	相关的可持续发展目标（SDG）
支柱 1	和平与稳定				
目标 1	和平、民族和解、安全与善治				
战略 1.4	加强善治、提高制度绩效和各级行政决策的效率				
1.4.1	按照需求不断地修订、标准化和升级公务员条例、程序、行为规范、补偿和津贴，以为公共部门雇用和职业升级创造新的、创新包容的方法	加强公共部门的整体性和问责制	联邦公务员委员会	无	SDG 2 SDG 16.6

参考号	行动计划	战略成果	相关机构	12 项国家经济政策	相关的可持续发展目标（SDG）
1.4.2	将议会的监督作为标准预算、计划和审计流程的一部分，提高公共部门的透明度，建立问责制度	提高政府的透明度、可预测性和问责制	计划与财政部，联邦议会，审计长，反腐委员会	无	SDG 16.6
1.4.3	通过使用政府对企业（G2B）和政府对消费者（G2C）的在线电子政务服务，使公共部门的服务交付更加深入社区	增强公共服务的交付能力	省邦政府，区行政办公室	经济政策 4	SDG 9.c SDG 16.6
1.4.4	不断地修订、标准化和升级相关法律，并实施新的倡议来促使政府更加高效、负责和透明	增强公共服务的交付能力	联邦总检察长办公室，反腐委员会	无	SDG 16.6
1.4.5	修订和强化与反腐相关的立法、实施措施和政策，包括加强申诉和举报机制	加强公共部门的整体性和问责制建设	反腐委员会	无	SDG 16.5

战略 1.5： 增强全民参与政府决策的能力

一个充满活力的公共领域是加强公众参与和影响政策对话的一个基本先决条件，尤其是那些关于解决个人、社区和国家面临的关键问题的政策对话。缅甸政府的有效沟通能力不仅对我们民主的健康至关重要，而且对解决公众的不满和减轻公共紧张和民事冲突的风险也很重要。因此，必须通过使用现代通信战略和技术（包括电子手段）来加强各级政府间、少数民族内部、各民族之间和所有其他利益攸关者之间的接触和更深的了解。

已经确定了以下行动计划来实现这一战略。

参考号	行动计划	战略成果	相关机构	12 项国家经济政策	相关的可持续发展目标（SDG）
支柱 1	和平与稳定				
目标 1	和平、民族和解、安全与善治				
战略 1.5	增强全民参与政府决策的能力				
1.5.1	加强公民参与和公众咨询程序，尊重各级决策	决策更具包容性、参与性和代表性	所有的职能部委、地方政府，省邦政府	经济政策 1	SDG 16.7
1.5.2	加强公共部门的沟通能力，以促进产生更有效的政策对话和反馈机制	提高政务流程的透明度、可预测性，建立问责制	信息部，计划与财政部	经济政策 3	SDG 16.7 SDG 16.10
1.5.3	改善公民获取信息的渠道并使其合法化，扩大公民对预算、立法、战略计划、政策、统计和其他公共权威部门掌握的关键资料的获取渠道	提高政务流程的透明度、可预测性，建立问责制	所有的职能部委	经济政策 1	SDG 16.7 SDG 16.10
1.5.4	以各级政府的参与过程为基础，加强规划与实践的包容性	决策更具包容性、参与性和代表性	所有的职能部委，省邦政府	经济政策 1	SDG 16.7
1.5.5	促进各级文化和语言的多元化，通过立法保护个人和团体的言论自由	决策更具包容性、参与性和代表性	教育部，少数民族事务部	经济政策 3	SDG 16.7
1.5.6	在国家和次国家层面建立一个标准化的、透明的和竞争性的招标制度以规范政府采购	决策更具包容性、参与性和代表性	少数民族事务部，劳工、移民与人口部，边境事务部	经济政策 1	无
1.5.7	将公平、包容和性别赋权置于各部门、各级发展战略和政策的中心	决策更具包容性、参与性和代表性	所有的职能部委，省邦政府	无	SDG 5.1 SDG 16.7

目标 2： 经济稳定和强有力的宏观经济管理

目标 2 强调经济方面，有助于宏观经济的持续稳定，是实现和平、安全和许多其他可持续发展目标不可缺少的先决条件。目标 2 优先建立适当的财政、货币和汇率政策，改善缅甸的国际收支状况，并将通货膨胀保持在合理范围内。此外，在这个目标下的宏观经济战略包括调动一切必要的资源来发展经济，加强公共财政管理，提高国有企业的效率和竞争力。各附属的行动计划同样旨在加强宏观经济管理，确保国家的整体稳定。

指导文件：

- 《2017/18—2021/22 财年国内收入部门改革之旅：中期收入》
- 《缅甸中期债务管理战略》

战略 2.1： 有效管理汇率和国际收支平衡

汇率波动大不利于出口增长、外国直接投资的流入和整体经济的增长。同样的，国际收支中的持续赤字可能会产生有害的结果，同时暴露经济内部的结构性问题。随着美联储（United States Federal Reserve）以及其他国家宽松的货币政策从 2015 年后期开始逐步紧缩，缅币大幅贬值。这种模式在随后的全球货币紧缩浪潮中反复出现，但是也有国内因素的推动。其中一个重要的因素就是，缅甸的通货膨胀率相对较高，通货膨胀率在 2015 年后期升至两位数。此外，经常账户（current account）赤字增加和外国投资流入放缓，导致国际收支（BOP）逆差。

缅甸中央银行（CBM）曾多次试图控制局势，但由于外汇资源有限，货币政策执行渠道受限，汇率不稳定和国际收支逆差持续存在。这是可以理解的，因为要解决国际收支不平衡的问题，通常需要对宏观经济管理进行大胆的结构性调整，而不是单纯的技术改进。最近，缅甸中央银行启动了一系列政策措施，包括引入以市场为基础的参考汇率，以有效管理汇率。如果这些政策措施和其他雄心勃勃的改革一同实施，如建立非正式的汇款制度，将明显有助于促进宏观经济发展。

已经确定了以下行动计划来实现这一战略。

参考号	行动计划	战略成果	相关机构	12 项国家经济政策	相关的可持续发展目标（SDG）
支柱 1	和平与稳定				
目标 2	经济稳定和强有力的宏观经济管理				
战略 2.1	有效管理汇率和国际收支平衡				
2.1.1	允许缅币自由浮动以应对市场供求变化	汇率更加以市场为导向	缅甸中央银行	经济政策 8	无
2.1.2	确保汇率更灵活，因为缅甸中央银行从外汇竞拍转移至以银行间交易为基础的机制来设定参考汇率	使缅甸中央银行的参考汇率与市场汇率保持一致	缅甸中央银行	经济政策 8	无
2.1.3	稳定大幅波动的汇率	汇率的波动幅度最小化	缅甸中央银行	经济政策 8	无
2.1.4	建立汇率干预机制	稳定冲击造成的汇率异常波动	缅甸中央银行	经济政策 8	无
2.1.5	利用货币政策和财政政策减轻通货膨胀	稳定通货膨胀将有助于稳定波动大的汇率	缅甸中央银行，计划与财政部	经济政策 8	无
2.1.6	通过集中缅甸中央银行的外汇储备，促使外汇管理更有效	在必要的时候，缅甸中央银行能够进行更有效的干预	缅甸中央银行	经济政策 8	无
2.1.7	允许授权的外国银行向国内借款人提供缅币和外币贷款，以及与当地机构进行银行间借贷	稳定外汇供给与需求	缅甸中央银行	经济政策 8	SDG 8.1
2.1.8	发展货币掉期拍卖市场，使外国银行和国内银行在办理银行间外币业务时能够更便利地将外汇交易的风险和不确定性降到最低	更易满足地方银行对外币的需求	缅甸中央银行	经济政策 8	无

参考号	行动计划	战略成果	相关机构	12 项国家经济政策	相关的可持续发展目标（SDG）
2.1.9	建立一种机制，使政府所有的外汇收入都流入缅甸中央银行的国家外汇储备，而不是流入其他的国有银行	累积外汇储备	缅甸中央银行，计划与财政部	经济政策 8	无
2.1.10	使 hunti（一种印度汇款方式）和类似的非正式汇款系统正式化	有潜力进行生产性投资的战略部门能够吸收汇款，同时管理货币升值的风险	缅甸中央银行，计划与财政部	经济政策 8	无

战略 2.2： 降低通货膨胀率并保持货币稳定

通货膨胀率与汇率的稳定，尤其是名义汇率，密切相关。因此，缅币的实际有效汇率（REER）在很大程度上是相当稳定的，但名义有效汇率（NEER）有时大幅贬值，特别是在通货膨胀率相对较高的时期。

必须通过稳定通货膨胀率来维持货币的稳定。尽管目前缅甸缺乏二级债券市场，限制了货币政策的工具，但是必须努力发展金融市场，以实现货币政策的目标。这些市场包括但不限于银行间市场和回购协议（REPO）市场，缅甸中央银行需要银行间市场和回购市场来更有效地进行公开市场操作（OMO）。一旦市场成熟，各种必要的机构到位，就可以部署其他机制，如确定利率和储备货币。

已经确定了以下行动计划来实现这一战略。

参考号	行动计划	战略成果	相关机构	12 项国家经济政策	相关的可持续发展目标（SDG）
支柱 1	和平与稳定				
目标 2	经济稳定和强有力的宏观经济管理				
战略 2.2	降低通货膨胀率并保持货币稳定				

续表

参考号	行动计划	战略成果	相关机构	12 项国家 经济政策	相关的可 持续发展 目标（SDG）
2.2.1	以持续稳健的货币政策来稳定通货膨胀率并确保经济增长与稳定之间的平衡	通货膨胀率稳定	缅甸中央银行	经济政策 8	SDG 8.1
2.2.2	继续举行存款拍卖（deposit auction）	市场流动过剩的货币被吸收	缅甸中央银行	经济政策 8	SDG 8.2
2.2.3	对能够灵活应对季节效应的银行继续下达储蓄要求指示	控制信贷增长以稳定通货膨胀率	缅甸中央银行	经济政策 8	SDG 8.3
2.2.4	加强国债拍卖，促进公众对债券、票据业务等同类产品的了解	缅甸中央银行的融资将会减少，通货膨胀率将稳定	缅甸中央银行	经济政策 8	SDG 8.4
2.2.5	获取足够的预算在拍卖会上支付更高的利息，使拍卖更有效	国债的收益将更符合市场规律	计划与财政部	经济政策 8	SDG 8.5
2.2.6	发展银行间货币市场，并最终根据借款人的信用级别放开银行利率	满足银行对流动性的需求	缅甸中央银行	经济政策 8	SDG 8.6
2.2.7	通过发展债券回购协议市场，缅甸中央银行可以利用公开市场操作，包括回购协议拍卖等，吸收市场内过剩的流动性	缅甸中央银行将能够利用这个渠道吸收银行的过剩流动性以稳定通货膨胀率	缅甸中央银行	经济政策 8	SDG 8.7
2.2.8	将缅甸中央银行的融资减少至极低的水平	稳定通货膨胀率	缅甸中央银行	经济政策 1，经济政策 8	SDG 8.8
2.2.9	加强对国际收支冲击的吸收能力，建立外汇储备以达到更有利的国际收支地位	经济能够更加灵活地应对冲击	缅甸中央银行	经济政策 8	SDG 8.9

战略2.3：通过公平、高效、透明的税收制度增加国内税收收入

目前，缅甸的税收收入约占 GDP 的 8%，是东盟地区最低的。缅甸政府必须获得显著增加的税收，才能为国家的社会经济发展和减贫提供资金。增加税收需要改良的和专业的税务管理，税务管理还须高度诚信和职权明晰，以评估、征收税款和管理免税。这项工作还需要一个法律框架鼓励纳税人履行他们的纳税义务，并广泛运用现代技术使纳税人容易在网上报税和纳税。

《缅甸可持续发展计划》将通过创造一个有利的环境来优先改善缅甸的税收征管制度。在这些环境中，税法逐步现代化，税收体系变得更加透明，腐败问题也得以解决。《缅甸可持续发展计划》还将重点投资信息技术，通过各种渠道加大税收教育。显然，有效的税收征收也将有助于减少目前的财政赤字。

已经确定了以下行动计划来实现这一战略。

参考号	行动计划	战略成果	相关机构	12 项国家经济政策	相关的可持续发展目标（SDG）
支柱 1	和平与稳定				
目标 2	经济稳定和强有力的宏观经济管理				
战略 2.3	通过公平、高效、透明的税收制度增加国内税收收入				
2.3.1	改革国家税务处（IRD）和其他相关机构的结构和治理机制，建立以职能为基础的部门组织来妥善管理针对不同群体和纳税人的税收体系	更有效地征税	计划与财政部	经济政策 10	SDG 17.1
2.3.2	在全国范围内普及电子支付系统	纳税更方便	缅甸中央银行	经济政策 4，经济政策 10	SDG 17.1
2.3.3	采用新的信息技术系统来处理注册、信息加工、会计和案例工作	更有效地征税	计划与财政部	经济政策 10	SDG 17.1

参考号	行动计划	战略成果	相关机构	12项国家经济政策	相关的可持续发展目标（SDG）
2.3.4	发展现代税法，包括新《税收征管法》、新《所得税法》和新《增值税法》	税收收入将会更高	计划与财政部	经济政策10	SDG 17.1
2.3.5	引入反腐败和应对逃税的措施，以维护税收制度的信誉。具体措施包括扩大内部审计的重点和建立一个内部事务小组	更有效地征税	计划与财政部	经济政策10	SDG 16.5
2.3.6	将自我评估系统安装至中层纳税人办公室	更便利地纳税	计划与财政部	经济政策10	SDG 17.1
2.3.7	实施以风险为基础的税务管理方法——利用合规改进战略来指导纳税人服务的管理和战略的执行	更有效地征税	计划与财政部	经济政策10	SDG 17.1
2.3.8	简化税务流程以反映良好的国际实践，并使现代科技所提供的机遇最大化	更便利、更有效地征、纳税	计划与财政部	经济政策10	SDG 17.1
2.3.9	通过提供对职员角色和责任的明确预期、相关培训和现代工作实践，包括有效的绩效管理，来培养国家税务处员工的能力	更有效地征税	计划与财政部	经济政策10	SDG 17.1

战略 2.4： 加强公共财政管理以支持稳定、 有效地分配公共资源

在缅甸的公共财政管理系统现代化的同时，加强有关机构的能力使公共服务更加高效、负责和透明，响应更迅速。为此，在国家和地方层面都需要基于事实的公共财政管理改革、强有力的战略执行和制度绩效管理/监测系统。此外，还需要重新审查公共财政管理的整体结构，以反映我国朝着更加分权化的治理体制前进，符合民主联邦的设想。

从强化收入分配机制，包括从采掘行业产生的收入，到支持各省邦地区税收公平分配；从加强对负责缅甸核心公共财政管理职能的主要机构的授权，到加强公共财政管理软件和硬件两方面的架构；缅甸的公共财政管理路线图尽管雄心勃勃，却可以实现。

与此同时，一边保持积极的改良势头，一边培养社会责任文化，使公共财政管理改革能够更灵活地应对政治变革也非常关键。因此，要采取重要步骤加强缅甸公共财政管理系统的外部监督，建立整体责任制，包括向公众提供更多的预算资料和在其他措施中运用性别反应法（gender-responsive approaches）。

已经确定了以下行动计划来实现这一战略。

参考号	行动计划	战略成果	相关机构	12 项国家经济政策	相关的可持续发展目标（SDG）
支柱 1	和平与稳定				
目标 2	经济稳定和强有力的宏观经济管理				
战略 2.4	加强公共财政管理以支持稳定、有效地分配公共资源				
2.4.1	大幅提高整体预算的透明度，包括继续出版《公民预算》，汇报年度税收支出和其他方面的支出	公共财政管理强大而透明（经济政策 1）	计划与财政部	经济政策 1	SDG 16.6
2.4.2	实施公众支出审查制度	公共财政管理强大而透明（经济政策 1）	计划与财政部	经济政策 1	SDG 16.6

参考号	行动计划	战略成果	相关机构	12 项国家经济政策	相关的可持续发展目标（SDG）
2.4.3	强化审慎的财政，减少赤字	公共财政管理强大而透明（经济政策1）	计划与财政部	经济政策1	SDG 16.6
2.4.4	加强对预算提案和削减不必要开支的审查和监督	公共财政管理强大而透明（经济政策1）	计划与财政部	经济政策1	SDG 16.6
2.4.5	提高国家和次国家层面公共财政管理的能力，包括对国家主导的战略基础设施规划、投资，以及相关收入和资产管理的规定	公共财政管理强大而透明（经济政策1）	计划与财政部，所有的省邦政府	经济政策1	SDG 16.6
2.4.6	鼓励更多、更广泛的公众参与各级预算的制定过程	公共财政管理强大而透明（经济政策1）	计划与财政部	经济政策1	SDG 16.6
2.4.7	将促进两性平等的预算编制纳入各级预算，以确保预算结构有助于解决性别不平等的问题	公共财政管理强大而透明（经济政策1）	计划与财政部，社会福利与救济安置部	经济政策1	SDG 16.6
2.4.8	引入收入分配机制，包括开采行业产生的收入，以促使各省邦间税收分配更公平	公共财政管理强大而透明（经济政策1）	计划与财政部，所有的省邦政府	经济政策1	SDG 16.6

战略 2.5： 提高国有企业的效率和竞争力

《缅甸可持续发展计划》认识到私营部门是缅甸经济增长和创造就业机会的主要引擎。《缅甸可持续发展计划》把基于市场的解决方案列为优先事项，对于国有企业而言，我们的改革战略是对其他战略的补充，旨在发展和提高私营部门在经济中的作用。2018 年，少数仍在继续运营的国有企业是政府的重要收入来源。然而，由于多年来利润下降和运营成本增加，许多国有企业成了财政负担。因此，改进对国有企业的治理将成为调动财政资源和释放国家经济潜力的关键。

由于国有企业在角色、责任和商业价值上的异质性，根据功能和分类，制定细致的改革议程非常关键，例如，监管型国有企业与业务型国有企业的角色和责任就截然不同。因此，缅甸政府计划根据职能重新划分它们并进行改革，改革它们的融资方式使它们的管理和运作专业化，加强监督和透明度，并酌情将资产进行均衡化或私有化，以改善缅甸的经济表现。

已经确定了以下行动计划来实现这一战略。

参考号	行动计划	战略成果	相关机构	12 项国家经济政策	相关的可持续发展目标（SDG）
支柱 1	和平与稳定				
目标 2	经济稳定和强有力的宏观经济管理				
战略 2.5	提高国有企业的效率和竞争力				
2.5.1	基于对现存国有企业的全面审查和评估，制定一个全国性的国有企业政策	国有企业基于商业原则，独立、透明、负责任地运营	计划与财政部	经济政策 2	SDG 8.3
2.5.2	将那些在竞争性市场中运营的国有企业公司化、商业化、重组，或者在适当情况下私有化	国有企业基于商业原则，独立、透明、负责任地运营	计划与财政部	经济政策 3	SDG 8.3
2.5.3	确定那些可以部分或完全股份制化的国有企业并确定其潜在的战略伙伴	国有企业基于商业原则，独立、透明、负责任地运营	计划与财政部	经济政策 4	SDG 8.3
2.5.4	规范国有企业的财务报告体系，并向公众发布国有企业的财务数据	国有企业基于商业原则，独立、透明、负责任地运营	计划与财政部	经济政策 5	SDG 8.3
2.5.5	为国有企业的员工制定具有竞争力的薪酬方案，提高国有企业的竞争力	国有企业基于商业原则，独立、透明、负责任地运营	计划与财政部	经济政策 6	SDG 8.3

支柱 2： 繁荣与伙伴关系

加强国家繁荣的同时，扩大和深化与所有利益攸关方的伙伴关系，特别是私营部门，将是达到缅甸需要的和能承担的经济增长水平的关键。这样的增长将带来更多的经济机会，并促进缅甸进一步朝着实现广泛基础的经济发展目标迈进。

目标 3： 创造由就业和私营部门主导的经济增长

目标 3 的重点是创造优质就业和拓展成为环境意识和社会责任型经济增长引擎的私营部门。

《缅甸可持续发展计划》旨在提高缅甸的就业数量和质量。因此，目标 3 之下的战略承认政府在改善有利环境以刺激外国投资和国内投资、增加进入金融业的机会、加强现有的伙伴关系和与全球和区域社区建立新联系方面发挥着关键作用。

鉴于目前的经济结构，农业和中小型企业部门被优先列为创造就业的重要源泉。缅甸政府将与这些部门一道，推动制造业、工业和服务业领域的创造、创新作用，目的是为即将到来的数字经济做准备，进一步创造高质量的工作并诱发经济结构转型。

整个工作的重点在于确保创造就业和劳动力市场的包容、公平，特别注意增加妇女和其他脆弱群体参与体面、安全和高质量工作的机会。已经制订了附属行动计划以补充目标 1 下的战略和行动计划，所有的这些计划都致力于实现各省邦社会经济平等发展。

指导文件：

《2018/19—2022/23 财年缅甸农业发展战略》

《2015—2019 年国家出口战略》

《2014—2020 年缅甸金融包容性路线图》

《2016 年缅甸工业政策》

《私营部门发展框架和行动计划》

《2016 年农村道路和通道国家战略》

《2015 年中小型企业政策》

《2016 年缅甸国家运输总计划》

战略3.1：以包容的农业、水产业和混养/种实践为减轻农村地区贫穷的基础，创造一个支持多样化和生产性经济的有利环境

在缅甸，70%的农村人口是直接或间接依赖农业生活的，缅甸的经济也高度依赖农业。因此，提高农业的生产力将大大有助于为许多贫困人口创造就业机会和体面的经济生活。

私营部门深入参与农业，为价值链的各个阶段创造就业机会。从种植、收获、畜牧到增值加工，所有这些都需要有意愿和有能力的工人，其中很多工人是国内移民。

然而，缅甸的生产力仍然低于区域平均水平。缅甸需要解决农业领域的结构性和系统性限制，以保持竞争力。由于在资金、技术投入和市场准入方面缺乏足够的支持，生产成本高和收益损失大，削弱了缅甸在国内和区域参与农业价值链和在价值链上移的能力。

已经确定了以下行动计划来实现这一战略。

参考号	行动计划	战略成果	相关机构	12 项国家经济政策	相关的可持续发展目标（SDG）
支柱 2	繁荣与伙伴关系				
目标 3	创造由就业和私营部门主导的经济增长				
战略 3.1	以包容的农业、水产业和混养/种实践为减轻农村地区贫穷的基础，创造一个支持多样化和生产性经济的有利环境				
3.1.1	调整和发展农业、水产业和食品行业的教育和培训，以应对农民和农村私营领域不断变化的需求	生产力和农民的收入提高	劳工、移民与人口部，农业、畜牧和灌溉部，教育部	经济政策 3，经济政策 5，经济政策 6	SDG 2.3
3.1.2	加强灌溉及排水服务，支持更高效和更可持续的水管理系统	生产力和农民的收入提高	农业、畜牧和灌溉部，自然资源与环境保护部	经济政策 4，经济政策 6	SDG 2.3，SDG 2.4，SDG 6.4，SDG 6.5

续表

参考号	行动计划	战略成果	相关机构	12 项国家经济政策	相关的可持续发展目标（SDG）
3.1.3	创造市场条件，为农业、水产业和混养/种产业，以及机械化带来更多的投资	生产力和农民的收入提高	农业、畜牧和灌溉部，自然资源与环境保护部，劳工、移民与人口部	经济政策 5，经济政策 6	SDG 2.3
3.1.4	加强农村家庭的土地使用权、财产权和相关的执法能力	提高负责农业发展的机构的管理能力	农业、畜牧和灌溉部，劳工、移民与人口部，内政部，自然资源与环境保护部	经济政策 5，经济政策 6	SDG 1.4 SDG 5.a
3.1.5	改善获取市场情报和其他关键数据的途径，以支持生产者和消费者做出更明智的决策	市场联系和市场竞争力增强	劳工、移民与人口部，商务部	经济政策 5，经济政策 6	SDG 2.3 SDG 2.c
3.1.6	发展市场和物流基础设施，以促进农业、水产业和混养/种产业的生产力，增强其价值链	市场联系和市场竞争力增强	农业、畜牧和灌溉部，劳工、移民与人口部，内政部，计划与财政部，建设部，商务部	经济政策 5，经济政策 6	SDG 2.3
3.1.7	完善农业投资方面的法规，促进外国投资者进入农业、水产业和混养/种产业	市场联系和市场竞争力增强	农业、畜牧和灌溉部，商务部，计划与财政部，缅甸投资委员会	经济政策 5，经济政策 6	SDG 2.3 SDG 2.a
3.1.8	使农村社区有能力、有权力发起本土化的、包容的和协商性的发展倡议	市场联系和市场竞争力增强	农业、畜牧和灌溉部，劳工、移民与人口部，内政部，计划与财政部	经济政策 5，经济政策 6	SDG 16.6 SDG 16.7
3.1.9	避免农村社区陷于极端的天气灾害，尤其是在灾害易发地区，具体措施包括支持发展应对自然灾害的农村基础设施	生产力和农民的收入提高	农业、畜牧和灌溉部，计划与财政部，建设部，自然资源与环境保护部	经济政策 5，经济政策 6	SDG 1.5 SDG 2.4 SDG 9.1 SDG 13.1

续表

参考号	行动计划	战略成果	相关机构	12 项国家经济政策	相关的可持续发展目标（SDG）
3.1.10	促进形成一个农民可以自由地种植、生产和贸易的有利环境	生产力和农民的收入提高	农业、畜牧和灌溉部，劳工、移民与人口部，计划与财政部，内政部	经济政策5，经济政策6，经济政策7	SDG 2.3
3.1.11	提高食品安全标准以保护人类健康，并从农业、水产业、畜牧业和相关出口中获得更大的价值	市场联系和市场竞争力增强	农业、畜牧和灌溉部，商务部，计划与财政部	经济政策5，经济政策6，经济政策7	SDG 2.3
3.1.12	改善监管环境以促进金融产品、风险管理工具和应对农村人口特殊需求的战略的发展	生产力和农民的收入提高	农业、畜牧和灌溉部，商务部，计划与财政部	经济政策5，经济政策6，经济政策7	SDG 2.3
3.1.13	发展应对特定情况和需求的各级农业发展计划	市场联系和竞争力增强	农业、畜牧和灌溉部，商务部，计划与财政部	经济政策5，经济政策6，经济政策7	SDG 2.3

战略3.2：支持工业和服务业创造就业，尤其是通过发展中小型企业的方式

缅甸中小型企业的发展不仅对由私营部门主导的经济增长有重要贡献，而且对持续、广泛地创造就业至关重要。然而，在缅甸，中小型企业的发展受到诸多阻碍，包括有限的融资机会、市场准入、土地使用权的安全、技术和信息准入，以及许多其他障碍。因此，中小型企业的发展，包括中小型产业，被认为是《缅甸可持续发展计划》的政策重点。

已经确定了以下行动计划来实现这一战略。

参考号	行动计划	战略成果	相关机构	12 项国家经济政策	相关的可持续发展目标（SDG）
支柱 2	繁荣与伙伴关系				
目标 3	创造由就业与私营部门主导的经济增长				
战略 3.2	支持工业和服务业创造就业，尤其是通过发展中小型企业的方式				
3.2.1	使私营部门的参与者自由地选择和管理他们的业务，同时鼓励生产者使生产扩大化和多样化、获得的收益最优化	法律法规框架为业务活动提供一个明确而稳定的基础，并被平等、透明地应用于各地（私营部门发展行动计划，支柱 1）	计划与财政部，工业部，农业、畜牧和灌溉部，劳工、移民与人口部，商务部	经济政策 2，经济政策 3	SDG 12.6
3.2.2	加强公司与市场之间的联系，尤其是农村地区	强劲的环境促进可持续贸易和投资增长（私营部门发展行动计划，支柱 3）；增强中小型企业在地方、次国家和地区发展中的作用（MTP-AF 支柱 4）	计划与财政部，工业部，农业、畜牧和灌溉部，劳工、移民与人口部，缅甸工商联合会	经济政策 2	无
3.2.3	引入和实施与工作场所安全有关的条例和保护法，包括一切形式的包容和不歧视，以及同工同酬	我们的人民享有安全和公平的工作环境（提高女性地位的国家战略计划）	计划与财政部，工业部，社会福利与救济安置部，农业、畜牧和灌溉部，劳工、移民与人口部，缅甸工商联合会	无	无
3.2.4	使中小型企业和中小型产业增加使用环境友好型及资源高效型的基础设施、器械、设备及其他技术和工业流程	增强中小型企业在地方、次国家和区域发展中的作用（协调贸易援助资源动员和运送的中期计划，支柱 4）	计划与财政部，工业部，农业、畜牧和灌溉部，劳工、移民与人口部，缅甸工商联合会	经济政策 2，经济政策 3，经济政策 4，经济政策 5	SDG 8.2 SDG 8.3 SDG 9.3 SDG 9.4 SDG 12.6 SDG 12.a

续表

参考号	行动计划	战略成果	相关机构	12项国家经济政策	相关的可持续发展目标（SDG）
3.2.5	支持成立包容性商业和行业协会、代表企业主的组织和商会	加强中小型企业在地方、次国家和区域发展方面的作用（协调贸易援助资源动员和运送的中期计划，支柱4）；强劲的环境促进可持续贸易和投资增长（私营部门发展行动计划，支柱3）	农业、畜牧和灌溉部，缅甸妇女委员会，缅甸工商联合会，工业部，劳工、移民与人口部	经济政策2，经济政策5	SDG 2.3 SDG 8.3 SDG 8.5
3.2.6	制定合适的激励措施，鼓励中小型企业、中小型产业和外国公司在不牺牲创收能力的情况下投资缅甸企业（无论是在财务方面，还是在技术转让方面）	增强中小型企业在地方、次国家和区域发展中的作用（协调贸易援助资源动员和运送的中期计划，支柱4）	商务部，计划与财政部，工业部，农业、畜牧和灌溉部，缅甸投资委员会	经济政策2	SDG 1. b SDG 8.3
3.2.7	消除各集团所面临的正式和非正式的文化障碍和结构障碍，以提高私营部门的参与率，并扩大参与私营部门所享有的公平的利益	我们的人民享有安全和公平的工作环境（提高女性地位的国家战略计划）	农业、畜牧和灌溉部，工业部，缅甸工商联合会，劳工、移民与人口部，缅甸妇女委员会，社会福利与救济安置部	经济政策2，经济政策5	SDG 2.3 SDG 8.3 SDG 8.5
3.2.8	鼓励优质、透明和有竞争力的公私合作，以确保通过提高运作效率来提供更优质的公共服务	创建强健的公私合作项目，为政府提供了一种采购所需基础设施服务和实现物有所值（VFM）的方法（私营部门发展行动计划，支柱4）	计划与财政部，缅甸中央银行，自然资源与环境保护部，工业部，劳工、移民与人口部，农业、畜牧和灌溉部，商务部，建设部		SDG 17.17

战略3.3：提供一个安全、有利的投资环境，从而降低营商成本、增强投资者的信心并提高效率

近年来，缅甸出台了《投资法》和《经济特区法》。这两个法律包括税收优惠、保障性的投资保护条例和某些其他特权。但是，缅甸政府认识到除了明确的法律法规之外，在广泛的范围内创造有利的、可预测的、便利的和友好的投资环境很重要。《缅甸可持续发展计划》认识到，要实现这一点需要政府各部门更好地协作、明确的标准操作程序、便利的一站式服务和单一窗口服务——这些都得益于信息技术的应用。

我们已经确定了以下行动计划来实现这一战略。

参考号	行动计划	战略成果	相关机构	12项国家经济政策	相关的可持续发展目标（SDG）
支柱2	繁荣与伙伴关系				
目标3	创造由就业与私营部门主导的经济增长				
战略3.3	提供一个安全、有利的投资环境，从而降低营商成本、增强投资者的信心并提高效率				
3.3.1	确保系统地、可预测地和透明地实施规则、程序、通知、命令、指示和许可证	营商环境的透明度、可预测性和质量得到改善（私营部门发展行动计划，支柱3）	计划与财政部，缅甸投资委员会，工业部，商务部	经济政策7	SDG 8.3 SDG 16.6
3.3.2	开发精简高效的标准操作程序以提供投资者需要公营部门提供的所有服务	营商环境的透明度、可预测性和质量得到改善（私营部门发展行动计划，支柱3）	缅甸投资委员会，计划与财政部	经济政策7	SDG 8.3 SDG 16.6
3.3.3	加强争端解决机制，例如使用观察员和争端替代机制	更有效地实施和执行法律；更好的争端解决机制（私营部门发展行动计划，支柱1）	缅甸投资委员会，计划与财政部	经济政策7	SDG 8.3 SDG 16.6

续表

参考号	行动计划	战略成果	相关机构	12 项国家经济政策	相关的可持续发展目标（SDG）
3.3.4	改进并实施公司治理（包括国有企业），强化公开原则、加强审计和会计标准，引入改进的监管和执行措施以促使企业运营更透明、更道德	强劲的环境促进可持续贸易和投资增长（私营部门发展行动计划，支柱 3）	计划与财政部，缅甸投资委员会，缅甸中央银行	经济政策 7	SDG 16.5 SDG 16.6
3.3.5	改善行政程序以减少中小型企业和中小型产业的合规负担和交易成本	法律和法规框架为业务活动提供一个明确而稳定的基础，并被平等、透明地应用于各地（私营部门发展行动计划，支柱 1）	计划与财政部，缅甸投资委员会，商务部，工业部	经济政策 4，经济政策 7	SDG 8.3 SDG 16.5 SDG 16.6
3.3.6	消除阻碍外国直接投资的限制性政策，包括对某些部门或行业使用的外国直接投资限额	强劲的环境促进可持续贸易和投资增长（私营部门发展行动计划，支柱 3）	商务部，计划与财政部，缅甸投资委员会，缅甸中央银行	经济政策 7	SDG 17.3 SDG 17.5
3.3.7	基于战略计划来发展经济特区和工业区，这样的战略计划须考虑到所有经济、社会和环境方面，以及相关社区的看法	法律和法规框架为业务活动提供一个明确而稳定的基础，并被平等、透明地应用于各地（私营部门发展行动计划，支柱 1）	计划与财政部，内部部，工业部，劳工、移民与人口部，建设部，商务部	经济政策 2，经济政策 5，经济政策 7	SDG 8.3
3.3.8	制定并实施《公司法》和《竞争法》	法律和法规框架为业务活动提供一个明确而稳定的基础，并被平等、透明地应用于各地（私营部门发展行动计划，支柱 1）	缅甸投资委员会，商务部，计划与财政部	经济政策 2，经济政策 7	SDG 8.3 SDG 16.5 SDG 16.6

参考号	行动计划	战略成果	相关机构	12项国家经济政策	相关的可持续发展目标（SDG）
3.3.9	加强我国商业法律体系的质量，确保有效、高效地实施商业法规和运用商业纠纷解决机制	法律和法规框架为业务活动提供一个明确而稳定的基础，并被平等、透明地应用于各地（私营部门发展行动计划，支柱1）	缅甸投资委员会，商务部，计划与财政部，联邦总检察长办公室	经济政策2，经济政策7	SDG 8.3 SDG 16.5 SDG 16.6

战略3.4：进一步改革我国的贸易部门，加强区域的和国际的合作与联系

贸易便利化将在建立更包容、更联通的缅甸上发挥关键作用。然而，几十年来，国际社会的孤立导致缅甸的贸易环境恶化。而今，必须扭转这一趋势。

缅甸已经做出区域性承诺，通过主要的经济走廊促进跨境货物和服务的运输。在《缅甸可持续发展计划》中，缅甸政府证实了其履行区域承诺和全球承诺的意图。为此，《缅甸可持续发展计划》指出，缅甸将审查其国内贸易和国际贸易的制度框架和法律框架，并寻求制定一系列政策以促进贸易和出口多样化。上述这些将有助于形成更高效、更有效的贸易投资环境。

特别是缅甸将改善其与邻国和其他国家的关系，确保有关条例和程序清晰明了。海关、贸易和后勤服务得到改善；更先进的信息技术和数据库系统已经就位；开发了单一窗口一站式中心；与邻国合作建立了海关单站检查（SIS）。即使在缅甸这样存在相当多的非正式贸易的国家，正规贸易部门的改革也非常重要。

已经确定了以下行动计划来实现这一战略。

参考号	行动计划	战略成果	相关机构	12 项国家经济政策	相关的可持续发展目标（SDG）
支柱 2	繁荣与伙伴关系				
目标 3	创造由就业与私营部门主导的经济增长				
战略 3.4	进一步改革我国的贸易部门，加强区域的和国际的合作与联系				
3.4.1	加强优先项目、创造就业出口价值链，建立与外国公司和买家的联系，并符合国家出口战略（NES）	授权当地企业加入区域和国际价值链	商务部，农业、畜牧和灌溉部，工业部	经济政策 2，经济政策 5，经济政策 6	SDG 16.6
3.4.2	提高海关、贸易和后勤服务的效率和透明度，包括实施贸易一体化研究中的有关建议	强劲的环境促进可持续贸易和投资增长（私营部门发展行动计划，支柱 3）	商务部，计划与财政部，工业部，农业、畜牧和灌溉部	经济政策 5，经济政策 6，经济政策 12	SDG 16.6
3.4.3	公布有关贸易和海关程序或规章的明确指南，包括在东盟国家贸易信息库（ASEAN National Trade Repository）中公布	在东盟与世贸组织的努力下，商品贸易从累积的市场准入机会、简化的关税结构和更高的透明度中受益（协调贸易援助资源动员和运送的中期计划，支柱 1）	商务部，计划与财政部	经济政策 4，经济政策 6，经济政策 12	SDG 16.6
3.4.4	实施关税合理化，包括支持《东盟货物贸易协定》（AT-AGA）	东盟与世贸组织致力于使商品贸易从累积的市场准入机会、简化的关税结构和更高的透明度中受益（协调贸易援助资源动员和运送的中期计划，支柱 1）；强劲的环境促进可持续贸易和投资增长（私营部门发展行动计划，支柱 3）	商务部，外交部，计划与财政部	经济政策 6，经济政策 12	SDG 16.6

参考号	行动计划	战略成果	相关机构	12 项国家经济政策	相关的可持续发展目标（SDG）
3.4.5	引入一个健全的、创新的、有利的政策和立法环境，促进有效的实践和更多的投资，而不是牺牲潜在的生产收益	强劲的环境促进可持续贸易和投资增长（私营部门发展行动计划，支柱 3）	商务部，计划与财政部，工业部，农业、畜牧和灌溉部，自然资源与环境保护部，缅甸投资委员会	经济政策 5，经济政策 6	SDG 16.6
3.4.6	缩小立法的差距，审查激励措施、授权和贸易相关公共机构的组织结构，以促进贸易的增长	设计并实施全面的调整计划，提高商务部（MoC）及其他贸易相关机构的组织能力，以有效应对改革的需要（协调贸易援助资源动员和运送的中期计划，支柱 1）	商务部，计划与财政部，工业部，农业、畜牧和灌溉部，自然资源与环境保护部	经济政策 5，经济政策 6	SDG 6.6
3.4.7	简化贸易和海关规章、程序，有效利用缅甸自动货物清关系统，以减少监管性指令和清关手续的金钱或时间成本，履行次区域性、区域性和国际性义务	强劲的环境促进可持续贸易和投资增长（私营部门发展行动计划，支柱 3）	商务部，计划与财政部	经济政策 6，经济政策 12	SDG 16.6
3.4.8	执行大湄公河次区域《跨境运输便利协定》（CBTA）	强劲的环境促进可持续贸易和投资增长（私营部门发展行动计划，支柱 3）	商务部，外交部，交通与通信部，农业、畜牧和灌溉部	经济政策 6	SDG 9.1 SDG 11.a
3.4.9	根据需要审查非关税措施（NTM）和改革，同时保障工人和公众的健康，维护社会准则和环境	通过增加透明度、获取信息的途径和突破法律法规的瓶颈，加强国家的监管体系（MFT for AFT，支柱 1）	商务部，计划与财政部，工业部，农业、畜牧和灌溉部	经济政策 6	SDG 16.6

续表

参考号	行动计划	战略成果	相关机构	12 项国家经济政策	相关的可持续发展目标（SDG）
3.4.10	继续实施东盟经济共同体 2025 年综合战略行动计划（CSAP）	在东盟与世贸组织的努力下，商品贸易从累积的市场准入机会、简化的关税结构和更高的透明度中受益（协调贸易援助资源动员和运送的中期计划，支柱1）	商务部，计划与财政部，工业部，农业、畜牧和灌溉部	经济政策4，经济政策6，经济政策12	SDG 16.6
3.4.11	制定全面的贸易政策，为双边、区域和多边的高效贸易谈判奠定基础	强劲的环境促进可持续贸易和投资增长（私营部门发展行动计划，支柱3）	商务部，计划与财政部，工业部，农业、畜牧和灌溉部	经济政策4，经济政策6，经济政策12	SDG 16.6
3.4.12	制定并执行《国家质量基础设施路线图》（包括卫生与植物检疫和非卫生与植物检疫措施）以符合服务规定和促进贸易的要求	确保我们的产品符合安全标准，提高我们在出口农产品和其他产品方面的竞争力	商务部，计划与财政部，工业部，农业、畜牧和灌溉部	经济政策4，经济政策6，经济政策12	SDG 16.6

战略 3.5： 加大金融服务的覆盖面， 全面完善金融系统

据估计，不到20%的缅甸人口能够获得正规的金融服务。我们应当提供更多接触正规金融服务的机会。金融包容将在促进缅甸持续发展上发挥重要的作用，包括改进创新和竞争的私营部门。但是，国内金融机构能力的局限和外资银行在缅甸运营的分支机构所受的条件限制，成为金融业发展的阻碍。因此，必须进一步放开银行业和金融服务业，同时提高缅甸中央银行的能力，特别是在金融监管领域的能力。当然，金融部门的改革也必须掌握一个微妙的平衡，因为改革太快会对金融行业的稳定造成风险。但是，控制过多和改革太慢也会阻碍整体的发展。为推动这一重要领域的

发展，缅甸政府鼓励国内和国外金融机构之间形成各种形式的伙伴关系，尤其是那些能够增强国内银行扩大金融服务渠道能力的合作形式。为实施这一战略，《缅甸可持续发展计划》寻求放宽对外资银行分行的限制，不仅可以促进国家资本的形成，也有助于使银行间市场更有效率。与此同时，缅甸现有国有银行改革旨在建立能恢复银行生机的制度，这些制度能抵御经济不稳定的风险，并达到国家和社会目标。该目标是超越私人利益的。

已经确定了以下行动计划来实现这一战略。

参考号	行动计划	战略成果	相关机构	12 项国家经济政策	相关的可持续发展目标（SDG）
支柱 2	繁荣与伙伴关系				
目标 3	创造由就业与私营部门主导的经济增长				
战略 3.5	加大金融服务的覆盖面，全面完善金融系统				
3.5.1	增强国内金融机构的能力	包括本地和外资银行在内的一系列稳健的商业银行竞相向广泛的客户提供各种各样的金融产品（私营部门发展行动计划，支柱2）	缅甸中央银行，计划与财政部	经济政策 8	SDG 1.4 SDG 5.a SDG 8.3 SDG 8.10
3.5.2	加强和扩大对非银行类金融机构的支持	法律和监管环境使金融机构得以管理和评估风险，保障债权和包容性金融可持续发展（私营部门发展行动计划，支柱2）	缅甸中央银行，计划与财政部	经济政策 8	SDG 1.4 SDG 5.a SDG 8.3 SDG 8.10
3.5.3	通过国内和国外的金融机构等，扩大移动和金融技术服务的范围	包括本地和外资银行在内的一系列稳健的商业银行竞相向广泛的客户提供各种各样的金融产品（私营部门发展行动计划，支柱2）	缅甸中央银行，计划与财政部	经济政策 8	SDG 1.4 SDG 5.a SDG 8.3 SDG 8.10

续表

参考号	行动计划	战略成果	相关机构	12 项国家经济政策	相关的可持续发展目标（SDG）
3.5.4	通过实施《金融机构法》（FIL）和《外汇管理法》（FEML）的计划和条例等，继续开放银行业	法律和监管环境使金融机构得以管理和评估风险，保障债权以及包容性金融可持续发展（私营部门发展行动计划，支柱 2）	缅甸中央银行，计划与财政部	经济政策 8	SDG 1.4 SDG 5.a SDG 8.3 SDG 8.10
3.5.5	为脆弱的银行建立早期检测和管理机制，制订银行恢复和问题解决计划，开发贷款人的能力，促进金融行业的稳定	包括本地和外资银行在内的一系列稳健的商业银行竞相向广泛的客户提供各种各样的金融产品（私营部门发展行动计划，支柱 2）	缅甸中央银行，计划与财政部	经济政策 8	SDG 8.10
3.5.6	通过发展全面的小型金融部门战略与明确的规章制度安排，包括阶梯式系统（可应对不同主体和识别女性及少数民族群体所面临的问题），促进金融行业准入更包容	管理良好的小额信贷机构主导一个强大的小型金融产业，小额信贷机构竞相提供支付、存款、贷款和其他金融产品，并为城市和农村地区的小型企业和中小型企业提供服务	缅甸中央银行，计划与财政部	经济政策 5，经济政策 8	SDG 1.4 SDG 2.3 SDG 5.a SDG 8.3 SDG 9.3
3.5.7	提高金融体制打击洗钱和资助恐怖主义及其他邪恶活动的能力	法律和监管环境使金融机构得以管理和评估风险，保障债权以及包容性金融可持续发展（私营部门发展行动计划，支柱 2）	缅甸中央银行，计划与财政部	经济政策 8	SDG 16.4

参考号	行动计划	战略成果	相关机构	12 项国家经济政策	相关的可持续发展目标（SDG）
3.5.8	采取措施使缅甸银行充分遵守合适的审慎标准	包括本地和外资银行在内的一系列稳健的商业银行竞相向广泛的客户提供各种各样的金融产品（私营部门发展行动计划，支柱2）	缅甸中央银行，计划与财政部	经济政策8	SDG 8.10
3.5.9	增加外资银行参与国内银行业务的能力，包括继续开放市场准入，允许外资银行在缅甸的分行从事股权投资	包括本地和外资银行在内的一系列稳健的商业银行竞相向广泛的客户提供各种各样的金融产品（私营部门发展行动计划，支柱2）	缅甸中央银行，计划与财政部	经济政策7	SDG 8.10
3.5.10	重组国有银行，确保金融体系稳定，降低财政风险，确保各金融机构公平竞争	国有银行被重组和(或)清算，剩余的国有 FIs 与私营 FIs 进行平等的竞争（私营部门发展行动计划，支柱2）	缅甸中央银行，计划与财政部	经济政策2	SDG 8.10 SDG 16
3.5.11	完善法律和金融基础设施以增加金融业更包容、广泛的准入机会	法律和监管环境使金融机构得以管理和评估风险，保障债权以及包容性金融可持续发展（私营部门发展行动计划，支柱2）	缅甸中央银行，计划与财政部	经济政策7	SDG 8.10 SDG 16.6

续表

参考号	行动计划	战略成果	相关机构	12 项国家经济政策	相关的可持续发展目标（SDG）
3.5.12	强化缅甸中央银行的监管能力，包括制定全面的银行业部门战略和明确缅甸中央银行的责任	包括本地和外资银行在内的一系列稳健的商业银行竞相向广泛的客户提供各种各样的金融产品（私营部门发展行动计划，支柱2）	缅甸中央银行，计划与财政部	经济政策 8	SDG 8.10
3.5.13	改善金融稳健指数	透明度在两方面得到大幅提升：（1）银行和 FMIs 的财务状况和金融条件；（2）与所有金融机构相关的政策和条例的制定过程（私营部门发展行动计划，支柱2）	缅甸中央银行，计划与财政部	经济政策 7，经济政策 8	无
3.5.14	增加财务透明度，包括实施现有的财务报告制度和引入其他针对金融机构的、与透明度相关的法规	透明度在两方面得到大幅提升：（1）银行和 FMIs 的财务状况和金融条件；（2）与所有金融机构相关的政策和条例的制定过程（私营部门发展行动计划，支柱2）	缅甸中央银行，计划与财政部	经济政策 7，经济政策 8	无
3.5.15	加强并进一步放开保险行业	产生一个符合我国人民需要的、具有竞争力的国内保险市场	缅甸中央银行，计划与财政部	经济政策 7，经济政策 8	无

战略3.6：优先建立一个能够促进可持续发展和经济多样化的基础设施基础

如果不能充分解决我国在基础设施方面存在的差距，缅甸的发展雄心将遭到挑战。目前，尤其需要全国性的重要基础设施、农村基础设施和那些促进农村—城市互联互通的基础设施，优先实施它们有助于缩小区域间和群体间的差距，增加和均衡对市场、金融和信息技术的访问机会。然而，缅甸政府意识到，由于政府面临财政限制，所以需要将基础设施项目的融资方式多样化。缅甸政府将把重点放在重要的基础设施发展上，旨在使发展的成果能最大限度地利用所有可利用的财政资源，包括促进私营部门财政资源的参与。

执行《缅甸可持续发展计划》所需的公共投资项目，银行应提供一系列优先项目供公众消费，尤其是基础设施项目，使发展援助的流动、预算的分配和私营部门的参与能和《缅甸可持续发展计划》中包含的目标及战略保持战略性一致。

原则上，那些被认为在商业上可行且可盈利的基础设施项目（和那些可能无法在短期内盈利，但是可以通过与其他利益攸关者合作的方式来盈利的基础设施项目），应该利用公私合作和其他创新的融资模式进行融资。其他具有明确的社会经济发展影响的优先项目，将由政府的预算或通过其他重点项目和战略项目发展专项资金资源，包括发展援助，来提供经费。

为了进一步促进形成有利于私营部门主导基础设施发展增长的环境，需要引入涵盖采购、公共财政管理和其他相关领域的关键立法，以进一步加强公私合作机制。

同样重要的是，缅甸政府机构应通过一系列公司制和股份制进行适当转型，以鼓励私营部门更广泛地参与经济活动。

最后，确保基础设施选址合理、设计优良，并以负责任的方式修建，以达到增加人员和产品的流通性，同时保护自然环境和减少长期维护费用的目标，这是可能的。随着缅甸加强公路、铁路和其他运输网络和基础设施建设，我们有机会从一开始就做规划，建造能长期使用的基础设施，以节省资源。

已经确定了以下行动计划来实现这一战略。

参考号	行动计划	战略成果	相关机构	12 项国家经济政策	相关的可持续发展目标（SDG）
支柱 2	繁荣与伙伴关系				
目标 3	创造由就业与私营部门主导的经济增长				
战略 3.6	优先建立一个能够促进可持续发展和经济多样化的基础设施基础				
3.6.1	确定优先基础设施项目，重点放在创造就业与适当的、可行的融资机制共同发展	加快重点基础设施建设和电子政务引进（经济政策 4）	计划与财政部，缅甸中央银行，商务部，交通与通信部，电力与能源部，农业、畜牧和灌溉部	经济政策 4，经济政策 7	
3.6.2	通过更广泛的公私部门合作，完善公私合作机制，促进具有商业可行性基础设施项目的发展	为在缅甸建立一个强劲的公私合作项目而创造的条件，为政府采购所需基础设施服务和实现物有所值提供了一种方法（传统的政府采购和国有企业除外）（私营部门发展行动计划，支柱 4）	计划与财政部，建设部	经济政策 4，经济政策 7	SDG 2.a SDG 7.b SDG 9.1 SDG 11.2
3.6.3	发展公共投资项目银行	加快重点基础设施建设和电子政务引进（经济政策 4）	计划与财政部	经济政策 4，经济政策 7	SDG 2.a SDG 7.b SDG 9.1 SDG 11.2
3.6.4	创造一个有利的环境，使针对国家重大项目进行的规范、透明的国际竞标成为一项准则，包括但不限于出台《采购法》	透明、平等地应用法律和法规框架为商业活动提供确而稳定的基础（私营部门发展行动计划，支柱 1）	计划与财政部，缅甸中央银行，建设部，交通与通信部，电力与能源部，农业、畜牧和灌溉部	经济政策 4，经济政策 7	SDG 9.1

续表

参考号	行动计划	战略成果	相关机构	12 项国家经济政策	相关的可持续发展目标（SDG）
3.6.5	建立和实施有效的社会和环境保护措施，以防止基础设施的发展产生负面影响	加快重点基础设施建设和电子政务引进（经济政策 4）	计划与财政部，缅甸中央银行，商务部，交通与通信部，电力与能源部，农业、畜牧和灌溉部，自然资源与环境保护部	经济政策 4，经济政策 7	SDG 9.1
3.6.6	升级国际运输走廊，例如升级重型商用车专用的高速公路、现代化高速公路的快速通道，改善道路条件	加快重点基础设施建设和电子政务引进（经济政策 4）	计划与财政部，交通与通信部	经济政策 4	SDG 9.1
3.6.7	采取措施改善道路收费结构，包括重型车辆牌照费用、燃料税和道路收费	加快重点基础设施建设和电子政务引进（经济政策 4）	计划与财政部，交通与通信部	经济政策 4	SDG 9.1
3.6.8	扩建、维护和升级国内铁路线路	加快重点基础设施建设和电子政务引进（经济政策 4）	交通与通信部，建设部	经济政策 4	SDG 9.1
3.6.9	进一步下放运输部门的行政权力	在次国家一级为人民提供有效的公共服务	计划与财政部，交通与通信部，内政部	经济政策 4	SDG 6. b SDG 9.1 SDG 16.6 SDG 16.7
3.6.10	改善农村互联互通情况，包括实施新的国家乡村道路通行计划	加快重点基础设施建设和电子政务引进（经济政策 4）；加强市场联系和竞争力	计划与财政部，交通与通信部，建设部	经济政策 4	SDG 2. a SDG 9.1 SDG 11. a
3.6.11	修订及完善与运输有关的主要法律、政策、计划及策略	加快重点基础设施建设和电子政务引进（经济政策 4）	计划与财政部，交通与通信部	经济政策 4	SDG 9.1

战略 3.7： 鼓励更多的创意和创新， 以促进现代经济的发展

创造力和创新是推动缅甸跨入 21 世纪的重要动力，同时也能为我们的下一代创造机会，使我国的发展能够赶上本地区的其他国家。然而，目前缅甸在采用有助于生产和知识传播的创造性企业的关键技术上仍然落后于本地区的其他国家。历史上的孤立和自上而下的管理文化进一步阻碍了我们的创造力和创新的潜力。为了扭转这一趋势，并充分融入所谓的第四次工业革命，缅甸政府将寻求和支持我国创新产业的发展，鼓励创新、研发、创业和颠覆性的创意。相关的改革措施必须从课堂开始，并跟随个人进入工作场所，从而使私营和公营部门更有活力、创造力和竞争力。

已经确定了以下行动计划来实现这一战略。

参考号	行动计划	战略成果	相关机构	12 项国家经济政策	相关的可持续发展目标（SDG）
支柱 2	繁荣与伙伴关系				
目标 3	创造由就业与私营部门主导的经济增长				
战略 3.7	鼓励更多的创意和创新，以促进现代经济的发展				
3.7.1	发展和加强相关的法律与管理框架，包括制定国家创新政策，以支持更大的创新、创造力和创业精神的发展	巩固法律制度基础，促进创新（经济政策11）	工业部，交通与通信部，教育部，商务部	经济政策4，经济政策11	SDG 9.5 SDG 9.b
3.7.2	加强学术界、研究机构和私营部门之间的联系，发展创新型国家和生态创造力	巩固法律制度基础，促进创新（经济政策11）	工业部，交通与通信部，教育部，商务部	经济政策4，经济政策11	SDG 9.5 SDG 9.b
3.7.3	增加获得研究和发展资金的机会	巩固法律制度基础，促进创新（经济政策11）	工业部，交通与通信部，教育部，商务部	经济政策4，经济政策11	SDG 9.5 SDG 9.b

续表

参考号	行动计划	战略成果	相关机构	12项国家经济政策	相关的可持续发展目标（SDG）
3.7.4	促进本地企业家"创业公司"的融资和商业化以生产更好的产品，提供更好的服务	巩固法律制度基础，促进创新(经济政策11)	工业部，交通与通信部，教育部，商务部	经济政策4，经济政策11	SDG 8.3 SDG 9.5 SDG 9.b
3.7.5	鼓励和支持各领域的创新和科学研究	巩固法律制度基础，促进创新(经济政策11)	工业部，交通与通信部，教育部，商务部	经济政策4，经济政策11	SDG 9.5 SDG 9.b
3.7.6	加强知识产权保护，包括通过缅甸专利和商标局来保护创新和发明	巩固法律制度基础，促进创新(经济政策11)	工业部，交通与通信部，教育部，商务部	经济政策4，经济政策11	SDG 3.b
3.7.7	促进整个社会向包容性数字经济过渡，发展网络连接和在线服务，支持创新和数据发展，同时保障在线隐私和安全	巩固法律制度基础，促进创新(经济政策11)	信息部，交通与通信部	经济政策4，经济政策11	SDG 9.c

支柱3： 人类与地球

赋予我们的人民以权力保护我们的地球是《缅甸可持续发展计划》的首要内涵，同时也是我们实现可持续发展的必要条件。保护我们的自然资源，增强我们的人力资源对实现我国发展目标、确保我国经济的可持续增长至关重要。

目标4： 面向21世纪的人力资源与社会发展

目标4列出了全面提高缅甸的人力资源资本和促进社会全面发展的战略，如果没有社会的全面发展，就不可能实现真正的、可持续的经济发展。

这一目标的重点是要改善教育和医疗等社会服务的质量和获取机会以及扩大社会保障范围和加强社会保障。这一目标还将改善人们获得的食品的质量和营养，保护流入或流出劳工的权益，促使移民积极融入地方发展。

指导文件：

- 《国家教育战略规划（2016—2021）》
- 《2014—2018 年人口健康战略规划》
- 《缅甸国家眼保健计划（2017—2021）》
- 《2016—2020 年国家结核病战略规划》
- 《缅甸国家病毒性肝炎战略规划（2016—2020）》
- 《缅甸国家卫生计划（2017—2021）》
- 《艾滋病毒和艾滋病国家战略计划（2016—2020）》
- 《缅甸国家社会保障战略计划（2014）》

战略 4.1：　增加公平获得高质量终身教育的机会

缅甸人民是我们最宝贵的财富。《缅甸可持续发展计划》在承认这一事实的基础上认为，教育体系在可持续发展的健康经济中发挥着不可或缺的关键作用。《缅甸可持续发展计划》设想建立一个支撑国家人力资源发展、发挥人力资源潜力的教育制度。为实现这一目标，缅甸政府决心为学生提供更公平的入学机会和更高质量的教育产出。这些承诺已经在《国家教育战略规划（2016—2021）》中得到清楚的阐述。这样做意味着我们需要确保我们的校园安全、可以满足人民的教育需求，人们可以在最有利于孩子成长的幼儿时期就投资教育。与此同时，缅甸政府认识到，学校教育不是简单的学习，需要进行广泛的结构性改革。学校教育要确保基础教育不仅能教会学生识字与算数，还要使学生可以充分发掘自身潜力，促进学生的全面发展。《缅甸可持续发展计划》还认识到需要进一步加强与职业相关的教育，提供包括以需求为主导的职业教育与培训（TVET）课程和优质的高等教育机会。

已经确定了以下行动计划来实现这一战略。

参考号	行动计划	战略成果	相关机构	12 项国家经济政策	相关的可持续发展目标（SDG）
支柱 3	人类与地球				
目标 4	面向 21 世纪的人力资源与社会发展				

参考号	行动计划	战略成果	相关机构	12 项国家经济政策	相关的可持续发展目标（SDG）
战略 4.1	增加公平获得高质量终身教育的机会				
4.1.1	制定一套覆盖全面的国家课程，为青年人提供 21 世纪的技能，使他们成为具备竞争力、创新力，能够为国家创新经济发展服务的人才	所有的青少年都应学习、提升、发展与他们生活相关的、与缅甸 21 世纪社会发展需要相关的知识、技能、态度和能力	教育部，劳工、移民与人口部，社会福利与救济安置部	经济政策 3	SDG 4.7 SDG 12.8 SDG 13.3
4.1.2	消除包括女童和其他脆弱群体在内的青年人在所有教育环境中面临虐待、歧视和剥削的现象	所有儿童都有机会接受、通过并成功地完成高质量的基础教育	教育部，社会福利与救济安置部	经济政策 3	SDG 5.2
4.1.3	扩大软硬件基础设施的使用范围，使人们能够获得全面、高质量、免费的基础教育。确保提供针对女性和残疾人等敏感人群的学校设施、技术，包括水和卫生服务	所有儿童都有机会接受、通过并成功地完成高质量的基础教育	教育部，电力与能源部，农业、畜牧和灌溉部，交通与通信部，计划与财政部，商务部	经济政策 3，经济政策 4	SDG 4.a SDG 4.1
4.1.4	加强对各级各类教师的招聘、培训、学术管理和质量管理	建立面向教师和教育管理者的质量评估体系，以提升学生的学习质量	教育部	经济政策 3	SDG 4.c SDG 4.1
4.1.5	发展全面的为 21 世纪服务的职业教育与培训课程，满足当前和未来私营部门的发展需求	更多的学员可以参加职业教育与培训，并在更有效的职业教育与培训管理体系下，从保证质量和响应劳动力市场的职业教育与培训项目中毕业	教育部，劳工、移民与人口部，商务部，缅甸投资委员会，缅甸工商联合会，农业、畜牧和灌溉部	经济政策 3，经济政策 5	SDG 4.3 SDG 4.4

参考号	行动计划	战略成果	相关机构	12 项国家经济政策	相关的可持续发展目标（SDG）
4.1.6	使包括弱势群体和残疾人在内的目标群体和其他代表性不足的群体更容易获得职业教育与培训	更多的学员可以参加职业教育与培训，并在更有效的职业教育与培训管理体系下，从保证质量和响应劳动力市场的职业教育与培训项目中毕业	教育部，劳工、移民与人口部，商务部，缅甸投资委员会，缅甸工商联合会，社会福利与救济安置部，农业、畜牧和灌溉部	经济政策3，经济政策5	SDG 4.3 SDG 4.4 SDG 4.5
4.1.7	通过改进教师培训和学术管理的方式，增加青年人接受高等教育的机会，提高教育质量	学生有平等的接受世界级高等教育的机会，更佳的就业机会，更好地为国家的知识型经济发展做出重大贡献的机会	教育部，劳工、移民与人口部	经济政策3，经济政策5	SDG 4.3
4.1.8	增加青少年接受包括使用多语种和基于民族语言的内容的优质基础教育机会	学生有平等的接受多种语言和多元文化的素质教育的机会，使他们能够成为多元社会中有生产力的成员	教育部	经济政策3，经济政策5	SDG 4.3
4.1.9	增加获得和改善可供替代的校外教育服务的机会，并提高其教育质量	各个年龄段的学生都受益于更容易接受、更灵活的优质教育	教育部	经济政策3，经济政策5	SDG 4.3
4.1.10	扩大学前和幼儿园服务的覆盖面，提高服务质量	学生在很小的时候就有平等的获得高质量学习的机会，从而为他们未来具备必要的技能和推动终身的高质量学习打好基础	教育部	经济政策3，经济政策5	SDG 4.3

战略4.2：通过制定明确有利于低收入者的卫生服务的方式提供全民卫生保健，加强卫生服务系统建设

只有一个国家拥有强大而健康的人口，这个国家才可能是健康而强大的。我国的医疗保健服务系统由于多年缺乏投资，现在正处于百废待兴的状态。由于之前对医疗卫生领域缺乏重视，当前缅甸在许多与卫生有关的关键领域落后于本地区的其他国家。缅甸需要克服的挑战包括：物质和机构基础设施缺乏且落后、一线医疗工作者可获得的医疗资源不足、政府缺乏实施广泛而周密的卫生政策改革经验、社会缺乏向卫生领域私营部门和从业者提供进一步发展的机会。如今，缅甸有了合理投资与融资的环境，这为卫生领域的发展提供了绝佳的机会。为此，缅甸将着力改善各种基本医疗卫生服务的质量并增加公民获得这些卫生服务的机会，以满足包括社会底层群众在内的各阶级个人和群体的医疗卫生需求。

已经确定了以下行动计划来实现这一战略。

参考号	行动计划	战略成果	相关机构	12 项国家经济政策	相关的可持续发展目标（SDG）
支柱 3	人类与地球				
目标 4	面向 21 世纪的人力资源与社会发展				
战略 4.2	通过制定明确有利于低收入者的卫生服务的方式提供全民卫生保健，加强卫生服务系统建设				
4.2.1	定义一组基本服务和干预措施，包括基本一揽子卫生服务（EPHS）、中级一揽子卫生服务和综合一揽子卫生服务	提高卫生服务质量	卫生与体育部	经济政策 3	SDG 3.8
4.2.2	建立一个公开透明、优先考虑卫生事业投资、不受任何形式歧视影响的医疗卫生体系	提高卫生服务质量	卫生与体育部，社会福利与救济安置部，计划与财政部	经济政策 3	SDG 3.8

参考号	行动计划	战略成果	相关机构	12 项国家经济政策	相关的可持续发展目标（SDG）
4.2.3	在国家规划和指导方针的支持下制定包容性乡镇卫生规划（ITHP）	提高卫生服务质量	卫生与体育部，计划与财政部，社会福利与救济安置部，内政部	经济政策 3	SDG 3.8
4.2.4	制定和更新标准治疗指南，并定期回顾和改进	提高卫生服务质量	卫生与体育部	经济政策 3	SDG 3.8
4.2.5	将卫生领域的决策权力逐步下放至各州和各地区，加强医疗卫生领域人力资源培养、招聘和部署之间的联系	为公平有效地干预和服务提供更多所需的人力资源	卫生与体育部，内政部，劳工、移民与人口部	经济政策 3	SDG 3.8 SDG 3.c
4.2.6	加强对医疗卫生工作者的培训，建立相关人员通过认证制度，确保医护人员具备基本的卫生服务技能	提高卫生服务质量	卫生与体育部	经济政策 3	SDG 3.8 SDG 3.c
4.2.7	提高计划生育的普及性和认知度，确保民众获得全面的性、生殖教育及保健服务	提高卫生服务质量	卫生与体育部，缅甸妇幼福利协会	经济政策 3	SDG 3.7
4.2.8	控制和防治艾滋病毒/艾滋病、结核病、疟疾和一些被忽视的热带病、肝炎、通过水传播的疾病和其他传染性流行病	提高卫生服务质量	卫生与体育部，农业、畜牧和灌溉部，社会福利与救济安置部	经济政策 3	SDG 3.3
4.2.9	控制和防治非传染性疾病	提高卫生服务质量	卫生与体育部，社会福利与救济安置部，教育部	经济政策 3	SDG 3.4

战略4.3：拓展以适应性和系统性为基础的社会安全网络，为整个生命周期提供社会保障服务

一个全面、资源丰富、包容性强的社会安全网络可以保护生活在贫困线以下和接近贫困线的人，特别是可以使妇女和青年免于各种各样的危险。社会安全网络的建立也将极大增强社会的经济活力，支持缅甸人民实现其作为公民和人类所具备的全部潜能。目前，缅甸在社会安全网络服务建设和发展上仍处于十分落后的阶段，所以建立、扩大和深化一套保护机制方案将确保全年龄段的公民都获得保护。这套服务方案将以一种全面的、变革的方式将青少年儿童、孕妇、工人和老年人作为保护重点，使人民能够追求充实、幸福和富有成效的生活，老年人能够有尊严和安全地退休。

已经确定了以下行动计划来实现这一战略。

参考号	行动计划	战略成果	相关机构	12项国家经济政策	相关的可持续发展目标（SDG）
支柱3	人类与地球				
目标4	面向21世纪的人力资源与社会发展				
战略4.3	拓展以适应性和系统性为基础的社会安全网络，为整个生命周期提供社会保障服务				
4.3.1	提高对所有孕妇和2岁以下儿童的普遍现金津贴	让孕妇和婴儿得到充分的营养和护理	社会福利与救济安置部，卫生与体育部，计划与财政部，缅甸妇幼福利协会	经济政策3	SDG 1.3 SDG 3.1 SDG 3.2
4.3.2	确保为残疾人士提供现金津贴	使残疾人的特殊需要得到满足	社会福利与救济安置部，计划与财政部，卫生与体育部	经济政策3	SDG 1.3 SDG 10.2
4.3.3	为3岁以上儿童提供全面的现金津贴	为儿童和青年提供各种服务来保护他们免受各种风险威胁，支持他们健康发展	社会福利与救济安置部，卫生与体育部，计划与财政部，劳工、移民与人口部	经济政策3	SDG 1.3

参考号	行动计划	战略成果	相关机构	12 项国家经济政策	相关的可持续发展目标（SDG）
4.3.4	将学校膳食计划扩展至所有政府学校	为儿童和青年提供各种服务来保护他们免受各种风险威胁，支持他们健康发展	教育部，社会福利与救济安置部，卫生与体育部，农业、畜牧和灌溉部	经济政策3，经济政策6	SDG 2.1 SDG 2.2 SDG 4.1
4.3.5	宣传预防与惩罚人口贩运的方案和服务措施	为儿童和青年提供各种服务来保护他们免受各种风险威胁，支持他们健康发展	社会福利与救济安置部，缅甸妇幼福利协会，农业、畜牧和灌溉部，劳工、移民与人口部，内政部	经济政策3	SDG 5.2
4.3.6	采取措施防止辍学，打击使用童工的现象	为儿童和青年提供各种服务来保护他们免受各种风险威胁，支持他们健康发展	社会福利与救济安置部，教育部，劳工、移民与人口部	经济政策3	SDG 4.1
4.3.7	加强社会对滥用药物、酒精、烟草和其他常见致癌物的认识和教育	为儿童和青年提供各种服务来保护他们免受各种风险威胁，支持他们健康发展	社会福利与救济安置部，教育部，劳工、移民与人口部，农业、畜牧和灌溉部	经济政策3	SDG 3.5
4.3.8	为在职儿童提供回校课程，或提供职业训练学校的援助，直至他们达到合法工作年龄	为儿童和青年提供各种服务来保护他们免受各种风险威胁，支持他们健康发展	社会福利与救济安置部，教育部，劳工、移民与人口部，农业、畜牧和灌溉部	经济政策3	SDG 4.1 SDG 8.7
4.3.9	为贫困人口提供公共就业机会	使处于工作年龄的人受到保护，免受风险和收入损失威胁；贫困人口有更多的就业机会	劳工、移民与人口部，农业、畜牧和灌溉部，社会福利与救济安置部，计划与财政部，内政部	经济政策3，经济政策5	SDG 10.4

参考号	行动计划	战略成果	相关机构	12 项国家经济政策	相关的可持续发展目标（SDG）
4.3.10	为贫困人口引进职业教育和培训方案	使处于工作年龄的人受到保护，免受风险和收入损失威胁；贫困人口有更多的就业机会	劳工、移民与人口部，教育部，社会福利与救济安置部	经济政策3，经济政策5	SDG 4.3 SDG 4.4 SDG 10.4
4.3.11	执行最低工资标准，并建立监督机制，跟踪最低工资标准的应用情况和影响	使处于工作年龄的人受到保护，免受风险和收入损失威胁；贫困人口有更多的就业机会	计划与财政部，社会福利与救济安置部，劳工、移民与人口部	经济政策3，经济政策5	SDG 10.4
4.3.12	提供对丧失工作能力和失业人群的救济金	使处于工作年龄的人受到保护，免受风险和收入损失威胁；贫困人口有更多的就业机会	计划与财政部，社会福利与救济安置部，劳工、移民与人口部	经济政策3，经济政策5	SDG 1.3 SDG 10.4
4.3.13	为老年人提供普遍的现金福利	使处于工作年龄的人受到保护，免受风险和收入损失威胁；贫困人口有更多的就业机会	社会福利与救济安置部，计划与财政部，劳工、移民与人口部	经济政策3，经济政策5	SDG 1.3
4.3.14	扩大现有的社会保障计划和公共就业方案，以减轻和更好地应对自然和人为灾害及其他冲击	灾害及其影响的危害性降低	社会福利与救济安置部，计划与财政部，卫生与体育部，劳工、移民与人口部，农业、畜牧和灌溉部，工业部	经济政策3，经济政策5	SDG 1.3
4.3.15	在可行/适当的情况下，将公共就业方案与灾害风险管理联系起来	灾害及其影响的危害性降低	社会福利与救济安置部，计划与财政部，劳工、移民与人口部，工业部，农业、畜牧和灌溉部	经济政策3，经济政策5	SDG 10.4

战略 4.4： 增加安全、 均衡的食品供应

人类的繁荣是建立在人的生理、社会和经济需要得到满足的基础上的，能够提供安全、营养的食物以满足人们对健康生活的需求和偏好更是基础的基础。然而，即使是这样基础的需求，在当今的缅甸也不能时时得到满足。虽然我国在这一进程上已经取得了一定程度的进步，可是我国仍然有许多人口受到粮食危机的影响，这些粮食危机往往是由他们当地的社会、经济和环境受到冲击造成的。由于缅甸正在向开放的、以市场为基础的经济转变，这可能会有助于解决粮食安全问题。我们的私营部门正在发挥越来越重要的作用，经营者正在他们的经营范围之内帮助解决粮食安全问题。

缅甸应解决威胁粮食安全和营养不足的问题根源，同时支持人们养成健康的饮食习惯，努力加强家庭一级的粮食安全。为此，缅甸将优先确保安全和有效的粮食生产，特别是在长期存在粮食安全问题或易产生粮食危机的地区。同时政府也认识到，肥沃的土壤、清洁的水和易授粉的自然环境也是粮食生产的重要基础。因此，环境的可持续发展对加强粮食安全至关重要。

已经确定了以下行动计划来实现这一战略。

参考号	行动计划	战略成果	相关机构	12 项国家经济政策	相关的可持续发展目标（SDG）
支柱 3	人类与地球				
目标 4	面向 21 世纪的人力资源与社会发展				
战略 4.4	增加安全、均衡的食品供应				
4.4.1	制定全面的国家战略和行动计划，以保障安全高质量的食品供应，包括国家食品和营养行动计划以及国家微量营养元素强化战略和其他有关计划	提高人口的营养摄入量	MoH，农业、畜牧和灌溉部，劳工、移民与人口部，社会福利与救济安置部，自然资源与环境保护部	经济政策 3，经济政策 6	SDG 2.1 SDG 2.2

参考号	行动计划	战略成果	相关机构	12项国家经济政策	相关的可持续发展目标（SDG）
4.4.2	制定治疗急性营养不良的综合方案，包括紧急补充营养措施	提高人口的营养摄入量	卫生与体育部，农业、畜牧和灌溉部，社会福利与救济安置部，劳工、移民与人口部	经济政策6	SDG 2.2
4.4.3	加强营养教育和交流，包括提升有关生产健康食品方面的指导和意识	提高人口的营养摄入量	卫生与体育部，农业、畜牧和灌溉部，劳工、移民与人口部，教育部	经济政策3，经济政策6	SDG 2.2 SDG 3.4
4.4.4	推广种植抗虫害、抗旱、抗洪的农作物	提高国内粮食产量和丰富粮食品种	农业、畜牧和灌溉部，劳工、移民与人口部，自然资源与环境保护部	经济政策6	SDG 2.1
4.4.5	制订不同等级的粮食储备紧急计划	提高国内粮食产量和丰富粮食品种	卫生与体育部，农业、畜牧和灌溉部，自然资源与环境保护部，国家和地方政府	经济政策6	SDG 2.2
4.4.6	指导农民如何正确使用种子，包括不混淆种子的品种、类型	提高国内粮食产量和丰富粮食品种	农业、畜牧和灌溉部，自然资源与环境保护部	经济政策6	SDG 2.5
4.4.7	通过对食品和农业进行相关研究，并对包括濒危物种在内的当地物种分类，提升保护动植物基因安全的能力	提高国内粮食产量和丰富粮食品种	农业、畜牧和灌溉部，自然资源与环境保护部	经济政策6	SDG 3.5
4.4.8	加强对食品和食源性疾病的监测	改善环境卫生和食品安全	卫生与体育部，农业、畜牧和灌溉部，自然资源与环境保护部	经济政策6	SDG 3.3

战略4.5：保护包括流动工人在内的所有工人的权利，并充分利用劳动力

缅甸以法律为依据，保护个人权利，保证工人在不受歧视和剥削的环境中体面地工作。缅甸已经采取若干重要行动来兑现这一承诺，但是还需做出额外努力推动相关机构充分履行职责。缅甸应充分采取各项措施保护工人，使其在国内工作场所中不受压迫、歧视和骚扰，尤其要保护妇女、儿童和流动工人的权利，让每个人都能获得相应的保护和支持。因此，缅甸应该确保所有工人都可以获得提升技能和增加经验的机会，以提高他们的社会流动性和经济流动性，使他们在获得尊严和尊重的情况下为国家的发展做出充分贡献。

考虑到缅甸内部迁移和外部移民的规模，《缅甸可持续发展计划》应确保他们在国内和国际上的安全和权利，从而充分利用移民的专业知识、资金和精力来推动国家发展。

已经确定了以下行动计划来实现这一战略。

参考号	行动计划	战略成果	相关机构	12 项国家经济政策	相关的可持续发展目标（SDG）
支柱 3	人类与地球				
目标 4	21 世纪人力资源与社会发展				
战略 4.5	保护包括流动工人在内的所有工人的权利，并充分利用劳动力				
4.5.1	使所有人都获得合法身份，包括出生登记	增加合法移民的比例	卫生与体育部，劳工、移民与人口部，社会福利与救济安置部	经济政策 3	SDG 16.9
4.5.2	提供更加安全、合法、价格合理的移民服务	提高移民对国家发展的奉献	劳工、移民与人口部，社会福利与救济安置部	经济政策 3，经济政策 5	SDG 8.8
4.5.3	为流动工人提供更便捷的跨境金融服务	在改善留守家庭的社会适应力方面，积极发挥流动工人的作用	劳工、移民与人口部，社会福利与救济安置部，计划与财政部，缅甸中央银行	经济政策 3	SDG 10.c

参考号	行动计划	战略成果	相关机构	12 项国家经济政策	相关的可持续发展目标（SDG）
4.5.4	制定相关措施，鼓励本国侨民为国内经济发展做贡献	增加侨民在经济发展方面的贡献	劳工、移民与人口部，社会福利与救济安置部，计划与财政部，缅甸中央银行	经济政策 3，经济政策 5	SDG 10.c
4.5.5	保护劳工权利，为包括流动工人在内的所有劳工提供安全可靠的工作环境	改善和提供安全的工作环境以提高生产力	劳工、移民与人口部，社会福利与救济安置部，计划与财政部，工业部，农业、畜牧和灌溉部	经济政策 3，经济政策 5	SDG 8.8

目标 5：　国家子孙后代的自然资源和环境

保护缅甸的自然环境是确保当代和子孙后代都能共享缅甸发展红利的必要之举。目标 5 致力于构建相关的法律、机构和政策框架，通过加大保护力度，促进发展，落实基础设施计划，以及加大对非法开采自然资源、污染环境和其他有害活动的打击力度，更好地保护和管理自然环境和生态系统。这一战略和行动计划主要包括：鼓励良好的用水习惯，增加可再生能源发电，减缓气候变化，增加绿色投资，保护生物多样性，改善废物利用，促进可持续城市发展，以及在制定政策、计划和国家报告系统时主要考虑到环保需求。

指导文件：

- 《2017—2030 年缅甸国家气候变化政策》
- 《2017 年缅甸减少灾害风险行动计划》
- 《2015 年缅甸能源总体计划》
- 《2015—2020 年国家生物多样性战略和行动计划》
- 《2018—2027 年缅甸大象保护行动计划》
- 《2016 年缅甸海洋空间计划》
- 《2016—2020 年缅甸植物卫生系统战略》
- 《2013—2020 年缅甸旅游总体计划》

- 《2017—2020 年缅甸旅游人力资源开发战略和行动计划》
- 《2016—2030 年国家农村供水、学校卫生系统和水、环境卫生和个人卫生（WASH）健康设备投资计划》
- 《绿色经济政策框架》

战略 5.1： 确保一个清洁的环境以及健康和有效的生态系统

丰富的生物多样性是缅甸拥有一系列重要的海洋、大气和陆地生态系统的基础。通过对土地和海洋资源进行有效管理，这一庞大而复杂的系统将使气候更稳定，进一步提高农业生产力，保障能源安全并维持几代人的增长。缅甸还把保护环境和生物多样性红利纳入制定各种计划和决策的考虑重点，并将在陆上和水下实施一系列保障性政策、法律保护机制和执法机制，通过采用更加环保的方式，逐步消除危害环境的行为。缅甸还需确保包括弱势群体在内的个人和社区参与到各项决策中。

已经确定了以下行动计划来实现这一战略。

参考号	行动计划	战略成果	相应机构	12 项国家经济政策	相关的目标可持续发展（SDG）
支柱 3	人类与地球				
目标 5	国家子孙后代的自然资源与环境				
战略 5.1	确保一个清洁的环境以及健康和有效的生态系统				
5.1.1	提高人民在各领域的环保意识，重点在于将保护行动融入各项发展和计划进程中，其中包括国家会计和报告系统	通过将生物多样性纳入政府和社会考虑的主要方面，解决生物多样性丧失的问题	自然资源与环境保护部，教育部，农业、畜牧和灌溉部，劳工、移民与人口部	经济政策 3	SDG 15.1
5.1.2	修订、处理、消除、改革和逐步淘汰包括补贴在内的激励性政策，因为这些政策对自然资源有害；并引入提倡环保和可持续发展的新激励政策	通过将生物多样性纳入政府和社会考虑的主要方面，解决生物多样性丧失的问题	计划与财政部，工业部，自然资源与环境保护部，农业、畜牧和灌溉部，电力与能源部	无	SDG 12. c

参考号	行动计划	战略成果	相应机构	12项国家经济政策	相关的可持续发展目标（SDG）
5.1.3	在所有领域实施有关鼓励可持续生产、消费和利用自然资源的计划	通过将生物多样性纳入政府和社会考虑的主要方面，解决生物多样性丧失的问题	自然资源与环境保护部，工业部，计划与财政部，劳工、移民与人口部，农业、畜牧与灌溉部，电力与能源部，卫生与体育部，教育部	无	SDG 12.1 SDG 14.6
5.1.4	对土地资源进行持续的、资源充足的管理，并对破坏环境的违法犯罪行为采取相应行动，以减少损失并恢复退化的自然栖息地	减少生物多样性的直接压力，促进可持续利用	自然资源与环境保护部，农业、畜牧和灌溉部，工业部，电力与能源部，内政部	无	SDG 12.1 SDG 14.6
5.1.5	利用土地使用监测系统，以便更好地理解可持续政策和计划	减少生物多样性的直接压力，促进可持续利用	自然资源与环境保护部，电力与能源部，计划与财政部	无	
5.1.6	将污染程度控制在不危害人民健康和生态系统的范围内	减少生物多样性的直接压力，促进可持续利用	自然资源与环境保护部，电力与能源部，工业部，农业、畜牧和灌溉部	无	SDG 3.9 SDG 6.3 SSDG 14.1
5.1.7	通过整合资源使用计划和公平有效的管理，保护陆地、内陆水域、沿海和海洋区域以及国家保护区	通过保护生态系统、物种和遗传多样性，改善生物多样性的现状	自然资源与环境保护部，工业部，农业、畜牧和灌溉部，电力与能源部	无	SDG 14.2 SDG 15.1
5.1.8	强化环境法规的监督和实施，对危害环境的犯罪行为提起诉讼，如非法交易、偷猎和贩运受保护的动植物等行为	减少生物多样性的直接压力，促进可持续利用	自然资源与环境保护部，农业、畜牧和灌溉部，内政部	无	SDG 14.4

续表

参考号	行动计划	战略成果	相应机构	12 项国家经济政策	相关的可持续发展目标（SDG）
5.1.9	执行新的国家生物多样性战略和相关行动计划	通过参与式计划、知识管理和能力建设，取得一定成效	自然资源与环境保护部，电力与能源部，计划与财政部，农业、畜牧和灌溉部	无	SDG 15.1
5.1.10	防止濒危物种灭绝，改善濒危物种的保护状况	通过保护生态系统、物种和遗传多样性，改善生物多样性的现状	自然资源与环境保护部，农业、畜牧和灌溉部	无	SDG 15.1
5.1.11	将预防和控制外来入侵物种的观念引入监管和通知中，并予以加强	通过保护生态系统、物种和遗传多样性，改善生物多样性的现状	自然资源与环境保护部，农业、畜牧和灌溉部	无	SDG 15.8
5.1.12	通过对生态系统进行恢复和保护，以保障当地社会的基本需求；同时还应考虑性别和青年的需求、种族和当地社会、贫困人口和其他文化因素	从生物多样性和生态系统服务中获益	自然资源与环境保护部，电力与能源部，工业部，农业、畜牧和灌溉部，劳工、移民与人口部，内政部，缅甸妇女委员会	经济政策6	SDG 15.1
5.1.13	确保当地居民有机会获得可替代的谋生手段，将此作为一项保护环境的策略	从生物多样性和生态系统服务中获益	自然资源与环境保护部，农业、畜牧和灌溉部	无	无

战略5.2：提高应对气候变化的能力，在维持生计的同时减少灾害和冲击，向低碳增长模式转变

缅甸是一个具有巨大发展潜力的国家，但是，缅甸在基础设施方面与他国相比仍然存在明显差距。如果不通过各种融资渠道吸引投资，以加强基础设施建设，这种差距将影响缅甸保持其高增长率和经济腾飞的能力，阻碍缅甸的经济起飞。目前，缅甸仍然是最易受气候变化及相关自然灾害

影响的国家之一。但缅甸绝不能以牺牲子孙后代的利益为代价满足短期内解决国家在基础设施方面的需求。因此，缅甸将有效利用自然资源，走低碳、绿色的经济发展道路。

战略性基础设施计划主要考虑社会、环境和经济方面的成本和收益，它可以确保国家从基础设施的发展中获得最大收益。同时，这样做可以避免因缺乏计划而产生的砍伐森林、污染环境等一系列负面影响，这些负面影响将减少缅甸人民从自然环境中获得的收益。

反过来，这样做将建立一个健康的生态系统，以保护基础设施并减少自然灾害（如山体滑坡、洪水和侵蚀）造成的破坏。缅甸还将气候敏感问题纳入现有法律和计划进程的考虑范围，并通过在各领域与个人和社区展开合作，改善自然资源管理现状，减轻甚至扭转气候变化带来的影响。

已经确定了以下行动计划来实现这一战略。

参考号	行动计划	战略成果	相应机构	12项国家经济政策	相关的可持续发展目标（SDG）
支柱3	人类与地球				
目标5	国家子孙后代的自然资源与环境				
战略5.2	提高应对气候变化的能力，在维持生计的同时减少灾害和冲击，向低碳增长模式转变				
5.2.1	将减少灾害风险和缓解气候变化的措施纳入各部门的政策、计划和预算程序	在农业、渔业和畜牧业方面提高生产力对气候的适应性和气候智能反应，同时推广节约资源和低碳措施	自然资源与环境保护部，计划与财政部，农业、畜牧和灌溉部，卫生与体育部，劳工、移民与人口部，教育部，电力与能源部	经济政策6	SDG 11.b SDG 13.2
5.2.2	在各部门采用应对气候变化、环保健康的适应技术及气候智能管理措施	在农业、渔业和畜牧业方面提高生产力对气候的适应性和气候智能反应，同时推广节约资源和低碳措施	自然资源与环境保护部，计划与财政部，农业、畜牧和灌溉部，劳工、移民与人口部，电力与能源部	经济政策6	SDG 2.4

参考号	行动计划	战略成果	相应机构	12 项国家经济政策	相关的可持续发展目标（SDG）
5.2.3	将气候变化纳入制定环境和自然资源管理政策、规则和法规考虑范围	采用自然资源管理系统，增强生物多样性和生态系统服务的适应力，以支持社会和经济发展，并实现碳吸收	自然资源与环境保护部，计划与财政部，农业、畜牧和灌溉部，劳工、移民与人口部	无	SDG 11. b SDG 13. 2
5.2.4	调整交通运输系统等基础设施体系，以减少因自然灾害和新气候条件所产生的风险，同时发展更高效、低碳的技术	提高气候适应性，发展低碳能源、运输和工业系统	自然资源与环境保护部，计划与财政部，农业、畜牧和灌溉部	无	SDG 15. 1 SDG 14. 2
5.2.5	以低碳绿色为特征，通过应对灾害和气候变化，提高工业的生产力和竞争力	采用自然资源管理系统，增强生物多样性和生态系统服务的适应力，以支持社会和经济发展并实现碳吸收	自然资源与环境保护部，工业部，电力与能源部，商务部	经济政策 5，经济政策 6	SDG 9. 4
5.2.6	建立全方位的灾害及气候风险管理系统，有效应对不断增强的风险和影响	增强社会和经济部门的能力，以及从气候灾害、风险和健康影响中恢复的能力	自然资源与环境保护部，卫生与体育部	无	SDG 1. 5 SDG 13. 1
5.2.7	制定新的应急措施，缓解金融风险，同时考虑到性别和弱势群体的需求，协助恢复因自然灾害和气候引发的事件所造成的损失	增强社会和经济部门的能力，以及从气候灾害、风险和健康影响中恢复的能力	社会福利与救济安置部，计划与财政部，卫生与体育部，自然资源与环境保护部，电力与能源部	无	SDG 1. 5

参考号	行动计划	战略成果	相应机构	12 项国家经济政策	相关的可持续发展目标（SDG）
5.2.8	提高弱势家庭、社会和部门的适应能力，使他们从各种自然灾害的不利影响中恢复过来，包括气候灾害	增强社会和经济部门的能力，以及从气候灾害、风险和健康影响中恢复的能力	社会福利与救济安置部，计划与财政部，卫生与体育部，自然资源和环境保护部，电力与能源部	无	SDG 1.5
5.2.9	提高技能，以便向绿色经济过渡	提高气候适应性，发展低碳能源、运输和工业系统	社会福利与救济安置部，自然资源与环境保护部，电力与能源部，卫生与体育部，教育部，劳工、移民与人口部，农业、畜牧和灌溉部，地方政府，省邦政府	无	SDG 1.5 SDG 13.1 SDG 13.3

战略 5.3：安全、平等地获得饮用水和卫生设备，以保证环境的可持续发展

水和卫生设备供给充足、保持干净卫生对于确保个人和社会的健康、防止疾病传播和保证年轻人上学至关重要。虽然缅甸大部分地区降雨充沛，但干旱地区依然存在水资源短缺的问题。同时，城乡之间也存在地域差异。由于地理位置上的差异、生态系统退化以及水资源使用方面的基础设施（家庭、私营部门和农业用途）投资不足等原因，大部分人至今还未使用已改善的卫生设施。在干旱季节，由于生态系统发挥着提供清洁用水的重要作用，以及生态系统的退化最终会影响水质和水量，因此缅甸将加大对用水方面的基础设施和生态系统保护的投资。缅甸政府还将实施乡镇用水计划并鼓励健康用水，以满足学校、卫生设施、城市、私营部门和农村社区在水资源供应、卫生设备和其他卫生方面的需求。

已经确定了以下行动计划来实现这一战略。

参考号	行动计划	战略成果	相应机构	12 项国家经济政策	相关的可持续发展目标（SDG）
支柱3	人类与地球				
目标5	国家子孙后代的自然资源与环境				
战略5.3	安全、平等地获得饮用水和卫生设备，以保证环境的可持续发展				
5.3.1	引进汇水综合的水资源计划和管理系统，保证公平和可持续地使用水资源，并满足基于性别产生的特殊需求	水资源得到有效、高效和价格合理的管理，改善供水服务	农业、畜牧和灌溉部，自然资源与环境保护部，社会福利与救济安置部	经济政策9	SDG 6.1
5.3.2	扩展国家和地方现有的供水服务清单，修复和/或升级现有供水服务，并制定新的供水服务发展计划	水资源得到有效、高效和价格合理的管理，改善供水服务	内政部，计划与财政部，自然资源与环境保护部，农业、畜牧和灌溉部，MoH，地方政府，省邦政府	经济政策9	SDG 6.5 SDG 6.b
5.3.3	制定乡镇和村庄的安全用水计划，确保所有人都能够使用安全清洁的水	水资源得到有效、高效和价格合理的管理，改善供水服务	内政部，计划与财政部，自然资源与环境保护部，农业、畜牧和灌溉部，地方政府	经济政策9	SDG 6.b SDG 6.3
5.3.4	与地方政府构建伙伴关系，在用水相关问题上开展更多的跨境、跨区域和国际合作	水资源得到有效、高效和价格合理的管理，改善供水服务	自然资源与环境保护部，农业、畜牧和灌溉部	经济政策9	SDG 6.5 SDG 6.a
5.3.5	在处理和使用家庭用水和饮用水方面，鼓励人们安全操作	提供有效、高效和价格合理的服务，确保水质达标，改善供水服务	自然资源与环境保护部，农业、畜牧和灌溉部，劳工、移民与人口部，教育部，地方政府	经济政策9	SDG 6.1
5.3.6	在工业、商业、家庭和公共部门中，对废品实施有效、环保、安全的管理和处置	安全有效地处理国内固体废物，建立健康社区	自然资源与环境保护部，劳工、移民与人口部，农业、畜牧和灌溉部，MoH，地方政府	经济政策9	SDG 6.2

参考号	行动计划	战略成果	相应机构	12 项国家经济政策	相关的可持续发展目标（SDG）
5.3.7	在家庭和社会层面拥有更好的安全卫生知识、态度和实践	改变卫生习惯，建立健康社区	自然资源与环境保护部，卫生与体育部，教育部，劳工、移民与人口部	经济政策 9	SDG 6.2

战略5.4：通过适当的能源生产组合，为居民和工业企业提供价格合理的可靠能源

在缅甸发展的各个领域降低能源消耗。电力的使用在家庭层面能为个人提供更好的机会，同时使用电力也可以提高私营部门的生产力和竞争力，并可以促进新的和创新的中小企业出现。近年来，缅甸对能源的需求大幅增加。持续强劲的经济增长、私营部门能源消耗的迅速增加和城市人口的不断增长都表明，在可预见的未来，缅甸对电力的需求将持续增长。

通过精心管理，在可再生和不可再生能源之间的使用达到平衡，对于形成适当的能源生产组合十分重要。鉴于缅甸拥有丰富的可再生能源，如太阳能、风能和地热能，缅甸有机会开发和利用可再生能源，以便更迅速地获得电力、减少污染并更快地产生经济收益。

缅甸要想获得长期利益需要事先对能源部门的安全和可持续发展进行管理，包括认真考虑现有资源、分析消费模式和进行未来预测。缅甸还将优先考虑构建一个投资友好型环境，以鼓励使用创新、可持续和可再生能源生产技术。

已经确定了以下行动计划来实现这一战略。

参考号	行动计划	战略成果	相应机构	12 项国家经济政策	相关的可持续发展目标（SDG）
支柱 3	人类与地球				
目标 5	国家子孙后代的自然资源与环境				

续表

参考号	行动计划	战略成果	相应机构	12 项国家经济政策	相关的可持续发展目标（SDG）
战略 5.4	通过适当的能源生产组合，为居民和工业企业提供价格合理的可靠能源				
5.4.1	在基本燃料能源组合中，使可再生能源的供应达到最佳水平	提高气候适应性，发展低碳能源、运输和工业系统	电力与能源部，工业部，计划与财政部，农业、畜牧和灌溉部，建设部	经济政策 4	SDG 7.2
5.4.2	加大可再生能源的使用，如使用风能、太阳能、水力、地热和生物能源等，并取得民众的支持	提高气候适应性，发展低碳能源、运输和工业系统	电力与能源部，工业部，计划与财政部，农业、畜牧和灌溉部，建设部	经济政策 4	SDG 7.2
5.4.3	制定广泛的国家性和地方性能源发展计划并予以实施，优先考虑成本最低的发电规模。从部门收入中获得潜在融资，同时确保对自然环境和当地社区的有害影响达到最小	为所有消费者提供价格合理、可靠的能源，尤其关注目前生活在边远地区的无电民众	电力与能源部，自然资源与环境保护部，计划与财政部，工业部，农业、畜牧和灌溉部，劳工、移民与人口部，缅甸妇女委员会	经济政策 4	SDG 7.2
5.4.4	推动政策、法律、监管的实施，开展更广泛的善治行动，鼓励更多的投资和私营部门参与能源的生产和提供	为所有消费者提供价格合理、可靠的能源，尤其关注目前生活在边远地区的无电民众	电力与能源部	经济政策 4	SDG 7.2
5.4.5	在工业、商业、家庭和公共部门中，鼓励能源生产、有效分配和避免浪费	提高气候适应性，发展低碳能源、运输和工业系统	计划与财政部，教育部，商务部，建设部，电力与能源部，自然资源与环境保护部	经济政策 3，经济政策 4	SDG 7.3

参考号	行动计划	战略成果	相应机构	12项国家经济政策	相关的可持续发展目标（SDG）
5.4.6	在中央和地方之间构建伙伴关系，在能源问题上开展更多的跨境、区域和国际合作	为所有消费者提供价格合理、可靠的能源，尤其关注目前生活在边远地区的无电民众	自然资源与环境保护部，电力与能源部，计划与财政部，外交部	经济政策4，经济政策7	SDG 7.a
5.4.7	制定政策以便适当地影响电力产品的定价（包括适当使用补贴），并在生产者和消费者的需求之间取得平衡	为所有消费者提供价格合理、可靠的能源，尤其关注目前生活在边远地区的无电民众	电力与能源部，工业部，自然资源与环境保护部，农业、畜牧和灌溉部，劳工、移民与人口部，计划与财政部	经济政策4	SDG 7.3
5.4.8	为农村人口和弱势群体提供价格合理的稳定能源	为所有消费者提供价格合理、可靠的能源，尤其关注目前生活在边远地区的无电民众	电力与能源部，农业、畜牧和灌溉部	经济政策4	SDG 7.2
5.4.9	创造有利环境，鼓励更多的私营部门参与能源生产和供应，包括国有能源供应私有化	在独立、透明和问责制的商业原则下运行国家经济企业（私营部门发展行动计划，支柱4）	电力与能源部，商务部，缅甸工商联合会，计划与财政部	经济政策2，经济政策4	SDG 7.2

战略5.5：改善土地治理，对资源密集型产业进行可持续管理，确保我们的自然资源红利惠及全体人民

对资源密集型产业能否进行有效、可持续的管理事关缅甸经济的持续增长。经济的迅速发展、相关政策的转变对可持续的土地治理和资源利用产生了巨大影响。常年对自然资源的不当和非透明化管理是缅甸不发达的原因，而非改善缅甸经济的良方。此外，在自然资源方面，数十年的管理不善和过度开发在一定程度上导致了基本生态系统的迅速退化。为解决这

些问题和应对相关挑战，缅甸将优先制定以聚焦于长期可持续化土地管理为重点的政策，主要包括保护和持续管理我国的森林、河流、红树林、山区、湖泊和沿海地区，并建立多个层级必要机构进行自然资源可持续管理。评估自然资源的价值是实施更透明有效的管理制度的关键，这需要与受影响的社区保持联系。考虑到自然资源的价值和自然资源对经济和人民生活所做的贡献，在不同行业和经济计划中，预算编制和政策制定对于有效管理自然资源至关重要。

已经确定了以下行动计划来实现这一战略。

参考号	行动计划	战略成果	相应机构	12 项国家经济政策	相关的可持续发展目标（SDG）
支柱 3	人类与地球				
目标 5	国家子孙后代的自然资源与环境				
战略 5.5	改善土地治理，对资源密集型产业进行可持续管理，确保我们的自然资源红利惠及全体人民				
5.5.1	建立全面、清晰和连贯的监管框架，通过执行适当的实施机制，对自然资源进行可持续的管理、开发和贸易	提高土地治理	计划与财政部，自然资源与环境保护部，内政部	经济政策 1	SDG 12.2
5.5.2	利用创新机制，更透明有效地管理采掘业的收入，以实现国家的长期利益	谨慎、透明地管理自然资源收入	自然资源与环境保护部，计划与财政部，缅甸中央银行	经济政策 1	SDG 12.2
5.5.3	改革矿产部门的性质，使其既能够可持续发展又有利可图，同时还可增加政府收入和改善人民的生活	谨慎、透明地管理自然资源收入	自然资源与环境保护部，计划与财政部	经济政策 1	SDG 12.2
5.5.4	加速实施一切必要措施，以满足采掘业透明度行动计划的实施要求	谨慎、透明地管理自然资源收入	自然资源与环境保护部，计划与财政部	经济政策 1	SDG 12.2

参考号	行动计划	战略成果	相应机构	12 项国家经济政策	相关的可持续发展目标（SDG）
5.5.5	加大对资源密集型产业的环境保护和监管控制，并予以实施	在进行投资决策时主要考虑环境和社会因素	自然资源与环境保护部，计划与财政部，工业部，农业、畜牧和灌溉部	经济政策 1	SDG 12.2

战略 5.6：　高效和可持续地管理城市、乡镇、历史和文化中心

缅甸的城市和乡村拥有丰富的、充满生命力的历史文化古迹。通过与当地和周围的民众协商，我们需要对这些历史文化古迹进行充分有效地管理。不断增长的城市人口、迅速扩大的旅游产业以及重新焕发活力的私营部门都对现有的城市基础设施施加了强大的压力，同时也为新的服务和城市发展创造了机会。制定相关战略和计划，解决城市化进程中产生的社会和经济问题，对于从失衡状态过渡到稳定状态至关重要。

已经确定了以下行动计划来实现这一战略。

参考号	行动计划	战略成果	相应机构	12 项国家经济政策	相关的可持续发展目标（SDG）
支柱 3	人类与地球				
目标 5	国家子孙后代的自然资源与环境				
战略 5.6	高效和可持续地管理城市、乡镇、历史和文化中心				
5.6.1	加强城市治理，制定与城市土地管理有关的政策框架，重点关注基于性别的和与青年有关的问题	改善土地治理	内政部，计划与财政部，地方政府	经济政策 4，经济政策 9	SDG 11.3

续表

参考号	行动计划	战略成果	相应机构	12 项国家经济政策	相关的可持续发展目标（SDG）
5.6.2	提高城市基础设施和服务的恢复能力，以便更好地应对气候变化、灾害、突发事件和其他自然灾害	提高气候适应性，发展低碳能源、运输和工业系统	内政部，计划与财政部，交通与通信部，建设部，自然资源与环境保护部，电力与能源部	经济政策 4，经济政策 9	SDG 11.5
5.6.3	设计、评估、改造城市基础设施，以提高其应对自然和人为灾害及其他突发事件的能力，重点在于减少碳排放并通过降低能耗实现进一步的节约	提高气候适应性，发展低碳能源、运输和工业系统	卫生与体育部，财政与计划部，交通与通信部，建设部，自然资源与环境保护部，电力与能源部	经济政策 4，经济政策 9	SDG 11.c.
5.6.4	将生活质量因素，如水管理（储存结构和网状组织）和公共空间扩展（学习中心/图书馆、公园、游乐场和绿地）整合到城市计划框架和决策中	城市拥有更多的公共空间，改善公共服务，保护文化遗产	地方政府	经济政策 9	SDG 11.7
5.6.5	发展包括学校交通系统在内的可持续公交系统，确保这些系统安全、方便、人人可用	加速发展基础设施，引入电子政务	地方政府，交通与通信部，建设部	经济政策 4，经济政策 9	SDG 11.2
5.6.6	提供有效的公共市政服务，包括固体垃圾收集和管理系统，同时开展关于废物回收和垃圾最少化行动的公众教育	城市拥有更多的公共空间，改善公共服务，保护文化遗产	地方政府，交通与通信部，建设部，计划与财政部	经济政策 4，经济政策 9	SDG 11.6

参考号	行动计划	战略成果	相应机构	12 项国家经济政策	相关的可持续发展目标（SDG）
5.6.7	制定并实施国家住房战略，包括低成本住房和为弱势群体提供住房；实施重新安置寮屋居民和改善贫民窟住房条件的经济适用住房项目	有效的公共服务	地方政府，建设部，计划与财政部	经济政策4，经济政策9	SDG 11.1
5.6.8	实施一揽子综合改革，重点是实现旅游部门的可持续发展，促进经济发展，改善人民的社会文化生活	为可持续的贸易和投资增长提供一个稳健的环境（私营部门发展行动计划，支柱3）	MoHT，计划与财政部	经济政策6	SDG 8/9
5.6.9	加强城市家庭的土地权/使用权和所有权，加大执法力度	为可持续的贸易和投资增长提供一个稳健的环境（私营部门发展行动计划，支柱3）	农业、畜牧和灌溉部，内政部		
5.6.10	发展和保护创意产业和文化遗产产业，如文化和生态旅游以及相关的高价值服务行业	为可持续的贸易和投资增长提供一个稳健的环境（私营部门发展行动计划，支柱3）	MoHT	经济政策6	SDG 8.9

实施协调、优先发展和资源调动

缅甸可持续发展计划（MDSP）为缅甸长期可持续发展制订了一个总体计划，其在现有的多个战略文件、总体计划、框架和部门/专题计划的基础上，进一步提供了详细的战略计划矩阵。这有助于所有部门、国家和地区确定各项发展举措的优先顺序和实施计划，以提高效率、实现协同互补。

当然，缅甸政府需要建立相关的专门高层机构以统筹实施缅甸可持续发展计划，并在管理层面获得适当的支持。缅甸政府还需与各相关部委和政府机构加强合作和协调，并与广泛的国家和国际利益相关方开展合作，尤其是当地民间社会组织和私营部门。

缅甸可持续发展计划实施单位

计划与财政部是负责监督缅甸可持续发展计划具体执行的主要部门，并为缅甸可持续发展计划执行小组（MSDP-IU）提供办公用房。缅甸可持续发展计划执行小组主要负责提供一般性指导、批准战略决策并解决缅甸可持续发展计划实施过程中可能出现的战略问题。

缅甸可持续发展计划执行小组由国家经济协调委员会（NECC）和发展援助协调小组（DACU）及其秘书处、计划与财政部、计划部门和项目评估与进度汇报部门（PAPRD）等主要部门共同组成。它们既在具体任务和专业领域内各司其职，同时又作为一个有凝聚力的整体共同工作。

缅甸可持续发展计划执行小组将通过计划与财政部部长向计划委员会主席汇报工作。缅甸可持续发展计划执行小组通过向计划委员会提供实时监测报告，积极推动缅甸可持续发展计划的实施，报告包括了明确的分析和技术建议，用于克服实施过程中可能出现的任何问题。

缅甸可持续发展计划执行小组应尽可能地在现有框架下开展工作。如有必要，缅甸可持续发展计划执行小组将监督新的实施结构、协调框架和监测机制的建立。

缅甸可持续发展计划融资

有效实施缅甸可持续发展计划还需要依靠全面的融资策略。缅甸政府已经确定了部分资金来源，这些资金将用于资助缅甸可持续发展计划的实施：

- 国内公共财政；
- 国内私人融资；
- 国际公共财政；
- 国际私人金融。

作为首要优先事项，缅甸可持续发展计划执行小组将制定更完善的缅甸可持续发展计划融资策略，将各种资金来源、战略和行动计划联系起来，评估其优势和劣势、风险和机遇。

作为其次但同样重要的优先事项，缅甸可持续发展计划执行小组应确保自己可以调用国际公共财政，并根据缅甸可持续发展计划要求，在发展援助协调小组和发展援助政策（DAP）的指导下，将国家公共财政引入相关的优先部门和项目。

在完成这些事项后，缅甸可持续发展计划执行小组将与包括计划与财政部在内的所有部门及其他利益攸关方进行适当的互动。

项目库

了解项目实施的必要性，以公平、公正、透明、竞争、高效和负责任的方式实施可以对人民的生活和未来产生变革性影响的项目。根据缅甸可持续发展计划，缅甸可持续发展计划执行小组将监督项目库的建立。

项目库应包括缅甸可持续发展计划各项行动计划中的具体开发项目。

符合预定标准的主要资本项目将会进一步被纳入公共投资方案。

缅甸可持续发展计划执行小组将制定一个通用的项目筛选和评估框架，并提供项目筛选和批准的透明指南和原则。此外，缅甸可持续发展计划执行小组将制定识别上述项目的程序和标准，并为其寻找最合适的项目资金来源。

缅甸可持续发展计划执行小组还将指导公私合营（PPP）的使用，这将鼓励私营部门发挥作用，吸引更多的私人资本投资国家发展项目。

缅甸可持续发展计划执行小组将始终支持政治实体，并鼓励他们积极地争取其想要开发的项目。

监督与测评

在实施缅甸可持续发展计划的过程中，连贯一致的全政府监督与测评（M&E）框架对于追踪和评估计划的效率、有效性、可持续性和影响力至关重要。

缅甸可持续发展计划执行小组将制定一个全政府监督与测评框架，这是一个侧重于输入、流程、输出、结果和影响多方面综合效果的框架。

具体的计划和项目将与具体的行动计划挂钩，这些行动计划将有助于实现缅甸可持续发展计划内的各项战略和目标。联合和辅助的全政府监督与测评框架应在战略和项目/计划层面上予以设计并实施。

在实施全方位的缅甸可持续发展计划全政府监督与测评框架过程中，关键在于制定具体的、可衡量的、可实现的、相关的和有时限的指标（目标）和确定验证手段。

中央统计局（CSO）编制的可持续发展目标基准报告，提供了大量可持续发展目标基准指标的相关信息，并将用于缅甸可持续发展计划基准评估。为缅甸可持续发展计划全政府监督与测评框架设定的附加指标，应以该报告为依据，同时要考虑指标的稳健性和可靠性，以及可能存在的异质性。对于指标缺失或指标的可靠性有限的项目和计划，需要通过进一步的基准研究来确立基准指标，以监督与测评项目与计划的实施。

在战略层面，关于项目和计划的进展与绩效的年度报告需要在指定日期前提交计划与财政部，将其作为实施缅甸可持续发展计划的一部分。

表二　缅甸可持续发展计划背景下的监督与测评框架

虽然监督与测评框架各不相同，但它们通常包括了以下部分或全部内容：
- 在实施倡议之前，先进行事前评估，以分析潜在的成本和收益，并在缅甸的优先事项范围里评估该倡议的价值和相关性
- 将年度评估和中期评估作为实施进程的一部分，用于评估实施的进展和绩效，并在必要时对计划和实施进行调整
- 项目完成后立即进行最终评估，以确定评估的最终结果和撰写最终报告
- 在项目完工的三年内，选择一个合适的时间，对预先明确规定的一系列目标进行评估，评估其效率、有效性、可持续性和影响

通过中央统计局、项目评估与进度汇报部门、缅甸发展研究院（MDI）以及有关部门之间的协调，缅甸政府计划制定一套统一的全政府监督与测评标准，以便在政府内部生成一致且可供比较的绩效数据。

公众参与度和公众意识对于成功实施全政府监督与测评标准至关重要。缅甸将部署一项策略，通过多个利益攸关方定期进行积极磋商，确保缅甸可持续发展计划的顺利实施及相关全政府监督与测评标准的公开透明和责任。

在线和其他知识管理平台

应建立一个可反映缅甸可持续发展计划实施进展的信息在线门户网站，以便向公众公布缅甸可持续发展计划的投入、产出、成果、效率和实施过程。

公众意识活动

在线平台应与以吸引最广泛的受众为目标的公众意识活动相结合。电视和报纸等传统媒体可以与社交媒体结合使用。

政府应举办公众咨询活动，以获得有关缅甸可持续发展计划实施的反馈和意见。

修订和更新

缅甸政府将缅甸可持续发展计划视为"动态文档"。从发布之日起，缅甸可持续发展计划将每两年接受一次全面的实施进度审查。在进行检查的过程中，缅甸可持续发展计划执行小组将牵头建立一个多元的、由多方共同管理的团队，以便：

- 根据既定的全政府监督与测评框架衡量项目的进展情况；
- 建议采取新的战略和行动计划，或者移除已经充分完成的战略和行动计划；
- 制定一份定期报告，供市民参考以上资料。

结　论

缅甸可持续发展计划提供了一套完整的目标、战略和行动计划，缅甸政府将在中长期内执行这一计划。这样做将有助于实现真正、包容和转型的经济增长。

在促进和平与稳定、繁荣与伙伴关系、人与地球方面，缅甸可持续发展计划力图在基础设施、软硬件、个人和机构方面寻求发展。这一切将明确并彻底地改变缅甸的发展方向，同时也可满足全体人民的需求，促进缅甸实现公平和可持续、基础广泛的发展。

随着缅甸走上可持续的社会经济发展道路，所有的发展资金必须协调、连贯和互补。缅甸可持续发展计划旨在提供这一方面必要的指导。但是，目前所提出的战略和行动计划还不够详尽。随着环境变化和事态发展，以及新的计划和战略的制定，缅甸政府将继续审查、修订和更新缅甸可持续发展计划。

在缅甸可持续发展计划的设想中，未来的缅甸能为所有人提供充实和幸福生活所必需的基本要素，正如"和平、民主与繁荣的缅甸"的总体愿景所描述的那样。

缅甸欢迎有这一愿景的所有同人的加入。

图书在版编目（CIP）数据

缅甸国情报告. 2019 / 祝湘辉主编. —— 北京：社
会科学文献出版社，2019.11
ISBN 978 - 7 - 5201 - 4413 - 1

Ⅰ.①缅…　Ⅱ.①祝…　Ⅲ.①国情 - 研究报告 - 缅甸
- 2019　Ⅳ.①D733.7

中国版本图书馆 CIP 数据核字（2019）第 256549 号

缅甸国情报告（2019）

主　　编 / 祝湘辉
副 主 编 / 孔　鹏　杨祥章

出 版 人 / 谢寿光
责任编辑 / 郭白歌
文稿编辑 / 许文文

出　　版 / 社会科学文献出版社·国别区域分社（010）59367078
　　　　　地址：北京市北三环中路甲 29 号院华龙大厦　邮编：100029
　　　　　网址：www. ssap. com. cn
发　　行 / 市场营销中心（010）59367081　59367083
印　　装 / 三河市尚艺印装有限公司

规　　格 / 开　本：787mm × 1092mm　1/16
　　　　　印　张：20　字　数：314 千字
版　　次 / 2019 年 11 月第 1 版　2019 年 11 月第 1 次印刷
书　　号 / ISBN 978 - 7 - 5201 - 4413 - 1
定　　价 / 128.00 元

本书如有印装质量问题，请与读者服务中心（010 - 59367028）联系